Rechtsschutz gegen die Richtlinien des Gemeinsamen Bundesausschusses

Europäische Hochschulschriften

European University Studies

Publications Universitaires Européennes

Reihe II	**Rechtswissenschaft**
Series II	Law
Série II	Droit

Band/Volume **5678**

Janina Voß

Rechtsschutz gegen die Richtlinien des Gemeinsamen Bundesausschusses

Bibliografische Information der Deutschen Nationalbibliothek
Die Deutsche Nationalbibliothek verzeichnet diese Publikation in der Deutschen
Nationalbibliografie; detaillierte bibliografische Daten sind im Internet über
http://dnb.d-nb.de abrufbar.

Zugl.: Berlin, Humboldt-Univ., Diss., 2014

Gedruckt auf alterungsbeständigem,
säurefreiem Papier.

11
ISSN 0531-7312
ISBN 978-3-631-65693-8 (Print)
E-ISBN 978-3-653-04922-0 (E-Book)
DOI 10.3726/978-3-653-04922-0

© Peter Lang GmbH
Internationaler Verlag der Wissenschaften
Frankfurt am Main 2014
Alle Rechte vorbehalten.
PL Academic Research ist ein Imprint der Peter Lang GmbH.
Peter Lang – Frankfurt am Main · Bern · Bruxelles · New York · Oxford · Warszawa · Wien

Diese Publikation wurde begutachtet.

www.peterlang.com

Meiner Familie

Danksagung

Mein erster Dank gilt Herrn Prof. Dr. Volker Neumann, der mir dieses spannende Thema aufgezeigt hat und meine Arbeit betreut hat. Die mit ihm geführten Gespräche halfen mir sehr, der Arbeit den erforderlichen Rahmen zu geben. Durch seine konstruktive Kritik und Hilfestellungen, ist es mir gelungen, die Arbeit trotz Rückschlägen erfolgreich abzuschließen. Für die Erstellung des Zweitgutachtens danke ich Herrn Prof. Dr. Thomas Voelzke.

Meinen Eltern und Schwiegereltern möchte ich herzlich für Ihre andauernde Unterstützung und Hilfe während dieser besonderen drei Jahre danken. Insbesondere ihr aufopfernder Einsatz in den letzten Wochen der Arbeit an der Dissertation ermöglichte es mir erst, die Arbeit in dieser Zeit auch fertigzustellen.

Der größte Dank geht an meinen Mann, der mich unermüdlich unterstützte und großes Verständnis zeigte, für den erforderlichen Einsatz für diese Arbeit. Die Diskussionen mit ihm halfen mir wesentlich, meine Arbeit zu gestalten. Nicht zuletzt möchte ich meinen Kindern, Julius und Valentin, dafür danken, dass sie mir immer wieder allein durch ihre Anwesenheit Kraft für Fortführung der Arbeit gegeben haben.

Janina Voß
Berlin, im September 2014

Inhaltsverzeichnis

11

Kapitel 1: Einleitung

A. Gegenstand der Arbeit und Gang der Untersuchung

Der Gemeinsame Bundesausschuss – ein Gremium des Gesundheitswesens. Es ist wohl das in der Öffentlichkeit unbekannteste. Die Diskrepanz zwischen politischer Macht und öffentlichem Bekanntheitsgrad dürfte bei keiner anderen Institution größer sein[1]. Durch den Erlass von Richtlinien entscheidet der Gemeinsame Bundesausschuss über das gesamte Leistungsspektrum der gesetzlichen Krankenversicherung[2]. Durch diese Richtlinien soll die ärztliche Versorgung gesichert und eine ausreichende, zweckmäßige und wirtschaftliche Versorgung gewährleistet werden[3]. Damit agiert der Gemeinsame Bundesausschuss als „gar nicht so kleiner Gesetzgeber"[4].

In dieser Arbeit soll der Rechtsschutz gegen die von dem Gemeinsamen Bundesausschuss erlassenen Richtlinien beleuchtet werden. Nach einer Vorstellung des Gemeinsamen Bundesausschusses werden kurz die Rechtsnatur der Richtlinien und die prozessualen Möglichkeiten eines (direkten oder inzidenten) Vorgehens gegen die Richtlinien dargestellt. Im Hauptteil der Arbeit soll dann an einzelnen potentiellen Klägergruppen gezeigt werden, wie sich der Rechtsschutz speziell gestaltet. Hier liegt der Schwerpunkt auf der Klagebefugnis der einzelnen Klägergruppen, wobei auch auf den Umfang des Rechtsschutzes und die Kontrolldichte der Gerichte eingegangen werden wird.

Als Klägergruppen werden vor allem die Versicherten und die pharmazeutischen Unternehmen als nicht-ärztliche Leistungserbringer im Mittelpunkt stehen. Hierbei wird auf die zwei wichtigsten Entscheidungen des Bundesverfassungsgerichts der letzten Jahre in diesem Bereich einzugehen sein. Dies ist zum einen der sog. Nikolaus-Beschluss des Bundesverfassungsgerichts vom 6. Dezember 2006. Durch diesen wurde lebensbedrohlich erkrankten Versicherten ein Anspruch auf Krankenbehandlung mit einer neuen Untersuchungs- und / oder Behandlungsmethode entgegen § 135 SGB V auch ohne vorherige Anerkennung durch den Gemeinsamen

---

1 Kingreen, NJW 2006, 877, 877.
2 Kingreen, NJW 2006, 877, 877.
3 § 92 Absatz 1 Satz 1 SGB V.
4 Kingreen, NJW 2006, 877, 877.

Bundesausschuss gewährt. Die von dem Bundesverfassungsgericht in seinem Beschluss aufgestellten Voraussetzungen finden sich nun mittlerweile im Gesetz. Die zweite Entscheidung von grundsätzlicher Bedeutung für den Rechtsschutz gegen die Richtlinien des Gemeinsamen Bundesausschuss ist die sog. Festbetragsentscheidung vom 17. Dezember 2002. In dieser stellt das Bundesverfassungsgericht klar, dass außerhalb des Systems der gesetzlichen Krankenversicherung stehende potentielle Klägergruppen grundsätzlich keine Rechtsschutzmöglichkeit gegen die innerhalb dieses Systems ergehenden Entscheidungen des Gemeinsamen Bundesausschuss haben.

Nur am Rande wird auf weitere Klägergruppen wie Vertragsärzte und Krankenhäuser oder die Trägerorganisationen und die Mitglieder des Gemeinsamen Bundesausschusses eingegangen werden.

Nicht Gegenstand dieser Arbeit ist die immer noch strittige Frage der demokratischen Legitimation des Gemeinsamen Bundesausschusses. Hierzu sei nur kurz angemerkt, dass das Bundesverfassungsgericht bislang offen gelassen hat, ob der Gemeinsame Bundesausschuss über eine den verfassungsrechtlichen Anforderungen genügende demokratische Legitimation verfügt. Das Bundessozialgericht nimmt dies in nunmehr ständiger Rechtsprechung an[5], während die Frage in der rechtswissenschaftlichen Literatur hoch umstritten ist[6].

Auch ob das nach § 135 SGB V vorgesehene Verfahren verfassungsrechtlichen Anforderungen genügt, wurde noch nicht entschieden und ist nicht Gegenstand dieser Arbeit. Auch auf das Antragsrecht aus § 140 f SGB V für sachkundige Personen wird nicht eingegangen. Die Rechtsprechung ist bis zum Dezember 2013 berücksichtigt.

B. Der Gemeinsame Bundesausschuss

Der Gemeinsame Bundesausschuss steht an vorderster Stelle der sog. Gemeinsamen Selbstverwaltung der Ärzte, Zahnärzte, Psychotherapeuten, Krankenhäuser und Krankenkassen im Bereich der Gesetzlichen Krankenversicherung, er ist das oberste Beschlussgremium[7]. Er ist aus Vorgängergremien auf Landesebene

---

5 BSG, Urteil vom 18. Dezember 2012 – B 1 KR 34/12 R – in NZS 2013, 544, 547; BSG, Urteil vom 7. November 2006 – B 1 KR 24/06 R – in BSGE 97, 190, 193 Rn. 14; BSG, Urteil vom 1. März 2011 – B 1 KR 10/10 R – in BSGE 107, 287, 295 Rn. 33; BSG, Urteil vom 31. Mai 2006 – B 6 KA 13/05 R – in BSGE 96, 261, 276 Rn. 58 f.
6 Hauck, NZS 2010, 600, 601 f. m.w.N.
7 Barth in Spickhoff, § 91 SGB V Rn. 1; so auch die Motive zur Änderung der RVO 1955 zu den Vorgängern des Gemeinsamen Bundesausschusses.

sowie dem Koordinierungsausschuss durch das Gesetz zur Modernisierung der gesetzlichen Krankenversicherung 2004 vom 14. November 2003 (BGBl. I S. 2190) erwachsen[8].

I. Abgrenzung zu Vorgängergremien

Die Aufgabe der Vorgängergremien war es, zu regeln, wie die kassenärztliche Versorgung funktionieren sollte[9]. Zudem sollten zum einen die Interessen der Ärzte gegenüber den Krankenkassen wahrgenommen werden, zum anderen aber auch in Zusammenarbeit mit den Krankenkassen staatliche Einflussnahme verhindert werden[10].

Während die Vorgängergremien eher sektorenspezifisch gearbeitet haben, ist mit dem Gemeinsamen Bundesausschuss nun eine „zentralisierte Steuerungsinstanz" der gesetzlichen Krankenversicherung geschaffen worden[11]. Er soll sektorenübergreifend als Rechtsetzungseinrichtung der gemeinsamen Selbstverwaltung tätig werden und die Qualität in den einzelnen Versorgungssektoren sichern[12]. Daher ist seine politische Bedeutung in zentralen Fragen des Leistungs- und Leistungserbringungsrechts für alle im System der gesetzlichen Krankenversicherung involvierten Akteure und Betroffenen nicht zu unterschätzen[13].

Dem Gemeinsamen Bundesausschuss kommt damit eine Schlüsselposition zu: einerseits legt er durch seine Richtlinien den Inhalt der vertrags(zahn)ärztlichen Versorgung und der Krankenhausversorgung fest, andererseits werden durch ihn verschiedene unbestimmte Rechtsbegriffe des SGB V rechtsverbindlich ausgestaltet[14].

II. Aufgaben

Die wesentlichen Aufgaben des Gemeinsamen Bundesausschusses sind u.a. die Überprüfung und Bewertung von Untersuchungs- und Behandlungsmethoden und die Zulassung von neuen Untersuchungs- und Behandlungsmethoden zu Lasten der gesetzlichen Krankenkassen (§ 92 Absatz 1 Satz 1 HS 2 SGB V, § 135

---

8   Schmidt-De Caluwe in Becker/Kingreen, § 91 Rn. 3; Barth in Spickhoff, § 91 SGB V Rn. 1.
9   BT- Drs. 1/3904, S. 17.
10 Schmidt-De Caluwe in Becker/Kingreen, § 91 Rn. 3.
11 Barth in Spickhoff, § 91 SGB V Rn. 1.
12 Schmidt-De Caluwe in Becker/Kingreen, § 91 Rn. 4.
13 Schmidt-De Caluwe in Becker/Kingreen, § 91 Rn. 4.
14 Joussen in Beck'scher Online-Kommentar Sozialrecht, SGB V § 91 Rn. 1.

Absatz 1 SGB V, § 137 c SGB V) sowie die verbindliche Konkretisierung der sich aus dem Wirtschaftlichkeitsgebot ergebenden Anforderungen für die Verordnung von Leistungen, für das Leistungsrecht des Versicherten und für die Leistungspflichten des Vertragsarztes[15].

Das heißt, dass der Gemeinsame Bundesausschuss die Erbringung und Verordnung von Leistungen einschränken oder ausschließen kann. Darüber hinaus ist der Gemeinsame Bundesausschuss ermächtigt, Untersuchungs- und Behandlungsmethoden im Krankenhaus als nicht erforderlich aus der medizinischen Versorgung auszuschließen[16]. Der Gemeinsame Bundesausschuss ist diejenige Institution, die die generelle und abstrakte Gestaltung des Leistungssystems gerade auch bezüglich der geforderten medizinischen Qualität der Leistungen bestimmt[17].

Der Gemeinsame Bundesausschuss ist zudem Träger des Instituts für Qualität und Wirtschaftlichkeit im Gesundheitswesen (IQWiG), das als unabhängig institutionalisierte Wissensbasis des Gemeinsamen Bundesausschusses fungiert[18].

III. Die Richtlinie als wesentliches Handlungsinstrument

Wesentliches Handlungsinstrument des Gemeinsamen Bundesausschusses ist der Erlass von Richtlinien. Durch diese konkretisiert der Gemeinsame Bundesausschuss die gesetzlichen Vorgaben und erfüllt so eine seiner wichtigsten Aufgaben[19].

Kompetenzgrundlage hierfür ist § 92 SGB V. Danach hat der Gemeinsame Bundesausschuss die zur Sicherung der vertragsärztlichen Versorgung erforderlichen Richtlinien zu beschließen, wobei der Erlass zwar unter der Rechtsaufsicht des Bundesgesundheitsministeriums steht, aber keiner Fachaufsicht unterworfen ist[20]. Das Bundesgesundheitsministerium kann damit die Richtlinienbeschlüsse des Gemeinsamen Bundesausschusses allein aus fachaufsichtsrechtlichen Zweckmäßigkeitserwägungen nicht beanstanden[21].

---

15 Engelmann, MedR 2006, 245, 247.
16 Neumann, NZS 2010, 593, 596.
17 Engelmann, MedR 2006, 245, 246.
18 Barth in Spickhoff, § 91 SGB V Rn. 1;Schneider in Krauskopf, § 139 a SGB V, Rn 3.
19 Engelmann, MedR 2006, 245, 247; Schmidt-De Caluwe in Becker/Kingreen, § 92 Rn. 1.
20 BSG, Urteil vom 6. Mai 2009 – B 6 A 1/08 R – in BSGE 103, 106, 115 Rn 34.
21 BSG, Urteil vom 6. Mai 2009 – B 6 A 1/08 R – in BSGE 103, 106, 115 Rn 35.

IV. Rechtsform und Organisationsstruktur

Der Gemeinsame Bundesausschuss ist nach § 91 Absatz 1 Satz 2 SGB V rechtsfähig und kann somit im Rechtsverkehr Rechte und Pflichten begründen und zur Wahrnehmung seiner Aufgaben rechtlich selbständig agieren[22]. Es ist umstritten, ob und wenn ja welcher anerkannten rechtlichen Organisationsstruktur er unterliegt[23]. Ob er nun eine Einrichtung sui generis darstellt[24], als Anstalt[25] oder Körperschaft des öffentlichen Rechts[26] zu qualifizieren ist, kann offen bleiben, da verfassungsrechtlich die Formen der mittelbaren Staatsverwaltung nicht begrenzt sind[27].

§ 91 SGB V ist zwar die zentrale Organisationsnorm für den Gemeinsamen Bundesausschuss[28], dies jedoch nur insoweit, als hierdurch weniger konkret die Aufgaben des Gemeinsamen Bundesausschusses erläutert werden – die sich aus verschiedenen Vorschriften des SGB V ergeben[29]–, als vielmehr seine Zusammensetzung und Einbindung in das System der Selbstverwaltung festgelegt werden[30].

Träger des Gemeinsamen Bundesausschusses sind die kassenärztlichen Vereinigungen, die deutsche Krankenhausgesellschaft und der Spitzenverband Bund der Krankenkassen, § 91 Absatz 1 Satz 1 SGB V.

Das Beschlussgremium des Gemeinsamen Bundesausschuss besteht nach § 91 Absatz 2 Satz 1 SGB V aus einem unparteiischen Vorsitzenden, zwei unparteiischen Mitgliedern, einem Mitglied von der Kassenzahnärztlichen Bundesvereinigung, aus jeweils zwei Mitgliedern von der Kassenärztlichen Bundesvereinigung und der Deutschen Krankenhausgesellschaft und fünf von dem Spitzenverband Bund der Krankenkassen benannten Mitgliedern.

C. Einführung in die Problemstellung

Die Frage, wie der gerichtliche Rechtsschutz eines potenziellen Klägers ausgestaltet ist und welche Voraussetzungen für eine zulässige Klage erfüllt sein müssen,

---

22 BT-Drs. 15/1525 zu Art. 1 Nr. 70 (§ 91).
23 Roters in Kasseler Kommentar zum Sozialversicherungsrecht, § 91 SGB V Rn. 3.
24 Sproll in Krauskopf, § 91 SGB V, Rn 5; offen gelassen: Schmidt-De Caluwe in Becker/ Kingreen, SGB V, 3. Auflage 2012, § 91 Rn. 10.
25 BSG, Urteil vom 20. März 1996 – 6 RKa 62/94 – in BSGE 78, 70, 79 ff.
26 Dagegen: BSG, Urteil vom 20. März 1996 – 6 RKa 62/94 – in BSGE 78, 70, 79 ff; Papier, VSSR 1990, 123, 131.
27 Schmidt-De Caluwe in Becker/Kingreen, § 91 Rn. 10.
28 Barth in Spickhoff, § 91 SGB V Rn. 1.
29 Schmidt-De Caluwe in Becker/Kingreen, § 91 Rn. 2.
30 Barth in Spickhoff, § 91 SGB V Rn. 1.

hängt entscheidend davon ab, gegen was sich seine Klage überhaupt wendet, was also der Streitgegenstand ist. Danach richten sich die statthafte Klageart und die weiteren spezifischen Voraussetzungen, die für die Zulässigkeit einer solchen Klage erfüllt sein müssen. Im Rahmen dieser Arbeit geht es um den Rechtsschutz, insbesondere die Klagebefugnis, gegen die Richtlinien des Gemeinsamen Bundesausschusses, so dass zunächst kurz darzustellen ist, auf welcher Grundlage diese Richtlinien beruhen und welche Rechtsnatur und Rechtswirkungen sie haben, bevor auf die statthafte Klageart eingegangen werden kann. Auf dieser Grundlage ist sodann die Klagebefugnis einzelner potentieller Kläger bzw. Klägergruppen zu unterscheiden.

I. Richtlinien des Gemeinsamen Bundesausschusses als Streitgegenstand

1. Rechtsgrundlage

§ 92 SGB V bestimmt, zu welchen Regelungsmaterien der Gemeinsame Bundesausschuss Richtlinien zu erlassen hat. Durch diese soll neben dem „Wirtschaftlichkeitsgebot"[31] vor allem auch der Begriff des „allgemein anerkannten Standes der medizinischen Erkenntnisse" unter Berücksichtigung des medizinischen Fortschritts, § 2 Absatz 1 SGB V, näher definiert werden[32]. Es werden die Voraussetzungen festgelegt, nach denen die vom Gemeinsamen Bundesausschuss in die vertragsärztliche Versorgung aufgenommenen medizinischen Leistungen zu Lasten der Krankenkassen erbracht werden können[33]. Die Erbringung und Verordnung von Leistungen oder Maßnahmen, aber auch von Arzneimitteln kann durch Richtlinien eingeschränkt oder ausgeschlossen werden, wenn auf diese Weise eine angemessene Versorgung sichergestellt werden kann[34]. Dies führt dazu, dass die Richtlinien diejenige Regelungen sind, durch die der allgemeine Versorgungsstandard in der gesetzlichen Krankenversicherung in erheblichem

---

31   Vgl. § 12 Absatz 1 SGB V, § 70 Absatz 1 Satz 2 SGB V und § 72 Absatz 2 SGB V.

32   Barth in Spickhoff, § 92 SGB V Rn. 1.

33   Engelmann, MedR 2006, 245, 247.

34   § 92 Absatz 1 Satz 1 HS 3 SGB V: Ausschluss / Einschränkung von Leistungen oder Maßnahmen, wenn nach dem allgemeinen anerkannten Stand der medizinischen Erkenntnisse der diagnostische oder therapeutische Nutzen, die medizinische Notwendigkeit oder die Wirtschaftlichkeit nicht nachgewiesen sind; bei Arzneimitteln, wenn die Unzweckmäßigkeit erwiesen ist oder eine andere, wirtschaftlichere Behandlungsmöglichkeit mit vergleichbarem diagnostischen oder therapeutischen Nutzen verfügbar ist.

Umfang festgelegt wird, die Leistungsansprüche der Versicherten konkretisiert, der Leistungskatalog definiert werden und auch Eingriffe in Grundrechte stattfinden[35].

Zentral für die Steuerung der Arzneimittelversorgung ist die Arzneimittelrichtlinie. Sie führt in ihren Anlagen die Instrumente auf, die dem Gemeinsamen Bundesausschuss zur Verfügung stehen, wie der Verordnungsausschluss, die Einschränkung der Verordnungsfähigkeit und der Therapiehinweis[36]. Die grundsätzliche Bewertung von Arzneimitteln bezüglich der arzneimittelrechtlichen Zulassung obliegt jedoch der nach dem Arzneimittelgesetz zuständigen Behörde, die die Qualität, Wirksamkeit und medizinische Unbedenklichkeit der einzelnen Arzneimittel prüft[37]. Diese Prüfung und ihr Ergebnis ist abschließend und für den Gemeinsamen Bundesausschuss bindend[38].

Die Richtlinien, die der Gemeinsame Bundesausschuss im Rahmen der Arzneimittelversorgung beschließt, sind neben den Entscheidungen nach § 135 SGB V über die Anerkennung neuer Untersuchungs- und Behandlungsmethoden wohl diejenigen, die zumeist den Streitgegenstand gerichtlicher Auseinandersetzungen bilden, was damit zu tun haben mag, dass zum einen die wirtschaftlichen Interessen der jeweiligen Hersteller hier besonders betroffen sind, zum anderen aber auch betroffene Versicherte häufig ein elementares Interesse an der Anerkennung neuer Untersuchungs- und Behandlungsmethoden haben[39].

2. Rechtsnatur und Rechtswirkungen der Richtlinien

Die „Beschlüsse" des Gemeinsamen Bundesausschuss sind nach § 91 Absatz 6 SGB V für die Träger des Gemeinsamen Bundesausschusses, deren Mitglieder und Mitgliedskassen sowie für die Versicherten und die Leistungserbringer verbindlich. Unter „Beschlüsse" fallen solche Entscheidungen des Gemeinsamen Bundesausschusses, die ihrem Inhalt nach die Rechte der Adressaten gestalten; dies sind vor allem die durch den Gemeinsamen Bundesausschuss erlassenen Richtlinien[40].

Über den Rechtscharakter sowie die Wirkungen der Richtlinien herrschte lange Zeit Uneinigkeit. Das Bundessozialgericht selbst hat bis März 1996 die

---

35 Engelmann, MedR 2006, 245, 247; Barth in Spickhoff, § 92 SGB V Rn. 11.
36 Barth in Spickhoff, § 92 SGB V Rn. 12.
37 BSG, Urteil von 31. Mai 2006 – B 6 KA 13/05 R – in BSGE 96, 261, 281.
38 BSG, Urteil von 31. Mai 2006 – B 6 KA 13/05 R – in BSGE 96, 261, 281.
39 Engelmann, MedR 2006, 245, 247.
40 Schmidt-De Caluwe in Becker/Kingreen, § 91 Rn. 46.

Auffassung vertreten, den Richtlinien käme keine normative Wirkung zu[41]: Die Richtlinien wurden entweder als den Verwaltungsvorschriften ähnlich angesehen, die lediglich eine Selbstbindung der beteiligten Körperschaften über den Gleichheitssatz (Artikel 3 Abs. 1 GG) bewirken[42], oder als Verwaltungsbinnenrecht, das aber grundsätzlich als maßgeblich bei der Sachentscheidung zu beachten sei[43]. Das Leistungsrecht, das die Ansprüche der Versicherten umfasst, würden die Richtlinien jedoch in beiden Fällen nicht berühren[44].

Das Bundessozialgericht hat jedoch mit Urteil vom 20. März 1996 seine Auffassung grundlegend geändert und eine Verbindlichkeit der Richtlinien gegenüber den Krankenkassen, den Vertragsärzten und auch den Versicherten bereits lange vor Inkrafttreten des § 91 Absatz 6 SGB V in der heutigen Fassung angenommen und sie als untergesetzliche Normen angesehen[45]. Diese Ansicht ist nunmehr ständige Rechtsprechung[46] und wird auch von der Literatur überwiegend anerkannt[47].

Das Bundessozialgericht begründete seine Ansicht damals mit dem Zusammenspiel und der Konzeption des SGB V[48]:

Die Verbindlichkeit der Richtlinien für die Krankenkassen und Vertragsärzte wurde über die Einbeziehung der Richtlinien in den Bundesmantelvertrag und in die Gesamtverträge begründet[49]. Da die normativen Teile der vertragsärztlichen

---

41 BSG, Urteil vom 20. März 1996 – 6 RKa 62/94 – in BSGE 78, 70, 74.
42 BSG, Urteil vom 20. März 1996 – 6 RKa 62/94 – in BSGE 78, 70, 74.
43 BSG, Urteil vom 16. Dezember 1993 – 4 RK 5/92 – in BSGE 73, 271, 287.
44 Vgl. bspw.: BSG, Urteil vom 22. Juli 1981 – 3 RK 50/ 79 – in BSGE 52, 70, 72 f.; BSG, Urteil vom 23. März 1988 – 3/8 RK5/87 – in BSGE 63, 102, 104 f.
45 BSG, Urteil vom 20. März 1996 – 6 RKa 62/94 – in BSGE 78, 70, 75 ff.
46 BSG, Urteil vom 7. Mai 2013 – B 1 KR 44/12 R – Rn. 13 f.; BSG, Urteil vom 12. September 2012 – B 3 KR 10/12 R – in BSGE 107, 287; BSG; Urteil vom 3. Juli 2012 – B 1 KR 23/11 – Rn. 26; BSG, Urteil vom 13. September 2011 – B 1 KR 23/10 R – in NZS 2012, 296, 297; BSG, Urteil vom 16. September 1997 – 1 RK 28/95 – und 1 RK 32/95 – in BSGE 81, 54, 63 und 73, 81 und 84; LSG Berlin-Brandenburg, Urteil vom 24. Oktober 2012 – L 7 KA 1/10 KL – Rn. 24.
47 Der Rechtsprechung folgend: Roters in Kasseler Kommentar zum Sozialversicherungsrecht, § 91 SGB V Rn. 20 ff; Sproll in Krauskopf, § 91 Rn. 23 und § 92 Rn. 8; ablehnend hingegen Schmidt-De Caluwe in Becker/Kingreen, § 91 Rn. 47 und § 92 Rn. 8, ders., SGb 2006, 619, 624 und Schimmelpfeng- Schütte in Schnapp/Wigge, § 7 Rn. 51 f.; ders., NZS 2006, 567, 570, die an der vom BSG mittlerweile verworfenen Einordnung als Verwaltungsvorschriften festhalten wollen.
48 BSG, Urteil vom 20. März 1996 – 6 RKa 62/94 – in BSGE 78, 70, 75.
49 Vgl. § 92 Absatz 7 SBG V a.F. (jetziger § 92 Absatz 8 SGB V), § 82 Absatz 1 Satz 2 SGB V und § 83 Absatz 1 Satz 1 SGB V a.F. (jetzige §§ 82 Absatz 1 Satz 2 und

Kollektivverträge Rechtsnormqualität hätten und für die vertragsunterworfenen Krankenkassen und Vertragsärzte unmittelbar verbindliches außenwirksames Recht setzten, müsse den Richtlinien als deren Bestandteil dann ebenfalls diese Rechtsnormqualität zugesprochen werden[50].

Die Verbindlichkeit der Richtlinien für die Versicherten wurde zum einen auf die explizite Übertragung der Aufgabe, das Leistungsrecht durch Richtlinien zu gestalten,[51] zum anderen auf die erforderliche Symmetrie von Leistungs- und Leistungserbringungsrecht und den sachlogischen Zusammenhang der Regelungen gestützt[52].

Die Erstreckung der Verbindlichkeit auf Außenseiter wird ebenfalls mit der wünschenswerten Symmetrie von Leistungs- und Leistungserbringungsrecht legitimiert[53]. Den Richtlinien liegen nach Ansicht des Bundessozialgerichts gesetzliche Regelungen zu Grunde, die deren Inhalt, Zweck und Ausmaß vorgäben und in denen die wesentlichen Fragen geregelt seien. Diese engmaschigen Gesetzesvorgaben rechtfertigten diese Außenseitererstreckung, und zwar auch für Dritte, die bisher noch nicht an der vertragsärztlichen Versorgung teilnehmen und dadurch nicht in den Selbstverwaltungsgremien und dem Bundesausschuss repräsentiert sind, sondern ihre Zulassung entweder erst erreichen wollen[54], oder die von der autonomen Satzungsgewalt der Selbstverwaltungskörperschaft von vornherein nicht erfasst werden können[55]. Die Gesetzesbegründung bezeichnet dies als „sektorenübergreifende Rechtsetzungseinrichtung der Gemeinsamen Selbstverwaltung" mit einem „Normsetzungsprogramm" des Gemeinsamen Bundesausschusses[56].

---

§ 83 Absatz 1 Satz 1 SGB V) in Zusammenhang mit § 95 Absatz 3 Satz 2 SGB V a.F. (jetzt § 95 Absatz 3 Satz 3 SGB V) und § 81 Absatz 3 Nr. 1 und 2 SGB V.

50 BSG, Urteil vom 20. März 1996 – 6 RKa 62/94 – in BSGE 78, 70, 75 und anschließend BSG, Urteil vom 16. September 1997 – 1 RK 32/95 – in BSGE 81, 73, 81 und 84.

51 Allgemeine Ermächtigung: § 92 Absatz 1 SGB V, darüber hinaus bspw.: §§ 22 Absatz 2 Satz 1 SGB V a.F., 25 Absatz 4 Sätze 2 und 3, 27 a Absatz 4 SGB V.

52 BSG, Urteil vom 20. März 1996 – 6 RKa 62/94 – in BSGE 78, 70, 76 f.

53 BSG, Urteil vom 16. September 1997 – 1 RK 32/95 – in BSGE 81, 73, 81 und 84; Hess in Kasseler Kommentar zum Sozialversicherungsrecht, § 82 SGB V Rn. 4.

54 BSG Urteil vom 18. März 1998 – B 6 KA 37/96 R – in BSGE 82, 41, 48.

55 BSG Urteil vom 18. März 1998 – B 6 KA 37/96 R – in BSGE 82, 41, 46 ff., vor allem 48.

56 Vgl. Begründung des Entwurfs des GKV-Modernisierungsgesetzes zu §§ 91 und 92 SGB V, Drucksache 15/1525 v. 8.9.2003; Wigge/Wille in Schnapp/Wigge, § 19 Rn. 91.

3. Zusammenfassung

Die Richtlinien stellen verbindliches außenwirksames Recht dar. Durch sie konkretisiert der Gemeinsame Bundesausschuss vor allem den Leistungsumfang der gesetzlichen Krankenversicherung, zugleich koordiniert er die Verpflichtung der Ärzte zu einer medizinisch ausreichenden, zweckmäßigen und wirtschaftlichen Behandlungs- und Verordnungsweise mit den Ansprüchen der Versicherten[57]. Dies führt dazu, dass Leistungen, die der Gemeinsame Bundesausschuss nicht in seinen Richtlinien vorgesehen hat, grundsätzlich auch nicht durch die Vertragsärzte erbracht werden dürfen und von den Versicherten nicht beansprucht werden können[58].

II. Rechtsschutz gegen Richtlinien

1. Unmittelbarer Rechtsschutz

Im Fall des direkten Vorgehens gegen Richtlinien ist Streitgegenstand demnach die erlassene Richtlinie als untergesetzliche Norm.

Der Rechtsschutz gegen Normen ist im Sozialgerichtsgesetz unzureichend geregelt, eine Normenkontrollklage ist grundsätzlich nicht vorgesehen, eine dem § 47 VwGO, der eine Normenkontrollklage im Verwaltungsverfahren statuiert, entsprechende Regelung fehlt.

Das SGB V selbst kannte noch in seiner Fassung vom 27. Juli 2001 in § 35 a Absatz 7 eine Normenkontrollklage gegen Festbetragsfestsetzungen und durchbrach damit den Grundsatz der grundsätzlich nicht vorgesehenen Normenkontrollklage. Diese Fassung des § 35 a Absatz 7 SGB V trat jedoch mit Wirkung zum 28. Oktober 2010 außer Kraft. Eine Normenkontrollklage wird allein in § 29 Absatz 4 Nr. 3 SGG (in der Fassung ab 1. April 2008) explizit vorausgesetzt.

Das Bundessozialgericht hat mit Urteil vom 31. Mai 2006 entschieden, dass die Feststellungsklage die statthafte Klageart sei[59]. Dem folgen auch die Untergerichte[60]. In diesem Urteil wurde die von einem Arzneimittelhersteller erhobene Klage auf Feststellung der Unwirksamkeit von Therapiehinweisen als Ergänzung zu der Arzneimittelrichtlinie für statthaft erachtet.

---

57 Kingreen, NJW 2006, 877, 878.
58 Kingreen, NJW 2006, 877, 878.
59 BSG, Urteil von 31. Mai 2006 – B 6 KA 13/05 R – in BSGE 96, 261, 263 Rn. 24.
60 bspw. LSG, Berlin-Brandenburg, Urteil vom 27. März 2013 – L 7 KA 44/10 KL -, Rn. 25 f.; LSG Berlin-Brandenburg, Urteil vom 17. März 2010 – L 7 KA 125/09 KL – Rn. 33 f.; SG Braunschweig, Urteil vom 11. April 2011 – S 40 KR 11/07 – Rn. 54.

Doch schon früher wurde die Feststellungsklage durch das Bundessozialgericht als statthafte Klageart gegen untergesetzliche Normen angesehen. Unter Bezugnahme auf Entscheidungen des Bundesverfassungsgerichts hat das Bundessozialgericht schon in den 1990er Jahren ausgeführt, dass die Rechtsschutzgarantie des Art. 19 Absatz 4 GG in den Fällen, in denen eine inzidente Überprüfung einer Rechtsnorm im Rahmen der Überprüfung des Vollzugsaktes nicht möglich, nicht effektiv oder unzumutbar ist, es gebietet, dem Betroffenen unmittelbaren Rechtschutz gegen untergesetzliche Normen durch die Fachgerichtsbarkeiten zu gewähren, auch wenn eine Normenkontrolle in der betroffenen Fachgerichtsbarkeit nicht ausdrücklich vorgesehen ist[61]. Lägen die Voraussetzungen einer Verfassungsbeschwerde (Art. 93 Absatz 1 Nr. 4 GG) unmittelbar gegen die streitgegenständliche Norm vor, so müssten die Voraussetzungen einer Feststellungsklage nach § 55 Absatz 1 Nr. 1 SGG extensiver ausgelegt werden[62]. Grundsätzlich bleibe es zwar dabei, dass untergesetzliche Normen einer abstrakten Kontrolle mangels einer sozialgerichtlichen Normenkontrollklage und wegen des Grundsatzes der Unzulässigkeit von Popularklagen nicht mit der Feststellungsklage überprüft werden könnten[63], aber nur durch die Anerkennung der Feststellungsklage in den Fällen, in denen die Voraussetzungen einer Verfassungsbeschwerde gegeben seien, könne das durch Art. 19 Absatz 4 GG garantierte Recht auf effektiven Rechtsschutz verwirklicht werden und auch der Vorrang des fachgerichtlichen Rechtsschutzes und die Subsidiarität der Verfassungsbeschwerde gewahrt bleiben[64].

In den folgenden Jahren setzte das Bundessozialgericht diese Rechtsprechung fort[65]. Ist ein konkreter Sachverhalt mit einem bereits eingetretenen und überschaubaren Anwendungsfall, in dem Rechte und Pflichten in Abhängigkeit von der Gültigkeit der umstrittenen Norm postuliert werden sollen, gegeben, ist das von § 55 SGG geforderte konkrete Rechtsverhältnis zu bejahen[66]. Unerheblich ist dann, ob die Gültigkeit einer Norm nur eine Vorfrage darstellt, wenn anders kein effektiver Rechtsschutz erreicht werden kann[67]. Das berechtigte Interesse

---

61 BSG, Urteil vom 1. Juli 1992 – 14 a/6 RKa 1/90 – in BSGE 71, 42, 52 mit Bezug auf BVerfGE 79, 174, 187 ff. und BVerfG NJW 1992, 735.
62 BSG, Urteil vom 13. Januar 1993 – 14a/6 RKa 67/91 – in BSGE 72, 15, 19.
63 BSG, Urteil vom 13. Januar 1993 – 14a/6 RKa 67/91 – in BSGE 72, 15, 19.
64 BSG, Urteil vom 13. Januar 1993 – 14a/6 RKa 67/91 – in BSGE 72, 15, 19, 22.
65 Bspw. BSG, Urteil vom 20. März 1996 – 6 RKa 21/95 – in BSGE 78, 91 und BSG, Urteil vom 24. November 1998 – B 1 A 1/96 – in NZS 1999, 603 ff.
66 BSG, Urteil vom 20. März 1996 – 6 RKa 21/95 – in BSGE 78, 91, 92.
67 BSG, Urteil vom 20. März 1996 – 6 RKa 21/95 – in BSGE 78, 91, 92.

liegt dann vor[68]. Dies kommt vor allem in den Fällen in Betracht, in denen eine sich selbst vollziehende Norm den Streitgegenstand bildet[69].

Im Jahre 2006 hat dann das Bundesverfassungsgericht zu der Frage der Anwendbarkeit des Art. 19 Absatz 4 GG auf materielle Gesetze, die es zuvor stets ausdrücklich offen gelassen hatte[70], Stelllung genommen und diese bejaht[71]. Dies wurde in der Literatur schon stets so gesehen[72]. Art. 19 Absatz 4 GG gebiete die Anerkennung einer fachgerichtlichen Rechtschutzmöglichkeit gegen untergesetzliche Normen[73]. Kann eine Norm nicht inzidenter überprüft werden oder führt eine solche Inzidentprüfung nicht zur Beseitigung der Grundrechtsverletzung (in den Fällen, in denen eine Verletzung von Art. 3 Abs. 1 GG gerügt wird), kommt außerhalb des Anwendungsbereichs des § 47 VwGO die Feststellungsklage als Rechtschutzmittel in Betracht[74].

Der erkennende Senat des Bundessozialgerichts hat in Fortführung dieser Rechtsprechung im Mai 2006 dann auch ausdrücklich die Anwendung einer Anfechtungs- bzw. Fortsetzungsfeststellungsklage im Rahmen von Klagen gegen Therapiehinweise des Gemeinsamen Bundesausschusses als Richtlinien und damit als untergesetzliche Normen abgelehnt[75]. Insbesondere komme auch eine analoge Anwendung des § 92 Absatz 3 Satz 2 SGB V nicht in den Fällen in Betracht, in denen die Voraussetzungen des § 93 Absatz 3 Satz 2 SGB V nicht vorlägen[76]. § 92 Absatz 3 SGB V habe Ausnahmecharakter und sei auf den dort genannten Anwendungsbereich beschränkt, eine Übertragung auf andere Fallgestaltungen, in denen ebenfalls über die Rechtmäßigkeit normativer Regelungen gestritten wird, nicht möglich[77].

Vielmehr sei die Feststellungsklage die richtige Klageart im Rahmen einer Klage gegen untergesetzliche Normen[78]. Der Annahme der Feststellungsklage als statthafte Klageart stünde insbesondere nicht entgegen, dass das SGG

---

68 BSG, Urteil vom 20. März 1996 – 6 RKa 21/95 – in BSGE 78, 91, 92.
69 BSG, Urteil vom 24. November 1998 – B 1 A 1/96 – in NZS 1999, 603, 605; Axer, NZS 1997, 10, 13; Schnapp in Schulin, § 49 Rn. 95 f.; Wigge, NZS 1996, 504, 508.
70 Offen gelassen in: BVerfG, Beschluss vom 27. Juli 1971 – 2 BvR 442/70 – in BVerfGE 31, 364, 367 f.
71 BVerfG, Beschluss vom 17. Januar 2006 – 1 BvR 541/02 – in BVerfGE 115, 81, 92.
72 Schmidt-Aßmann in Maunz/Dürig, GG Art. 19 Absatz 4 Rn. 93 ff. m.w.N.
73 BVerfG, Beschluss vom 17. Januar 2006 – 1 BvR 541, 542/02 – in BVerfGE 115, 81, 92.
74 BVerfG, Beschluss vom 17. Januar 2006 – 1 BvR 541, 542/02 – in BVerfGE 115, 81, 95.
75 BSG, Urteil von 31. Mai 2006 – B 6 KA 13/05 R – in BSGE 96, 261, 263 f.
76 BSG, Urteil von 31. Mai 2006 – B 6 KA 13/05 R – in BSGE 96, 261, 263.
77 BSG, Urteil von 31. Mai 2006 – B 6 KA 13/05 R – in BSGE 96, 261, 264 Rn. 26
78 BSG, Urteil von 31. Mai 2006 – B 6 KA 13/05 R – in BSGE 96, 261, 264 Rn. 27.

anders als die VwGO eine Normenkontrollklage nicht vorsieht[79]. Bereits die Einführung des § 35 a Absatz 7 SGB V, nach dem gegen die Verordnung zur Festsetzung von Festbeträgen unmittelbar Klage erhoben werden kann, habe gezeigt, dass ein solch starrer Grundsatz des Ausschlusses einer Normenkontrollklage im SGG nicht vorherrscht[80]. Wie oben bereits beispielhaft ausgeführt, hat das Bundessozialgericht auch schon vor der Einführung des § 35 a Absatz 7 SGB V im Bereich der gesetzlichen Krankenversicherung Klagen gegen untergesetzliche Normen zugelassen[81]. Wenn also nur durch Überprüfung der Anwendung und Wirksamkeit gesetzesnachrangiger Vorschriften wirksamer Rechtsschutz erlangt werden kann, so sei die Feststellungsklage der statthafte Rechtsbehelf[82]. Eine nähere Begründung der Statthaftigkeit einer Feststellungsklage angesichts des Fehlens einer dem § 47 VwGO entsprechenden Regelung und der Herleitung der Normenkontrollberechtigung bedürfe es insbesondere nicht mehr, da auch der Gesetzgeber auf diese Rechtsprechung bei der Änderung des SGG ausdrücklich Bezug genommen und aufgrund dieser Rechtsprechung und der dem Art. 19 Absatz 4 GG dadurch genügenden Rechtsschutz auf den Erlass einer dem § 47 VwGO entsprechenden Norm verzichtet habe[83].

Das LSG Berlin-Brandenburg, das nach § 29 Absatz 4 Nr. 3 SGG erstinstanzlich für Klagen gegen Richtlinien des Gemeinsamen Bundesausschusses zuständig ist, hat in ständiger Rechtsprechung diese Auffassung übernommen[84]. Auch das LSG Berlin-Brandenburg greift die Argumentation des Bundessozialgerichts auf. Da das SGG eine Normenkontrollklage nicht ausdrücklich vorsieht und im Hinblick auf Art. 19 Absatz 4 GG eine Rechtsschutzlücke verfassungsrechtlich nicht hinnehmbar ist, kommt als sachgerechte Klageart nur eine Feststellungsklage nach § 55 Absatz 1 Nr. 1 SGG in Betracht[85]. Auch die Einführung des § 55 a SGG seit dem 1. April 2011 ändere an der Lückenhaftigkeit des SGG nichts, da sich dieser nur auf Satzungen nach § 22 a SGB II beziehe[86]. § 29 Absatz 4 Nr. 3 SGB V setze Rechtsschutz gegen die Richtlinien des Gemeinsamen Bundesausschusses

---

79 BSG, Urteil von 31. Mai 2006 – B 6 KA 13/05 R – in BSGE 96, 261, 264 Rn. 27.
80 BSG, Urteil von 31. Mai 2006 – B 6 KA 13/05 R – in BSGE 96, 261, 264 Rn. 27.
81 BSG, Urteil vom 1. Juli 1992 – 14a/6 RKa 1/90 – in BSGE 71, 42, 52.
82 BSG, Urteil vom 3. Februar 2010 – B 6 KA 31/09 R – Rn. 22.
83 BSG, Urteil vom 3. Februar 2010 – B 6 KA 31/09 R – Rn. 23.
84 LSG Berlin-Brandenburg, Urteil vom 17. März 2010 – L 7 KA 125/09 KL – Rn. 30.
85 LSG Berlin-Brandenburg, Urteil vom 17. März 2010 – L 7 KA 125/09 KL – Rn. 30.
86 LSG Berlin-Brandenburg, Urteil vom 17. August 2011 – L 7 KA 77/08 KL – Rn. 52.

ausdrücklich voraus, so dass ein Bedarf an tauglichem Prozessrecht verursacht werde, und ein Rückgriff auf die Feststellungsklage notwendig sei[87].

Das Bundessozialgericht stellte dann in einem Urteil vom Dezember 2011 darüberhinaus explizit fest, dass mit der Feststellungsklage nicht nur die Unwirksamkeit einer untergesetzlichen Norm, sondern auch die fehlerhafte Auslegung oder Anwendung einer untergesetzlichen Norm sowie ein Anspruch auf deren Änderung geltend gemacht werden könne[88]. Hiermit widersprach das Bundessozialgericht dem LSG Berlin-Brandenburg, das bis dahin die Ansicht vertreten hatte, dass allein die Unwirksamkeit einer Norm mit der Feststellungsklage festgestellt werden könne[89].

Weder dem Urteil des Bundessozialgerichts noch dem des Bundesverfassungsgerichts kann eine Differenzierung zwischen dem Begehren auf Feststellung der Unwirksamkeit einer Norm und dem Begehren auf eine bestimmte – richtige – Auslegung oder Anwendung einer Norm entnommen werden[90]. In dem Urteil des Bundessozialgerichts heißt es wörtlich, dass hier „Anwendung und Wirksamkeit gesetzesnachrangiger Rechtsvorschriften" überprüft werden sollten bzw. die „Anwendung und Wirksamkeit" hier umstritten sei[91]. Auch bei dem von dem Bundesverfassungsgericht zu entscheidenden Fall ging es nicht um die Feststellung der Unwirksamkeit einer Norm, sondern um die Frage ihrer Fehlausrichtung bezogen auf einen bestimmten Personenkreis[92]. Dementsprechend sind auch dann zunächst die Fachgerichte anzurufen und die Rechtsnorm ist durch diese zu prüfen, wenn nicht die Unwirksamkeit, sondern nur die fehlerhafte Auslegung oder Anwendung streitig ist[93]. Diese umfassende Zulassung der

---

87 LSG Berlin-Brandenburg, Urteil vom 17. August 2011 – L 7 KA 77/08 KL – Rn. 52.
88 BSG, Urteil vom 14. Dezember 2011 – B 6 KA 29/10 R – Rn. 24.
89 Bspw: LSG Berlin-Brandenburg, Urteil vom 17. März 2010 – L 7 KA 125/09 KL – Rn. 34: hier war das LSG Berlin-Brandenburg der Ansicht, dass der Streit um die richtige Auslegung einer untergesetzlichen Norm, zu einer Norminterpretationsklage führe, bei der keine konkrete, sondern lediglich eine abstrakte Feststellung begehrt werde. Eine all umfassende Bindung der gerichtlichen Entscheidung könne wegen der inter-partes Wirkung des § 141 Absatz 1 Nr. 1 SGG nicht erreicht werden, es handele sich um ein kontradiktorisches Verfahren mangels einer dem § 47 Absatz 5 Satz 2 VwGO entsprechenden Regelung. Eine Bindungswirkung gegenüber den Anwendern der Richtlinien – bspw. den Vertragsärzte und Krankenkassen – aber auch gegenüber den Sozialgerichten in anderen Verfahren könne nicht erreicht werden.
90 BSG, Urteil vom 14. Dezember 2011 – B 6 KA 29/10 R – Rn. 21.
91 BSG, Urteil vom 31. Mai 2006 – B 6 KA 13/05 R – in BSGE 96, 261, 264.
92 BSG, Urteil vom 14. Dezember 2011 – B 6 KA 29/10 R – Rn. 21.
93 BSG, Urteil vom 14. Dezember 2011 – B 6 KA 29/10 R – Rn. 21.

Feststellungsklage durch die Gerichte führte dazu, dass der Gesetzgeber auf die Schaffung einer § 47 VwGO entsprechenden Norm verzichtete[94].

Daneben bejaht das Bundessozialgericht wiederum mit Bezugnahme auf das Urteil des Bundesverfassungsgerichts[95] auch die Statthaftigkeit der Feststellungsklage im Fall der Geltendmachung eines Anspruchs auf Änderung einer untergesetzlichen Norm[96]. Das Bundessozialgericht geht in einem neueren Urteil sogar so weit, dass es die bis dahin vorgenommene Differenzierung zwischen Klagen, mit denen die „Nichtanwendung oder Nichtanwendbarkeit einer Norm" im Streit steht und Klagen, die auf einen „Normerlass" zielen[97], ausdrücklich aufgibt[98]. Die Feststellungsklage wird nunmehr auch bei Normerlassklagen für die richtige Klageart erklärt[99]. Zum einen stehe die Subsidiarität der Annahme dieser Klageart nicht entgegen und zum anderen werde so dem Gewaltenteilungsgrundsatz am meisten entsprochen[100]. Das Gericht könne die Normsetzung durch den Gemeinsamen Bundesausschuss nicht ersetzen, es könne aber die Verpflichtung, in einem bestimmten Sinne normsetzend tätig zu werden, aussprechen[101]. Durch die staatliche Aufsicht über den Gemeinsamen Bundesausschuss sei dann sichergestellt, dass dieser auch seiner Verpflichtung nachkomme[102].

Dieser Auffassung hat sich nunmehr auch das LSG Berlin-Brandenburg angeschlossen, das ausführt, dass allein die Feststellungsklage dem Umstand gerecht

---

94 BSG, Urteil vom 14. Dezember 2011 – B 6 KA 29/10 R – Rn. 22 mit Verweis auf BR-Drs. 820/07 vom 15. November 2007 S. 19.

95 Das in seinem Beschluss festgestellt hat, dass „das Recht der Kläger auf Gleichbehandlung" es gebiete, mit Hilfe einer Feststellungsklage auch „den Erlass oder die Änderung einer Rechtsverordnung" zu begehren, Beschluss vom 17. Januar 2006 – 1 BvR 541, 542/02 – in BVerfGE 115, 81 Rn. 51.

96 BSG, Urteil vom 14. Dezember 2011 – B 6 KA 29/10 R – Rn. 23.

97 Für diese Differenzierung noch BSG, Urteil vom 1. Oktober 1990 – 6 RKa 22/88 – in BSGE 67, 251, 252; BSG, Urteil vom 28. Juni 2000 – B 6 KA 26/99 R – in BSGE 86, 223, 224 f.; BSG, Urteil vom 11. September 2002 – B 6 KA 34/01 R – in BSGE 90, 61, 64; Keller in Meyer-Ladewig/Keller/Leitherer, § 54 Rn. 41 c; Castendiek in Lüdtke, § 54 Rn. 139; Böttiger in Breitkreuz/Fichte, § 54 Rn. 131; Wigge, NZS 2001, 623, 625f.; Axer, NZS 1997, 10, 16; Sodan, NVwZ 2000, 601, 609 m.w.N.

98 BSG, Urteil vom 21. März 2012 – B 6 KA 16/11 – Rn. 24.

99 BSG, Urteil vom 21. März 2012 – B 6 KA 16/11 R – Rn. 26 f.

100 BSG, Urteil vom 21. März 2012 – B 6 KA 16/11 R – Rn. 28.

101 BSG, Urteil vom 21. März 2012 – B 6 KA 16/11 R – Rn. 28: mit Verweis auf BVerfGE 115, 81, 96 muss es dem Normgeber überlassen bleiben, wie er die festgestellte Rechtsverletzung beseitigt.

102 BSG, Urteil vom 21. März 2012 – B 6 KA 16/11 R – Rn. 28.

werde, dass der Kläger, sofern er bspw. die Aufnahme eines Arzneimittels in die Anlage I der Arzneimittelrichtlinie verlangt – mithin also eine Ergänzung einer untergesetzlichen Norm –, einen Akt der Normsetzung begehrt und nicht den Erlass eines Verwaltungsaktes[103].

2. Inzidenter Rechtsschutz

Den unter 1. beschriebenen unmittelbaren Rechtsschutz gegen Richtlinien können grundsätzlich vor allem die Arzneimittelhersteller und Krankenhäuser geltend machen, gegen die keine belastende Maßnahme (außer der Richtlinie) zuvor erlassen wurde, die mithin nicht Adressaten eines belastenden Verwaltungsaktes sind. Belastende Verwaltungsakte (auch in Form der Allgemeinverfügung) ergehen grundsätzlich gegen Versicherte im Rahmen der Ablehnung der Übernahme von Leistungen oder gegen Vertragsärzte. Gegen Arzneimittelhersteller können im Rahmen der Festsetzungen der Festbeträge für Arzneimittel bzw. im Rahmen des umfassenden Verfahrens dieser Festsetzungen Allgemeinverfügungen ergehen. Hiergegen müssen sich die Adressaten wenden, im Rahmen derer inzident die Rechtmäßigkeit der Richtlinie des Gemeinsamen Bundesausschuss überprüft wird.

3. Zuständiges Gericht

Nach § 29 Absatz 4 Nr. 3 SGG ist das LSG Berlin – Brandenburg erstinstanzlich für Klagen gegen Richtlinien und Entscheidungen des Gemeinsamen Bundesausschusses zuständig.

III. Zusammenfassung

Die statthafte Klageart für ein unmittelbares Vorgehen gegen die Richtlinien des Gemeinsamen Bundesausschusses als untergesetzliche Normen ist die Feststellungsklage und das nicht nur, wenn das Begehren des Klägers auf Feststellung der Unwirksamkeit gerichtet ist, sondern auch, wenn die Auslegung bzw.

---

103 LSG Berlin-Brandenburg, Urteil vom 27. März 2013 – L 7 KA 44/10 KL – Rn. 26; LSG Berlin-Brandenburg, Urteil vom 24. Oktober 2012 – L 7 KA 1/10 KL – Rn. 25 f.; anders ist dies bei einer begehrten Aufnahme eines Medizinproduktes in die Arzneimittelrichtlinie. Auch hier ist § 92 Absatz 1 Satz 2 Nr. 6 SGB V betroffen, jedoch wird den Unternehmern in § 31 Absatz 1 Satz 2 i. V. m. § 34 Absatz 6 Satz 1 SGB V ein ausdrückliches Antragsrecht zugesprochen, was dazu führt, dass eine Leistungsklage als statthafte Klageart angesehen wird, LSG Berlin-Brandenburg, Urteil vom 15. Januar 2013 – L 24 KA 43/10 – Rn. 47.

Anwendung streitig ist oder der Erlass oder die Änderung einer Richtlinie begehrt wird[104].

Für welche Klägergruppe in welchen Fällen ein unmittelbares Vorgehen gegen eine für rechtswidrig gehaltene Richtlinie im Rahmen einer statthaften Feststellungsklage möglich ist, und in welchen Fällen aufgrund der Subsidiarität der Feststellungsklage die Richtlinien lediglich einer inzidenten Überprüfung zugeführt werden können, wird in den folgenden Kapiteln noch näher erläutert.

---

104 BSG, Urteil vom 21. März 2012 – B 6 KA 16/11 R – Rn. 24 f.; LSG Berlin-
     Brandenburg, Urteil vom 15. Mai 2013 – L 7 KA 3/10 KL – Rn. 23.

Kapitel 2: Allgemeines zur Klagebefugnis

Zulässig ist eine Klage, sei es Gestaltungs- oder Feststellungsklage, nur dann, wenn ein schützenswertes Interesse besteht. Dies ist bei den Gestaltungsklagen dann gegeben, wenn eine „Beschwer" (Klagebefugnis; § 54 Absatz 1 Satz 2 SGG) vorliegt, bei der Feststellungsklage muss ein „berechtigtes Interesse" (Feststellungsinteresse; § 55 Absatz 1 Nr. 1 SGG) vorliegen.

A. Gestaltungsklagen

Bezüglich der Klagebefugnis im Rahmen der Anfechtungs- und Verpflichtungsklagen muss eine Beschwer behauptet werden, die nur dann gegeben sein kann, wenn der Erlass des angegriffenen bzw. die Versagung des begehrten Verwaltungsakts rechtswidrig ist. Die Behauptung und Darlegung der möglichen Rechtswidrigkeit des angegriffenen Verwaltungsaktes bzw. des möglichen Anspruchs auf Erlass eines begehrten Verwaltungsaktes ist demnach erforderlich, um die Klagebefugnis zu begründen[105].

Für die Klagebefugnis ist zudem die Betroffenheit in eigenen rechtlich geschützten Belangen erforderlich[106]. Kann dem Kläger das geltend gemachte Recht unter keinem Gesichtspunkt zustehen und ist damit die Möglichkeit einer Verletzung von subjektiven Rechten nicht gegeben, so ist die Klage mangels Klagebefugnis unzulässig[107].

B. Feststellungsklage

Das im Rahmen einer Feststellungsklage erforderliche besondere Feststellungsinteresse ist gegeben, wenn der Kläger ein berechtigtes Interesse an der baldigen Feststellung hat[108] und seine Rechte nicht durch einer Gestaltungs- oder

---

105 Wenner in Kreikebohm, § 54 Rn. 5.
106 BSG, Urteil vom 1. März 2011 – B 1 KR 10/10 R- in BSGE 107, 287, 291 Rn. 21.
107 BSG, Urteil vom 21. März 2012 – B 6 KA 16/11 R – Rn. 32.
108 Keller in Meyer-Ladewig/Keller/Leitherer, § 55 Rn. 3.

Leistungsklage verfolgen kann (Subsidiarität der Feststellungsklage, Rechtsgedanke des § 43 Absatz 2 VwGO)[109].

Im Rahmen der Feststellungsklage ist zudem eine gegenwärtige Betroffenheit erforderlich[110]. Gegenwärtig ist die Betroffenheit dann nicht, wenn sie vollständig der Vergangenheit angehört oder sie erst irgendwann in der Zukunft eintreten könnte[111].

Die Betroffenheit muss zudem unmittelbar sein. Eine unmittelbare Betroffenheit liegt bei einem Vorgehen gegen eine untergesetzliche Rechtsnorm dann vor, wenn entweder das Abwarten der Umsetzung dieser Rechtsnorm unzumutbar ist oder durch die Rechtsnorm selbst die Betroffenheit des Klägers hervorgerufen wird, indem sie dessen eigene rechtlich geschützte Belange berührt[112], ohne eines Vollzugsaktes zu bedürfen[113]. Unzumutbar wäre das Abwarten der Umsetzung dann, wenn dies voraussetze, dass der Kläger sich zunächst normwidrig verhalten müsste, um dann die Gültigkeit der Norm inzident überprüfen lassen zu können[114].

---

109 Keller in Meyer-Ladewig/Keller/Leitherer, § 55 Rn. 3.
110 Keller in Meyer-Ladewig/Keller/Leitherer, § 55 Rn. 10 d.
111 Keller in Meyer-Ladewig/Keller/Leitherer, § 55 Rn. 10 d.
112 LSG Berlin-Brandenburg Urteil vom 15. Juli 2009 – L 7 KA 30/08 – Rn. 32; Keller in Mayer-Ladewig/Keller/Leitherer, § 55 Rn. 10 b ff.
113 Keller in Meyer-Ladewig/Keller/Leitherer, § 55 Rn. 10 d.
114 SG Braunschweig, Urteil vom 11. April 2011 – S 40 KR 11/07 – Rn. 56.

Kapitel 3: Potentielle Klägergruppen

A. Versicherte als Kläger

I. Prozessuale Situation

Die Versicherten können Rechtsschutz gegen die Richtlinien des Gemeinsamen Bundesausschuss grundsätzlich aufgrund der Subsidiarität der Feststellungsklage nur im Wege einer Anfechtungsklage (ggf. i.V.m. einer Verpflichtungsklage) nach § 54 SGG gegen den sie beschwerenden Bescheid ihrer Krankenkasse erreichen, bei dessen gerichtlicher Überprüfung dann inzident die Rechtmäßigkeit der zugrundeliegenden Richtlinie überprüft wird[115]. Hierbei kommt die Geltendmachung der Verletzung von Rechten aus dem SGB V selbst oder von Grundrechten in Betracht.

II. Klagebefugnis und Anspruch auf ärztliche Leistungen aus dem SGB V

Die für die Zulässigkeit einer Klage erforderliche Beschwer bzw. eigene rechtliche Betroffenheit des Versicherten kann sich zunächst aus einer einen Anspruch begründenden Norm ergeben[116]. Insbesondere kommen hier als Anspruchsgrundlagen die §§ 27 ff SGB V in Betracht oder § 13 Absatz 3 SGB V für die Kostenerstattung[117].

Eine Klagebefugnis kann demnach grundsätzlich dann nicht gegeben sein, wenn kein Anspruch besteht. Daher ist zunächst einleitend zu erläutern, wie das SGB V in Hinblick auf mögliche Ansprüche der Versicherten auf verschiedene Leistungen ausgestaltet ist und welcher Systematik es hierbei unterliegt. Dabei wird auch zu sehen sein, an welcher Stelle in dem System der gesetzlichen Krankenversicherung die Richtlinien des Gemeinsamen Bundesausschusses ihren

---

115 Roters in Kasseler Kommentar zum Sozialversicherungsrecht, § 91 Rn. 30; Schmidt – De Caluwe in Becker/Kingreen, § 92 Rn. 18; Barth in Spickhoff, § 92 SGB V Rn. 6; Kingreen, MedR 2007, 457, 458.

116 Kingreen, MedR 2007, 457, 459.

117 Kingreen, MedR 2007, 457, 459.

Platz haben und inwieweit die Richtlinien für die Ansprüche der Versicherten von Bedeutung sind.

Auf dieser Grundlage ist sodann zu erläutern, welche Konsequenzen dies für den Rechtsschutz gegen die Richtlinien des Gemeinsamen Bundesausschusses aus den originären Vorschriften des SGB V für die Versicherten hat und welche Entwicklung die Rechtsprechung des Bundessozialgerichts hierbei vollzog.

1. Der „Anspruch" der Versicherten auf Behandlung – das Rahmenrecht

a) Die Lage vor der Entwicklung des Rahmenrechts

Bevor das Bundessozialgericht das bis heute angenommene sog. Rahmenrecht der Versicherten entwickelte, vertrat es die Ansicht, dass sich mittels Gesetzesauslegung durchsetzbare Ansprüche auf konkrete medizinische Maßnahmen herleiten ließen, und dass bei Unvereinbarkeit dieser medizinischen Maßnahmen mit dem Leistungserbringungsrecht das Leistungsrecht Vorrang haben sollte[118].

Dies hatte in Bezug auf die Einordnung der Richtlinien zur Folge, dass diese den Grundsätzen des Leistungserbringungs- und Leistungsrechts untergeordnet sein sollten[119]. Soweit sie den Rahmen des gesetzlichen Anspruchs nicht ausfüllten, konnten sie ihn auch nicht verkürzen[120]. Man nahm an, dass die Vorgänger des Gemeinsamen Bundesausschusses sich mit Fragen der wissenschaftlichen Erkenntnis befassten und nur deklaratorisch etwas in Richtlinien feststellten, was das Gesetz bereits konstitutiv regelte[121].

Für die Überprüfbarkeit durch die Gerichte bedeutete dies, dass sie die Festlegungen und Stellungnahmen medizinischer Experten voll zu überprüfen hatten[122]. Aufgrund hierbei auftretender Schwierigkeiten wurde zwar auch hier die gerichtliche Kontrolldichte etwas abgeschwächt[123], indem beispielsweise eine Verschärfung der Beweislast für Abweichungen von Sachverständigengutachten erfolgte[124], die Anforderungen an den Nachweis der Unvereinbarkeit mit den gesetzlichen Leistungskriterien erhöht wurden[125] oder eine Harmonisierung des

---

118 BSG, Urteil vom 23. März 1988 – 3 RK 5/87 – in BSGE 63, 102, 104.
119 BSG, Urteil vom 23. März 1988 – 3 RK 5/87 – in BSGE 63, 102, 104.
120 BSG, Urteil vom 23. März 1988 – 3 RK 5/87 – in BSGE 63, 102, 104; BSG, Urteil vom 1. Oktober 1990 – 6 RKa 22/88 – in BSGE 67, 251, 254; BSG, Urteil vom 8. September 1993 – 14 a RKa 7 / 92 – in BSGE 73, 66, 70.
121 Schwerdtfeger, NZS 1998, 49, 50.
122 Neumann in Schnapp/Wigge, § 13 Rn. 9.
123 Neumann in Schnapp/Wigge, § 13 Rn. 9.
124 BSG, Urteil vom 22. Juli 1981 – 3 RK 50/79 – in BSGE 52, 70, 74.
125 BSG, Urteil vom 22. September 1981 – 11 RK 10/79 – in BSGE 52, 134, 138.

Leistungsrechts mit dem Leistungserbringungsrecht der Regelfall war[126]. Dies führte jedoch nicht dazu, dass eine Anspruchskürzung bei einer Kollision des Anspruchs auf Krankenbehandlung mit restriktiven Bestimmungen des unter-gesetzlichen Vertragsarztrechts eintrat[127]. Vielmehr gewährte das Bundessozial-gericht dem Versicherten dann einen Kostenerstattungsanspruch[128].

Dies war insbesondere bei der Anwendung von sog. „Außenseitermethoden" wichtig[129], dem Arzt wurde die Verordnung von durch die Arzneimittelrichtlinie ausgeschlossenen Arzneimitteln nicht versagt, wenn er den Nachweis erbringen konnte, dass die dem Ausschluss zugrundeliegenden Erfahrungssätze nicht dem gegenwärtigen Kenntnisstand entsprachen[130].

b) Die Entdeckung des Rahmenrechts

Grundsätzlich bildet § 27 Absatz 1 SGB V den Ausgangspunkt für die Herleitung des Anspruchs auf Krankenbehandlung. Dieser gewährt seinem Wortlaut nach den Versicherten einen „Anspruch auf Krankenbehandlung".

Dieser Anspruch ist auf Sach- oder Dienstleistungen beschränkt[131]. Mit den Leistungsempfängern haben die Krankenkassen Verträge zu schließen, um zu gewährleisten, dass den Versicherten die gesamte Krankenpflege als Sachleistung zur Verfügung gestellt wird[132]. Die Leistungen müssen ausreichend, zweckmäßig und wirtschaftlich sein und dürfen das Maß des Notwendigen nicht überschreiten; darüberhinaus müssen die Leistungen einem bestimmten Qualitätsstandard entsprechen und wirksam sein[133]. Die Krankenkassen leisten die geschuldeten Sach- und Dienstleistungen nicht selbst, sondern durch selbständig tätige Leistungserbringer wie Vertragsärzte oder Krankenhäuser[134].

Das Bundessozialgericht änderte im Jahre 1993 seine unter a) beschriebene Ansicht. Das Bundessozialgericht verneinte nun einen konkreten Anspruch der

---

126   BSG, Urteil vom 23. März 1988 – 3/8 RK 5/87 – in BSGE 63, 102, 105.
127   Neumann in Schnapp/Wigge, § 13 Rn. 9.
128   Neumann in Schnapp/Wigge, § 13 Rn. 9.
129   Neumann in Schnapp/Wigge, § 13 Rn. 9.
130   BSG, Urteil vom 5. Mai 1988 – 6 RKa 27/87 – in BSGE 63, 163, 166 f.
131   vgl. § 2 Absatz 1 Satz 1 SGB V und § 12 SGB V.
132   vgl. § 2 Absatz 2 Satz 3 SGB V.
133   Engelmann, MedR 2006, 245, 245; Vgl. § 2 Absatz 1 Satz 2 SGB V.
134   BSG, Urteil vom 16. Dezember 1993 – 4 RK 5 / 92 – in BSGE 73, 271, 279; allein in den §§ 28 bis 43 a SGB V seien teils konkrete Ansprüche zu finden.

Versicherten auf eine konkrete Leistung[135]. Es ließen sich auch unter Beachtung der sich aus den § 2 Absatz 1 Satz 3 SGB V, 12 Absatz 1 und 27 Absatz 1 Satz 1 SGB V ergebenden Kriterien und unter der Berücksichtigung der weiteren, teils unbestimmte Rechtsbegriffe enthaltenen, Vorschriften des SGB – weder einzeln noch in ihrer Gesamtheit – für den erkrankten Versicherten keine bestimmbaren Voraussetzungen für Ansprüche auf konkrete Behandlungsmaßnahmen in einer konkreten Krankheitssituation finden[136].

Das Bundessozialgericht verneint(e) also einen konkreten Anspruch der Versicherten und behandelte die Normen des SGB V als offene Wertungsnormen, die einer weiteren Konkretisierung bedürften[137]. § 27 SGB V enthalte lediglich ein subjektiv-öffentliches Rahmenrecht mit einem Anspruch dem Grunde nach[138]. Allein Grenzen dieses Rahmenrechts seien in dem SGB V zu finden[139]. Dies zum einen in § 27 Absatz 1 Satz 1 SGB V, der die Art der möglichen Maßnahmen zur Krankheitsbekämpfung aufführt. Zum anderen stellten in negativer Hinsicht die Mindestanforderungen aus § 12 SGB V Grenzen dar[140]. Einen gerichtlich durchsetzbaren Anspruch gebe es nicht, sondern allein einen aus Teilelementen bestehender Anspruchsrahmen, dem die Klagbarkeit fehle[141].

Das Bundessozialgericht verkannte hierbei jedoch, dass diese Konstruktion den eindeutigen Wortlaut des § 27 Absatz 1 SGB V missachtet[142]. Bei einem so eindeutigen Wortlaut ist ein Rückgriff auf andere Theorien oder rechtstheoretische Argumente jedoch nach dem methodischen Grundsatz, dass stets von

---

135 BSG, Urteil vom 16. September 1997 – 1 RK 32/95 – in BSGE 81, 73, 78.

136 BSG, Urteil vom 16. Dezember 1993 – 4 RK 5 / 92 – in BSGE 73, 271, 279; BSG, Urteil vom 16. September 1997 – 1 RK 32/95 – in BSGE 81, 73, 78; BSG, Urteil vom 16. September 1997 – 1 RK 28/95 – in BSGE 81, 54, 61.

137 BSG, Urteil vom 16. Dezember 1993 – 4 RK 5 / 92 – in BSGE 73, 271, 279.

138 BSG, Urteil vom 16. Dezember 1993 – 4 RK 5 / 92 – in BSGE 73, 271, 280; BSG, Urteil vom 16. September 1997 – 1 RK 32/95 – in BSGE 81, 73, 78; BSG, Urteil vom 16. September 1997 – 1 RK 28/95 – in BSGE 81, 54, 61.

139 BSG, Urteil vom 16. Dezember 1993 – 4 RK 5 / 92 – in BSGE 73, 271, 280; BSG, Urteil vom 9. Dezember 1997 - 1 RK 11/97 – in BSGE 81, 244, 249; Steege in Festschrift 50 Jahre Bundessozialgericht, S. 517, 519.

140 BSG, Urteil vom 16. Dezember 1993 – 4 RK 5 / 92 – in BSGE 73, 271, 280; BSG, Urteil vom 9. Dezember 1997 - 1 RK 11/97 – in BSGE 81, 244, 249; Steege in Festschrift 50 Jahre Bundessozialgericht, S. 517, 519.

141 BSG, Urteil vom 16. Dezember 1993 – 4 RK 5 / 92 – in BSGE 73, 271, 273, 278 - 280.

142 Neumann, SGb 1998, 609, 611.

dem Wortlaut einer Norm auszugehen ist, bevor auf andere Auslegungskriterien zurückgegriffen werden kann, versagt[143].

Die rahmenrechtliche Konstruktion lässt sich auch nicht mit der durch das Bundesverfassungsgericht vertretenen Auslegungsregel vereinbaren, nach der die Interpretation des Gesetzes Geltung haben soll, die dem Bürger einen Rechtsanspruch einräumt[144]. Durch diese Regel wird Art. 19 Absatz 4 GG eher verwirklicht als durch eine Rechtsprechung, die, entgegen dem Wortlaut einer Norm, einen Rechtsanspruch in eine „leere Hülse" verwandelt[145].

Zudem ist der Einfluss der Grundrechte bei der Bestimmung des Schutzumfangs einer einfachgesetzlichen Norm zu beachten[146]. Nach der Fürsorgerechts-Entscheidung des Bundesverwaltungsgerichts kann aus einer objektivrechtlich formulierten Norm des Leistungsrechts ein Rechtsanspruch vermittelt werden und zwar wegen Art. 1 Absatz 1 GG[147]. Dieser Grundsatz, wenn auch für das Fürsorgerecht entwickelt, kann auch auf die Leistungsnormen des Krankenversicherungsrechts übertragen werden[148]. Schließlich ist noch zu sehen, dass die Konstruktion des Rahmenrechts gegen die in § 2 Absatz 2 SGB I zu findende Prämisse verstößt, nach der die sozialen Rechte „möglichst weitgehend" verwirklicht werden sollen[149].

Die Annahme eines solchen Rahmenrechts führt auch dazu, dass der Grundsatz der gleichen Leistungen für alle Versicherten aufgegeben wird, da das Rahmenrecht von den einzelnen Ärzten unterschiedlich verengt werden kann[150].

c) Begründung der Entwicklung des Rahmenrechts

Die Konstruktion dieses Rahmenrechts war für das Bundessozialgericht erforderlich geworden, um das Verhältnis von Leistungs- und Leistungserbringungsrecht zu harmonisieren. Das SGB V – ein Parlamentsgesetz – enthält das Leistungsrecht, das Leistungserbringungsrecht jedoch wird durch untergesetzliche Verträge oder eben Richtlinien bestimmt. Der Inhalt fast jeder Richtlinie

---

143 Neumann in Schnapp/Wigge, § 13 Rn. 29.
144 BVerfG, Beschluss vom 5. Februar 1963 – 2 BvR 21/60 – in BVerfGE 15, 275, 281 f.; BVerfG, Beschluss vom 8. Mai 1979 – 2 BvR 782/78 – in BVerfGE 51, 176, 186.
145 Jörg in Wienke/Lippert/Eisenmenger, S. 123, 140.
146 Neumann in Schnapp/Wigge, § 13 Rn. 30.
147 BVerwG, Urteil vom 24. Juni 1954 – BVerwG V C 78/54 – in BVerwGE 1, 159, 161.
148 Neumann in Schnapp/Wigge, § 13 Rn. 30.
149 Neumann in Schnapp/Wigge, § 13 Rn. 30.
150 Schwerdtfeger, NZS 1998, 97, 98.

berührt das Leistungsrecht und ragt in es hinein[151]. Dies führt dazu, dass es – beinahe zwingend – zu Verstößen gegen höherrangiges Recht kommen muss[152].

Dies wollte das Bundessozialgericht vermeiden, indem es die beiden Bereiche gleichstellen und den Anspruch des Versicherten, die Therapiefreiheit der Ärzte und die Verantwortung der Krankenkasse für die Erbringung der Leistung in Einklang bringen wollte[153]. Das tat es, indem es den Anspruch der Versicherten aus dem (parlamentarischen) Leistungsrecht bezüglich Inhalt und Umfang[154] nach den Vorschriften des (untergesetzlichen) Leistungserbringungsrechts bestimmte[155], denn es sei aus Sachgründen zuzulassen und geboten, innerhalb des gesetzlich vorgegebenen Rahmens den Inhalt beider Bereiche durch gemeinsame Entscheidungen und Regelungen festzulegen[156].

Das Bundessozialgericht selbst führte als Sachgrund für die Normierung nur eines Rahmenrechts die medizinisch-wissenschaftliche Komplexität der Regelungsmaterie an[157]. Dieser wohne bezüglich der Erkenntnisgewinnung eine Dynamik inne, die eine gesetzliche Fixierung in „Wenn-Dann-Sätzen" nicht sinnvoll erscheinen lasse, und daher sei allein eine Normierung von subjektiv-rechtlich bewehrten Zweckprogrammen zweckmäßig[158]. Die mit einer Fixierung eintretende Statik könne dazu führen, dass die nach dem – jeweils – allgemein anerkannten Stand der medizinischen Erkenntnisse unter Berücksichtigung des medizinischen Fortschritts notwendige Krankenbehandlung nicht geleistet werden könne[159].

---

151 Neumann, Probleme der Rechtsquellen im Sozialversicherungsrecht, 43 ff.; das BSG sah die Trennung von Leistungs- und Leistungserbringungsrecht bereits durch den Gesetzgeber als aufgehoben an, weil dieser auch im Leistungsrecht Ermächtigungen für den Gemeinsamen Bundesausschuss normierte, wodurch die in der ursprüngliche Systematik des Gesetzes durchgehaltene Trennung von Leistungs- und Leistungserbringungsrecht relativiert werde, BSG, Urteil vom 20. März 1996 – 6 RKa 62/94 – in BSGE 78, 70, 76 und Neumann, NZS 2001, 515, 515.

152 Neumann, Probleme der Rechtsquellen im Sozialversicherungsrecht, S. 43 ff.

153 Neumann, Probleme der Rechtsquellen im Sozialversicherungsrecht, S. 43 ff.

154 Erstmals: BSG, Urteil vom 20. März 1996 – 6 RKa 62/94 – in BSGE 78, 70, 77.

155 Neumann, SGb 1998, 609, 610; Neumann in Schnapp/Wigge, § 13 Rn. 11; das BSG selbst hatte zuvor noch vertreten, dass sich mittels Gesetzesauslegung durchsetzbare Ansprüche auf konkrete Maßnahmen herleiten ließen und bei Kollision dieser Ansprüche mit dem Leistungsrecht dieses verdrängen sollte, BSG, Urteil vom 23. März 1988 – 3 RK 5/87 – in BSGE 63, 102, 104.

156 BSG, Urteil vom 20. März 1996 – 6 RKa 62/94 – in BSGE 78, 70, 79.

157 BSG, Urteil vom 16. Dezember 1993 – 4 RK 5 / 92 – in BSGE 73, 271, 280.

158 BSG, Urteil vom 16. Dezember 1993 – 4 RK 5 / 92 – in BSGE 73, 271, 280.

159 BSG, Urteil vom 16. Dezember 1993 – 4 RK 5 / 92 – in BSGE 73, 271, 280.

Das Rahmenrecht musste demnach noch weiter konkretisiert werden. Hierzu entwickelte das Bundessozialgericht ein in sich geschlossenes und abschließendes Rechtskonkretisierungskonzept, mit dem die Ansprüche unter Einschluss weiterer im SGB V genannten Voraussetzungen bestimmt werden sollten[160].

d) Das Rechtskonkretisierungskonzept

Die Konkretisierung des Rahmenrechts erfolgt nach Ansicht des Bundessozialgerichts auf zwei Ebenen[161]:

Da das Gesetz nach Ansicht des Bundessozialgericht die inhaltliche Ausgestaltung des gesetzlich gewährten Rahmenrechts der kassenärztlichen Versorgung übertragen habe, wozu neben den Krankenkassen auch der Gemeinsame Bundesausschuss gehöre, sollte auf der ersten Ebene der Gemeinsame Bundesausschuss durch Richtlinien zur Sicherung der vertragsärztlichen Versorgung abstrakt-generelle Maßstäbe aufstellen, nach denen das im Einzelfall medizinisch Notwendige, sowie dessen Wirtschaftlichkeit, Zweckmäßigkeit und Erforderlichkeit zu beurteilen sei[162]. Hierbei ist zu sehen, dass sich der Gemeinsame Bundesausschuss bei seiner Normkonkretisierung im Rahmen des SGB V halten muss, das Vorgaben dazu macht, wie die Versorgung der Versicherten und das Zusammenwirken der Krankenkassen und Leistungserbringer auszusehen hat und ausgestaltet werden soll[163].

Die inhaltsgestaltenden Entscheidungen des Gemeinsamen Bundesausschusses machen dann die Entscheidung durch den Leistungserbringer auf zweiter Ebene möglich[164]. Erst durch die Entscheidung des behandelnden Arztes[165] bzw. des kraft gesetzlichen Auftrags handelnden Leistungserbringers, welche Sach- oder Dienstleistung im Einzelfall zur Behandlung erforderlich ist, wird das gesetzliche Rahmenrecht endgültig konkretisiert und zu einem durchsetzbaren Einzelanspruch[166]. Umgekehrt bedeutet dies, dass solange keine Konkretisierung

---

160 BSG, Urteil vom 16. Dezember 1993 – 4 RK 5 / 92 – in BSGE 73, 271, 280, 281.
161 Zimmermann, S. 176.
162 BSG, Urteil vom 16. Dezember 1993 – 4 RK 5 / 92 – in BSGE 73, 271, 280.
163 Zimmermann, S. 177.
164 Zimmermann, S. 177.
165 Die sich die Krankenkasse als eigene zuzurechnen habe, BSG, Urteil vom 16. Dezember 1993 – 4 RK 5 / 92 – in BSGE 73, 271, 282. Diese Erkenntnis war wiederum bedeutend für die Interpretation des Verhältnisses von Leistungs- und Leistungserbringungsrecht, Ebsen, Festschrift für Otto Krasney, S. 91, 95.
166 BSG, Urteil vom 16. Dezember 1993 – 4 RK 5/92 – in BSGE 73, 271, 279 ff.; BSG, Urteil vom 23. April 1996 – 1 RK 20/95 – in BSGE 78, 154, 155; BSG, Urteil

durch den Vertragsarzt / Leistungserbringer vorliegt, auch kein (klagbarer) Anspruch auf Sachleistung besteht[167].

Da der Leistungserbringer im Rahmen seiner Einzelfallentscheidung über die anzuwendende Behandlung an die Vorschriften des Kassenarztrechts gebunden ist, das gerade dem Gemeinsamen Bundesausschuss die Erstkonkretisierung des Leistungsanspruchs explizit zuweist, wird letztendlich der Inhalt und Umfang des Anspruchs verbindlich von den Richtlinien des Gemeinsamen Bundesausschusses ausgestaltet und beschränkt[168]. Der gegebene Leistungsanspruch könne und dürfe aber nur innerhalb des Leistungserbringungsrechts verwirklicht werden[169].

Mit dieser Feststellung im Rahmen einer letzten Verfeinerung des Rechtskonkretisierungskonzepts gab das Bundessozialgericht endgültig den Vorrang des Leistungsrechts vor dem Leistungserbringungsrecht auf und stellte beide „Regelungswerke" auf die gleiche Stufe[170].

e) Folgen des Rechtskonkretisierungskonzepts

Der Rahmen des Leistungsanspruchs wird also nach Ansicht des Bundessozialgerichts durch das Leistungserbringungsrecht abgesteckt und begrenzt. Außerhalb dieses Rahmens, der die äußersten Grenzen der Leistungsverpflichtung festlegt[171], könne der Versicherte grundsätzlich keine Leistungsansprüche

---

vom 17. Januar 1996 – 3 RK 26/94 – in BSGE 77, 194, 200, 203; BSG, Urteil vom 16. September 1997 – 1 RK 32 /95 – in BSGE 81, 73, 78.

167 LSG Berlin-Brandenburg, Urteil vom 29. Februar 2012 – L 9 KR 54/09 – Rn. 27.

168 BSG, Urteil vom 20. März 1996 – 6 RKa 62/94 – in BSGE 78, 70, 77; BSG, Urteil vom 16. September 1997 – 1 RK 28 /95 – in BSGE 81, 54, 59; BSG, Urteil vom 16. September 1997 – 1 RK 32/95 – in BSGE 81, 73, 77.

169 BSG, Urteile vom 16. September 1997 – 1 RK 28/95 und 32/95 – in BSGE 81, 54, 60 und 73, 78.

170 BSG, Urteile vom 16. September 1997 – 1 RK 28/95 und 32/95 – in BSGE 81, 54 und 73, es begründete seine Ansicht wiederum mit der Systematik des SGB V, wobei sein Ausgangspunkt § 2 Absatz 2 Satz 3 SGB V ist, der auf die Vorschriften des vierten Kapitels – also des Leistungserbringungsrechts verweist. § 2 Absatz 1 Satz 3 und § 70 Absatz 1 Satz 1 SGB V verlangten wiederum die gleichen Versorgungstandards, so dass es nicht zu unterschiedlichen Leistungsinhalten von Leistungsrecht und Leistungserbringungsrecht kommen dürfe. Neben diesem so geschaffenen systematischen und sachlogischen Gleichlauf, könne auch nur so die Bedeutung der Entscheidung des behandelnden Arztes für die Entstehung, den Umfang und die Konkretisierung des Anspruchs richtig gewertet werden.

171 BSG, Urteil vom 16. Dezember 1993 – 4 RK 5 / 92 – in BSGE 73, 271, 280.

geltend machen[172]. Auf eine konkrete Behandlungsmaßnahme habe der Versicherte bis zur Konkretisierung eines Leistungserbringers keinen Anspruch[173]. Nur wenn allein eine Behandlungsmethode nach dem Stand der medizinischen Erkenntnisse und nach einer prognostischer Beurteilung der Erfolgsaussichten eine reale Chance zur Erreichung des Behandlungsziels bietet, werde aus dem Rahmenrecht auf Krankenbehandlung ein Anspruch auf diese konkrete Behandlungsmethode, anderenfalls sei die Behandlungsmethode von mehreren gleich geeigneten zu wählen, die nicht die höchsten Gesamtkosten verursache[174].

f) Folgen der Annahme eines Rahmenrechts für den Rechtsschutz

Hatte man also bis zur Entwicklung des Rahmenrechts angenommen, dass die Richtlinien – als dem Leistungsrecht untergeordnet[175] – nur deklaratorisch etwas darstellten, was konstitutiv bereits in dem Gesetz angelegt sei und demzufolge nicht in den Richtlinien die Letztentscheidung über einen Anspruch bzw. dessen Umfang zu finden sei, sondern dieser letztendlich durch die Gerichte festgestellt werden könnte, vollzog sich nun die Entwicklung dahingehend, dass die Gerichte aufgrund der offenen Wertungsnormen nun nichts mehr zu subsumieren hatten[176].

Mangels eines konkreten Anspruchs auf Leistungen konnte es auch kein konkret einklagbares Recht geben, außerhalb des Rahmenrechts gab es keinen Anspruch und damit keine gerichtliche Kontrolle[177]. Der Versicherte war auf die Geltendmachung eines Kostenerstattungsanspruchs beschränkt. Im Rahmen einer solchen Klage wurde dann zwar inzidenter die Richtlinie überprüft, dies allerdings nur in einem eingeschränkten Umfang. Da dem Gemeinsamen Bundesausschuss ein Gestaltungs- und Beurteilungsspielraum zuerkannt wurde, war er zwar über das Willkürverbot und das Verbot sachfremde Erwägungen anzustellen hinaus besonders an das Gleichbehandlungsgebot gebunden und durfte zudem keine Differenzierungen vornehmen, die letztendlich die Entscheidungen des Gesetzgebers korrigierten, jedoch war eine darüberhinausgehende

---

172 BSG, Urteil vom 16. September 1997 – 1 RK 32 /95 – in BSGE 81, 73, 78.
173 BSG, Urteil vom 20. März 1996 – 6 RKa 62/94 – in BSGE 78, 70, 85 f.
174 BSG, Urteil vom 20. März 1996 – 6 RKa 62/94 – in BSGE 78, 70, 85 f.
175 und bei Unvereinbarkeit von medizinischen Maßnahmen mit dem Leistungserbringungsrecht diesem vorrangig, BSG, Urteil vom 23. März 1988 – 3 RK 5/87 – in BSGE 63, 102, 104.
176 Schwerdtfeger, NZS 1998, 49, 50.
177 BSG, Urteil vom 16. September 1997 – 1 RK 28 /95 – in BSGE 81, 54, 61 und Neumann, NZS 2001, 515, 515.

Inhaltskontrolle nicht möglich[178]. Die in den Richtlinien vorgenommenen Beur-
teilungen von Behandlungsmethoden konnten nicht durch eigene Beurteilun-
gen des Gerichts ersetzt werden, vielmehr wurde eine solche Überprüfung der
Beurteilung als ein Eingriff in die Kompetenzen des Gemeinsamen Bundesausschusses angesehen[179]. Die Gerichte hätten aber gerade nicht zum Ziel – da es
auch dem Sinn eines solchen Gerichtsverfahrens widerspreche – in einem solchen Verfahren neue medizinische Erkenntnisse hervorzubringen oder sich in
gerade stattfindenden wissenschaftlichen Auseinandersetzungen zu positionie-
ren[180]. Nur wenn ein Systemmangel oder eine einzigartige Erkrankung vorliege,
zu der der Gemeinsame Bundesausschuss aufgrund seiner generalisierbaren
Erkenntnisse nicht Stellung nehmen könne, könne eine gerichtliche Kontrolle
der Qualität einer Behandlungsmethode stattfinden[181].

Dies bedeutete, dass allein eine Überprüfung dahingehend vorgenommen
werden konnte, ob die Richtlinien in einem rechtsstaatlichen Verfahren formal
ordnungsgemäß zustande gekommen sind – der Bundesausschuss habe insbesondere die verfügbaren Beurteilungsgrundlagen auszuschöpfen – und sie dem
Zweck der Ermächtigungsnorm entsprechen Eine weitergehendeinhaltliche
Überprüfung war hingegen ausgeschlossen[182].

Dies führte letztendlich dazu, dass Rechtsschutz gegen die Richtlinien auch
im Rahmen einer Inzidentkontrolle grundsätzlich nicht möglich war[183].

Im Ergebnis kam es daher zu einer Übertragung von Normkonkretisie-
rungskompetenzen ohne gerichtliche Kontrollmöglichkeit[184]. Dies widerspricht
jedoch Art. 19 Absatz 4 GG. Dieser gewährt dem Einzelnen grundsätzlich
einen Anspruch auf vollständige Überprüfung von Maßnahmen der öffentlichen Gewalt durch die Gerichte[185], wozu auch die Normsetzung der Exekutive gehört[186]. Um diesem Anspruch gerecht zu werden, ist dem Gericht eine

---

178 BSG, Urteil vom 16. September 1997 – 1 RK 32 /95 – in BSGE 81, 73, 85.
179 BSG, Urteil vom 16. September 1997 – 1 RK 28/95 – in BSGE 81, 54, 69.
180 BSG, Urteil vom 16. September 1997 – 1 RK 28/95 – in BSGE 81, 54, 69.
181 BSG, Urteil vom 16. September 1997 – 1 RK 28/95 – in BSGE 81, 54, 70.
182 BSG, Urteil vom 16. September 1997 – 1 RK 32/95 – in BSGE 81, 73, 85, dem fol-
     gend BSG, Urteil vom 19. Februar 2003 – B 1 KR 18/01 R – in NZS 2004, 99, 101;
     BSG, Urteil vom 19. Oktober 2004 – B 1 KR 27/02 R – in NZS 2005, 589, 593.
183 Neumann, NZS 2001, 515, 515.
184 Neumann, NZS 2001, 515, 516.
185 Schulze-Fielitz in Dreier, Art. 19 Absatz 4, Rn 116 m. w. N. aus der Rechtsprechung
     des BVerfG.
186 Gerhard/Bier in Schoch/Schmidt-Aßmann/Pietzner, Vorb. § 47 Rn. 8.

hinreichende Prüfungsbefugnis hinsichtlich der tatsächlichen und rechtlichen Seite eines Streitfalles einzuräumen[187].

Eine zurückgenommene Kontrolldichte ist in den Fällen, in denen der Exekutive bzw. dem untergesetzlichen Normgeber ein Gestaltungsspielraum durch das Gesetz eingeräumt wird, anerkannt[188]. Ob dies der Fall ist, ist anhand der gleichen Kriterien zu beurteilen, nach denen die Beurteilung, ob der Verwaltung ein Beurteilungsspielraum zugestanden wurde, erfolgt[189]. Dabei ist stets zu beachten, dass das Bundessozialgericht selbst davon ausgeht, dass auch bei Vorliegen eines sog. unbestimmten Rechtsbegriffes grundsätzlich eine Vollkontrolle durch die Gerichte möglich ist und die Kompetenz zur Letztkonkretisierung bei ihnen liegt[190].

Ausnahmen von der gerichtlich uneingeschränkten Überprüfbarkeit von unbestimmten Rechtsbegriffen und damit die Gewährung eines nur eingeschränkt überprüfbaren Beurteilungs- bzw. Gestaltungsspielraum kann es nur dann geben, wenn der Rechtsschutz gegen die Akte der öffentlichen Gewalt trotzdem wirksam und somit auch die uneingeschränkte Überprüfbarkeit die Ausnahme bleibt[191].

Voraussetzung für die Annahme eines solchen Gestaltungsspielraums und damit einer Ausnahme ist stets, dass zumindest konkludent das Gesetz hierfür einen Anhaltspunkt bietet[192]. Dies ist durch Auslegung der Ermächtigungsgrundlage festzustellen[193]. Die Ermächtigungsgrundlage muss erkennen lassen, ob und ggf. in welchen Umfang dem Normgeber die administrative Letztentscheidungskompetenz übertragen werden soll[194]. Daneben muss eine unabweisbare Erforderlichkeit bestehen, die die Übertragung dieser Konkretisierungsaufgabe auf die vollziehende Gewalt rechtfertigt[195].

---

187 Engelmann, MedR 2006, 245, 249.
188 Engelmann, MedR 2006, 245, 249.
189 Kopp/Schenke, § 47 Rn. 113 ff; Gerhard/Bier in Schoch/Schmidt-Aßmann/Pietzner, Vorb. § 47 Rn. 5.
190 BSG, Vorlagebeschluss vom 7. November 2006 – B 1 KR 32/04 – in NJOZ 2007, 3358, 3371.
191 Saalfrank/Wesser, NZS 2008, 17, 23.
192 BVerwG, Urteil vom 10. November 1988 – 3 C 19/87 – in BVerwGE 81, 12, 17.
193 Kopp/Schenke, § 47 Rn. 114.
194 Kopp/Schenke, § 47 Rn. 114; Gerhard/Bier in Schoch/Schmidt-Aßmann/Pietzner, Vorb. § 47 Rn. 8.
195 Saalfrank/Wesser, NZS 2008, 17, 23.

Ausnahmen von der uneingeschränkten Überprüfbarkeit wurden für die Verwaltung etwa bei Entscheidungen in unwiederholbaren Situationen wie Prüfungsentscheidungen, sofern die Entscheidung allein auf die Beurteilung der Prüfer gestützt wird[196], bei Entscheidungen bei pluralistisch zusammengesetzten weisungsunabhängigen Gremien[197]oder wenn das Behördenhandeln in hohem Maße wissenschaftlichen-technischen Sachverstand verkörpert[198], oder aber auch bei Entscheidungen über Bedarfsprognosen, die in qualifizierten Prognoseverfahren festgelegt werden[199], anerkannt.

Abgelehnt wurde jedoch eine solche auf Tatbestandsseite eingeräumte Einschätzungsprärogative bei prognostischen Einzelbeurteilungen[200] oder auch der Feststellung der Unwirtschaftlichkeit im Rahmen einer Einzelfallprüfung[201].

Das Bundessozialgericht zieht nun aufgrund des für die Entscheidungen erforderlichen medizinisch-wissenschaftlichen Sachverstandes und der Sachkunde des heterogen zusammengesetzten und gesetzlich autorisierten Gemeinsamen Bundesausschusses Parallelen zu den anerkannten Fallgruppen, in denen ein Beurteilungsspielraum anerkannt wird[202].

Hier verkennt es jedoch zum einen, dass das Bundesverwaltungsgericht entschieden hat, dass auch der wertende Charakter einer Entscheidung, prognostische Elemente, die Komplexität des Sachverhalts oder die Notwendigkeit besonderer Sachkunde nichts an der vollständigen Rechtsanwendungskontrolle ändern kann, um der nach Art. 19 Absatz 4 GG zwingenden tatsächlichen wirksamen Kontrolle gerecht zu werden[203]. Die Gerichte können sich durch die Hinzuziehung von Sachverständigen die gleichen Kompetenzen verschaffen, wie sie die Verwaltung hat[204].

Dem Bundessozialgericht ist zwar dahingehend zuzustimmen, dass die Entscheidungen über medizinische / pharmakologische Standards durch die Beurteilung des fachwissenschaftlichen Abwägungsmaterials nur einheitlich geschehen kann, um eine an objektiven Maßstäben orientierte gleichmäßige

---

196 BVerwG, Urteil vom 12. Juli 1995 – 6 C 12/93 – in BVerwGE 99, 74, 74 ff.
197 BVerwG, Urteil vom 3. März 1987 – 1 C 15/85 – in BVerwGE 77, 70, 75 ff.
198 BVerwG, Urteil vom 28. Oktober 1998 – 8 C 16/96 – in BVerwGE 107, 338, 338 ff m.w.N.
199 Schmidt-Aßmann in Maunz/Dürig, Art. 19 Absatz 4, Rn. 199.
200 BSG, Urteil vom 29. Juli 1993 – 11/9b Rar 5/92 – Rn. 22.
201 BSG, Urteil vom 8. April 1992 – 6 RKa 27/90 – in BSGE 70, 246, 253.
202 Neumann in Schnapp/Wigge, § 13 Rn. 14.
203 BVerwG, Urteil vom 25. November 1993 – 3 C 38/91 – in BVerwGE 94, 307, 311.
204 Kingreen, MedR 2007, 457, 460.

Praxis der Leistungsgewährung zu erreichen, so dass die Entscheidung in den Richtlinien nicht durch die Wirksamkeit einer ausgeschlossenen Methode in einem Einzelfall widerlegt werden kann (dies würde dann zur Konterkarierung des Gesetzesziels einer grundsätzlich allgemeinverbindlichen Festlegung des Leistungskatalogs führen)[205].

Jedoch kann dies nicht zu einer eingeschränkten Überprüfbarkeit dieser Feststellungen führen[206]. Der Begriff des medizinischen und pharmakologischen Standards wird durch Einfügung in das SGB V zu einem Rechtsbegriff[207]. Allein das Vorliegen eines Aktes wertender Erkenntnis anhand von fachwissenschaftlichen Kriterien kann nicht dazu führen, dass der ausführenden Gewalt ein Beurteilungsspielraum zuerkannt wird[208]. Die Gerichte haben meist unbestimmte Rechtsbegriffe auszufüllen und Wertungen vorzunehmen; sofern ihnen zu der Konkretisierung die erforderliche Sachkunde fehlt, müssen sie sich die fehlenden Kenntnisse mit Hilfe von Sachverständigen beschaffen[209]. Allein, dass eine Norm durch einen unbestimmten Begriff einen besonders weiten Interpretationsspielraum eröffnet oder wegen ständig fortschreitender Erkenntnis eine gewisse Dynamik aufweist und dadurch praktische Schwierigkeiten bei der Überprüfung hervortreten, kann nicht dazu führen, dass die Kompetenz der Gerichte zur Konkretisierung derart beschränkt wird[210] und der durch Art. 19 Absatz 4 GG gewährleistete Rechtsschutz eingeschränkt wird[211]. Die Gerichte können sich nicht ihrer verfassungsrechtlichen Aufgabe wegen „Überforderung" entziehen[212], denn der Gemeinsamen Bundesausschuss soll zwar das gesetzliche Rahmenrecht konkretisieren, eine Alleinzuständigkeit für die Ermittlung und Bewertung medizinischer und pharmakologischer Standards hat er aber nicht. Diese müssen daher von den Gerichten überprüft werden können[213].

---

205 Kingreen, MedR 2007, 457, 461.
206 Kingreen, MedR 2007, 457, 461.
207 Kingreen, MedR 2007, 457, 461.
208 BVerwG, Urteil vom 26. Juni 1990 – 1 C 10/88 – in NVwZ 1991, 268, 269.
209 BVerwG, Urteil vom 10. November 1988 – 3 C 19/87 – in BVerwGE 81, 12, 17; BVerwG, Urteil vom 26. Juni 1990 – 1 C 10/88 – in NVwZ 1991, 268, 269.
210 Kingreen, MedR 2007, 457, 461; Saalfrank/Wesser, in NZS 2008, 17, 23.
211 BVerfG, Urteil vom – 1 BvR 419/81 und 231/83 – in BVerfGE 84, 34, 55.
212 LSG Niedersachsen, Urteil vom 23. Februar 2000 – L 4 KR 130/98 – in NZS 2001, 32, 37.
213 Kingreen, MedR 2007, 457, 461; anderer Ansicht ist Engelmann, der den Gemeinsamen Bundesausschuss als ein Gremium mit besonderem Sachverstand und wegen seiner Zusammensetzung als weisungsunabhängig ansieht und daher einen Gestaltungsspielraum anerkennt. Die Zuweisung von bestimmten Kompetenzen

Ferner übergeht das Bundessozialgericht das Erfordernis einer Ermächtigung für die Abgabe einer abschließenden Beurteilung[214]. Im Gesetz lässt sich kein Anhaltspunkt dafür finden, dass dem Gemeinsamen Bundesausschuss eine (verbindliche) Konkretisierungskompetenz übertragen und damit ein (weiterer) Ausnahmefall von der vollständigen Überprüfbarkeit geschaffen werden sollte[215]. Eine solche gerichtlich nicht überprüfbare Letztentscheidungskompetenz ist zudem weder mit der Wirkungsweise der Richtlinien noch mit der Gewährung effektiven Rechtsschutzes vereinbar[216].

Der Gesetzgeber hat in einzelnen Vorschriften[217] ausdrücklich die Konkretisierung der Leistungspflicht durch den Gemeinsamen Bundesausschuss vorgesehen[218]. Sind jedoch solche Einzelermächtigungen vorhanden, in dem Kapitel, das das Verhältnis der gesetzlichen Krankenversicherung zu den Versicherten näher umschreibt, kann § 91 Absatz 1 Satz 1 nicht als eine Generalermächtigung zur Konkretisierung aufgefasst werden, da erstere sonst überflüssig wären[219]. Die Generalermächtigung steht überdies noch im vierten Kapitel, das das Verhältnis der gesetzlichen Krankenversicherung zu den Leistungserbringern regelt und soll nun auch für die Versicherten verbindlich sein[220].

Schließlich ist zu sehen, dass jede Ermächtigung auch Grenzen hat[221] und selbst nach Auffassung des Bundessozialgerichts zu sehen ist, dass Richtlinien nur dann zulässig seien, wenn ihnen „gesetzliche Vorschriften zugrunde liegen, die deren Inhalt, Zweck und Ausmaß vorgeben und in denen die wesentlichen

---

sprache für einen solchen Spielraum. Begriffe wie „ausreichend", „zweckmäßig" und „wirtschaftlich" könnten typischerweise nicht exakt bestimmt werden. Der Gemeinsame Bundesausschuss sei aber auch nach seiner Ansicht an die Bedingungen rationaler Abwägung gebunden, Engelmann, MedR 2006, 245, 250.

214 Kingreen, MedR 2007, 457, 460 m.w.N.

215 Saalfrank/Wesser, NZS 2008, 17, 24 zu § 135 SGB V.

216 Engelmann, MedR 2006, 245, 255 mit Verweis auf andere; zudem merkt er an, dass zwischen den von dem Gemeinsamen Bundesausschuss vorzunehmenden Teilprüfung bei der Prüfung neuer Untersuchungs- und Behandlungsmethoden bei der Gewährung eines Beurteilungsspielraumes zu differenzieren sei.

217 z.B. §§ 22 Absatz 5, 25 Absatz 4, 27 a Absatz 4, 29 Absatz 4, 31 Absatz 1, 33 Absatz 3 Satz 2 und 34 Absatz 1 Satz 2 SGB V.

218 Saalfrank/Wesser NZS 2008, 17, 24 zu § 135 SGB V.

219 Ossenbühl, NZS 1997, 497, 499; so auch Schwerdtfeger, NZS 1998, 49, 52; NZS 1998, 97, 98.

220 Saalfrank/Wesser, NZS 2008, 17, 24 zu § 135 SGB V.

221 Neumann in Schnapp/Wigge, § 13 Rn. 37.

Fragen geregelt sind"[222]. Dass dem Gemeinsamen Bundesausschuss ein Gestaltungsspielraum zugestanden wird, ist richtig, da es nicht darum geht, allein gesetzlich vorformulierte Entscheidungen umzusetzen, sondern exekutives Recht zu setzen[223].

Aber auch das hat innerhalb der gesetzlichen Grenzen zu geschehen und darf lediglich zu einer Verdeutlichung und Konkretisierung des vorhandenen Gesetzesrechts führen und nicht zu der Schaffung neuen Rechts[224]. Dies wiederum haben die (Sozial-)Gerichte im Wege der Inzidentkontrolle zu überprüfen und müssen bei Überschreitung der Grenzen die Nichtigkeit feststellen[225].

Wie weit eine Ermächtigungsgrundlage reicht ist für jede dieser Normen gesondert zu ermitteln und zwar durch Heranziehung der Ermächtigungsnorm selbst, aber auch der anderen zu der jeweiligen Regelungsmaterie gehörenden Normen des Leistungsrechts[226]. Für diese Feststellung reicht es nicht, sich darauf zu berufen, dass es nicht der Sinn eines Gerichtsverfahrens sei, die Erkenntnisse der medizinischen Wissenschaft voranzutreiben oder in wissenschaftlichen Auseinandersetzungen Position zu beziehen[227].

Diese Aussage ist zudem dahingehend zu hinterfragen, warum nur der Gemeinsame Bundesausschuss über die Kompetenz verfügen soll, medizinische Streitigkeiten zu lösen, nicht aber die Gerichte unter zu Hilfenahme von Sachverständigen[228]. Der Gemeinsame Bundesausschuss hat durch einen Richtlinienbeschluss nicht mehr aber auch nicht weniger als eine sachverständige Entscheidung bspw. zu der hinreichend gesicherten Wirksamkeit und Wirtschaftlichkeit einer Behandlungsmethode zu treffen[229]. Dass der Gemeinsame Bundesausschuss eine Entscheidung getroffen hat, die auch rein tatsächliche Indizwirkung bezüglich der (Nicht-)Anerkennung einer Behandlungsmethode haben mag, kann aber die Gerichte und auch die Krankenkassen (erst recht)

---

222 BSG, Urteil vom 18. März 1998 – B 6 KR 37/96 R – in BSGE 82, 41, 48; nach Ansicht des LSG Niedersachsen gilt für die Regelungskompetenz des Bundesausschusses die Wesentlichkeitstheorie, da es sich um einen grundlegenden Bereich im Verhältnis von Staat und Bürger handelt, LSG Niedersachsen, Urteil vom 23. Februar 2000 – L 4 KR 130/98 – in NZS 2001, 32, 36.

223 Neumann in Schnapp/Wigge, § 13 Rn. 14.

224 Schnapp, Rechtsquellenprobleme im Vertragsarztrecht in SGb 1999, 62, 65.

225 Neumann in Schnapp/Wigge, § 13 Rn. 36.

226 Neumann in Schnapp/Wigge, § 13 Rn. 36 f.

227 BSG, Urteil vom 16. September 1997 – 1 RK 28/95 – in BSGE 81, 54, 59; Neumann in Schnapp/Wigge, § 13 Rn. 37.

228 Schlenker, 1998, 411, 415.

229 Saalfrank/Wesser, NZS 2008, 17, 25.

nicht von einer eigenen Prüfung freistellen, sofern hinreichend substantiiertes Parteivorbringen vorliegt, dass eine andere Beurteilung rechtfertigen könnte[230].

Das Bundessozialgericht (und ihm folgend die Instanzgerichte) legte nach Aufkommen der Kritik zwar die Befugnisse des Gemeinsamen Bundesausschuss unter Bezugnahme auf die Reichweite der Rechtsetzungsermächtigung etwas enger aus[231], blieb aber bei seiner Ansicht, dass eine in einem ordnungsgemäßen

---

230 Saalfrank/Wesser, NZS 2008, 17, 25.

231 So könnten Inhalt und Grenzen des Arzneimittelbegriffs nicht durch den Gemeinsamen Bundesausschuss festgelegt werden (BSG, Urteil vom 9. Dezember 1997 – RK 23/95 – in BSGE 81, 240, 242); den Krankheitsbegriff inhaltlich zu bestimmen und dadurch Leistungseinschränkungen vorzunehmen, die so nicht im SGB V angelegt seien, stünde dem Gemeinsamen Bundesausschuss nicht zu (BSG, Urteil vom 30. September 1999 – B 8 KN 9/98 KR R – in BSGE 85, 36, 45). Gleiches gelte für Behandlungsmethoden, die als allgemein anerkannt für bestimmte Krankheiten gelten (SG Köln, Beschluss vom 31. Juli 2000 – S 19 KA 191/00 ER – Rn 25). Ebenso sei der verbindliche Ausschluss bestimmter Gruppen von Arzneimitteln von der Leistungspflicht Sache des Gesetz- oder Verordnungsgebers (BSG, Urteil vom 30. September 1999 – B 8 KN 9/98 KR R – in BSGE 85, 36, 45.), ebenfalls wegen der Wesentlichkeitstheorie sei der Gemeinsame Bundesausschuss nicht berechtigt, eugenische Entscheidungen oder Rationierungsmaßnahmen zu treffen (LSG Niedersachsen, Urteil vom 23. Februar 2000 – L 4 KR 130/98 – in NZS 2001, 32, 38). Das BSG hat zwar in der Revisionsinstanz das Urteil des LSG Niedersachsen aufgehoben, jedoch unter Bezugnahme auf ein weiteres Urteil des BSG (vom 3. April 2001 – B 1 KR 40/00 R – in BSGE 88, 62 ff.) die grundsätzliche Kernansicht des LSG Niedersachsen, der Bundesausschuss sei nicht berechtigt, sich über rechtspolitische Entscheidungen, die nach der Wertung des Gesetzgebers die Grundsätze des Leistungsrechts in der gesetzlichen Krankenversicherung verdrängen, hinweg zu setzen, bestätigt, (Urteil vom 3. April 2001 – B 1 KR 17/00 R – in NJOZ 2001, 1529, 1535). Richtlinien, die im Widerspruch zu im SGB V zum Ausdruck kommende Wertungen des Gesetzgebers stehen, seien unwirksam (BSG, Urteil vom 3. April 2001 – B 1 KR 40/00 R – in BSGE 88, 62, 68). § 34 Absatz 4 und 5 SGB V sei jedenfalls eine abschließende Regelung, was dazu führe, dass der Gemeinsame Bundesausschuss nicht ermächtigt sei, Verordnungsverbote von Heilmitteln zu erlassen (BSG, Urteil vom 16. November 1999 – B 1 KR 9/97 R – in BSGE 85, 132, 141 f.). Selbst über den medizinischen Nutzen einer Methode darf der Gemeinsame Bundesausschuss nicht entscheiden, er habe lediglich die Aufgabe, sich einen Überblick über die veröffentlichte Literatur und die Meinung der einschlägigen Fachkreise zu verschaffen und danach festzustellen, ob ein durch wissenschaftliche Studien hinreichend untermauerter Konsens über die Qualität und Wirksamkeit der in Rede stehenden Behandlungsweise besteht (BSG, Urteil vom 19. Februar 2003 – B 1 KR 18/01 R – in NZS 2004, 99, 100 f.). Auch die Herausnahme medizinisch

Verfahren getroffene Entscheidung des Gemeinsamen Bundesausschusses nicht auf ihre inhaltliche Richtigkeit überprüft werden könne[232]. Hieran hielt das BSG auch nach einer Entscheidung des Bundesverfassungsgerichts aus dem Jahre 2002 fest, in der das Bundesverfassungsgericht eine stärkere Kontrolldichte und unter dem Aspekt der Rechtsschutzgarantie des Art. 19 Absatz 4 GG eine eingehendere Prüfung der Sach- und Rechtslage, vor allem im einstweiligen Rechtsschutz, verlangte[233].

g) Einleitung der Wende? Der Nikolaus-Beschluss des Bundesverfassungsgerichts

Eine weitere Entwicklung dieser Rechtsprechung kam mit dem sog. Nikolausbeschluss des Bundesverfassungsgerichts. Bis dahin hatte das Bundessozialgericht keinen Anspruch auf Behandlung (mit einer neuen Methode) anerkannt, solange keine Empfehlung des Gemeinsamen Bundesausschuss in seinen Richtlinien vorlag. Auch eine Ausnahme für die Behandlung von besonders schweren Erkrankungen wurde nicht zugelassen, da dies der Gesetzgeber nicht vorgesehen habe[234].

Das Bundesverfassungsgericht hob dann mit Urteil vom 6. Dezember 2005 das Urteil des Bundessozialgerichts vom 16. September 1997 – 1 RK 28/95 – auf. Das Bundesverfassungsgericht forderte erstmals die Prüfung der Rechtmäßigkeit des Leistungsrechts und seiner fachgerichtlichen Auslegung und Anwendung im Einzelfall nicht nur an Art. 2 Absatz 2 Satz 1 GG zu orientieren, sondern hierbei auch Art. 2 Absatz 1 (i. V. m. dem Sozialstaatsprinzip) zu beachten[235]. Aufgrund der Unterwerfung unter eine Versicherungspflicht (§ 5 SGB V) und der hierdurch erfolgten gesetzlichen Zusage einer medizinischen notwendigen Krankenbehandlung als Gegenleistung für die Entrichtung der Beiträge könne zumindest im Falle einer konkreten lebensbedrohenden Erkrankung die Finanzierung von Behandlungsmethoden nicht mit Berufung

---

notwendiger Maßnahmen aus dem Leistungskatalog sei nicht Aufgabe des Gemeinsamen Bundessausschusses (BSG, Urteil vom 10. November 2005 – B 3 KR 38/04 R – Rn. 19).

232   vgl zuletzt noch BSG, Urteil vom 19. Februar 2003 – B 1 KR 18/01 R – in NJW 2004, 99, 101.

233   BVerfG, Beschluss vom 22. November 2002 – 1 BvR 1586/02 – in NJW 2003, 1236, 1237 und später BVerfG, Beschluss vom 19. April 2004 – 1 BvR 131/04 – in NJW 2004, 3100, 3101.

234   BSG, Urteil vom 28. März 2000 – B 1 KR 11/98 R – in BSGE 86, 54, 65.

235   BVerfG, Beschluss vom 6. Dezember 2005 – 1 BvR 347/98 – in BVerfGE 115, 25, 41.

auf die Nichtanerkennung durch den Gemeinsamen Bundesausschuss versagt werden und ein Verweis auf eine Finanzierung außerhalb der gesetzlichen Krankenversicherung erfolgen, eine Verletzung der Grundrechte aus Art. 2 Absatz 1 GG i. V. m. dem Sozialstaatsprinzip und Art. 2 Absatz 2 Satz 1 GG wäre die Folge[236]. Der Staat käme dann seiner Pflicht, sich schützend und fördernd vor die Rechtsgüter des Lebens und der körperlichen Unversehrtheit zu stellen, nicht nach[237].

Das Bundesverfassungsgericht hat in seinem Beschluss die verfassungskonforme Auslegung der Vorschriften des SGB V verlangt, wenn drei Voraussetzungen kumulativ erfüllt sind:

- es liegt eine lebensbedrohliche oder regelmäßig tödlich verlaufende Krankheit vor;
- bezüglich dieser Krankheit steht eine allgemein anerkannte, medizinischem Standard entsprechende Behandlung nicht zur Verfügung und
- bezüglich der beim Versicherten ärztlich angewandten (neuen, nicht allgemein anerkannten) Behandlungsmethode besteht eine „auf Indizien gestützte" nicht ganz fern liegende Aussicht auf Heilung oder wenigstens auf eine spürbare positive Einwirkung auf den Krankheitsverlauf"[238].

Eine Leistungsverweigerung der Krankenkasse unter Berufung darauf, dass eine bestimmte Behandlungsmethode nicht von dem Leistungsspektrum erfasst sei, verstößt bei Vorliegen dieser Voraussetzungen gegen Art. 2 Absatz 1 GG i. V. m. dem Sozialstaatsprinzip und Art. 2 Absatz 2 Satz 1 GG. Die Ausfüllung dieser drei Voraussetzungen hat das Bundesverfassungsgericht den Sozialgerichten überlassen[239].

h) Konsequenzen für die Gerichte

Dies bedeutet, dass dem Rechtskonkretisierungskonzept des Bundessozialgerichts bereits hier seine Grenzen aufgezeigt wurden[240]. Die Gerichte hätten – und das allgemein bei der Überprüfung von Richtlinien, nicht nur in Streitigkeiten unter der Beteiligung von Versicherten – eine verstärkte inhaltliche Kontrolle vorzunehmen[241]. Das Bundessozialgericht konnte daher seinen eingeschränkten

---

236 BVerfG, Beschluss vom 6. Dezember 2005 – 1 BvR 347/98 – in BVerfGE 115, 25, 48 f.
237 BVerfG, Beschluss vom 6. Dezember 2005 – 1 BvR 347/98 – in BVerfGE 115, 25, 45.
238 BVerfG, Beschluss vom 6. Dezember 2005 – 1 BvR 347/98 – in BVerfGE 115, 25, 50.
239 BVerfG, Beschluss vom 6. Dezember 2005 – 1 BvR 347/98 – in BVerfGE 115, 25, 50.
240 Zimmermann, S. 202.
241 BVerfG, Beschluss vom 6. Dezember 2005 – 1 BvR 347/98 – in BVerfGE 115, 25, 50.

verfahrensrechtlich-formalen Prüfungsmaßstab bezüglich der Rechtmäßigkeit der Richtlinien und des Vorliegens eines Systemversagens nicht mehr aufrecht erhalten[242].

In der Folge hat das Bundessozialgericht dann entschieden, dass die Richtlinien – als normative Regelungen unterhalb des einfachen Gesetzesrechts – formell und materiell auf ihre Rechts- und Verfassungsmäßigkeit überprüft werden können, so als ob der Bundesgesetzgeber selbst die streitgegenständlichen Normen erlassen hätte, sofern das hinreichend substantiierte Vorbringen eines Beteiligten hierzu Anlass gibt[243]; dies hatte der 3. Senat ein halbes Jahr zuvor noch anders gesehen, indem er nur eine eingeschränkte gerichtliche Überprüfbarkeit der Feststellungen des Gemeinsamen Bundesausschusses annahm, für die das Gesetz ihm einen Beurteilungsspielraum eingeräumt habe[244]. Der Maßstab einer Überprüfung administrativer Normsetzung könne aber weniger streng sein, als der bei der Überprüfung von Parlamentsgesetzen durch die Verfassungsgerichtsbarkeit[245].

Den Richtlinien als untergesetzliche Rechtsnormen gleichgestellt hat das Bundessozialgericht die Beschlüsse des Gemeinsamen Bundesausschusses über Mindestmengen[246]. Insofern gilt auch der gleiche oben beschriebene Rahmen für die Überprüfbarkeit. Zu den dem Gemeinsamen Bundesausschuss gewährten Gestaltungsspielräumen bezüglich der Festsetzung von Mindestmengen nach § 137 Absatz 3 Satz 1 Nr. 2 SGB V führt es aus, dass die Gerichte uneingeschränkt überprüfen könnten, ob eine Versorgung eine „planbare Leistung" darstellt, bei der die „Qualität des Behandlungsergebnisses in besonderem Maße von der Menge der erbrachten Leistungen abhängig ist"[247]. Erst wenn diese Tatbestandsvoraussetzungen erfüllt seien und das „Tor für eine gestalterische Entscheidung" geöffnet sei, darf der Gemeinsame Bundesausschuss als Normgeber entscheiden und die Gerichte seien nicht befugt die Wertungen des

---

242 Schmidt-De Caluwe, SGb 2006, 619, 623.
243 BSG, Urteil 7. November 2006 – B 1 KR 24/06 R – in BSGE 97, 190, 194; BSG, Urteil vom 27. September 2005 – B 1 KR 28/03 – Verfassungsbeschwerde hiergegen nicht zur Entscheidung angenommen, vgl. BVerfG, Beschluss vom 2. Februar 2006 – 1 BvR 2678/05 –; BSG, Urteil vom 21. Juni 2011 – B 1 KR 18/10 – Rn. 17; BSG, Urteil vom 3. Juli 2012 – B 1 KR 23/11 R – in NZS 2013, 62, 65; Schlegel, MedR 2008, 30, 32; Hauck, NZS 2010, 600, 611 f.; MedR 2006, 245, 250.
244 BSG, Urteil vom 31. Mai 2006 – B 6 KA 13/05 R – in BSGE 96, 261, 280.
245 LSG Berlin-Brandenburg, Urteil vom 17. August 2011 – L 7 KA 77/08 KL – Rn. 62.
246 BSG; Urteil vom 12. September 2012 – B 3 KR 10/12 R – in BSGE 107, 287, 297.
247 BSG; Urteil vom 12. September 2012 – B 3 KR 10/12 R – in BSGE 107, 287, 297.

Gemeinsamen Bundesausschusses durch ihre eigenen zu ersetzen. Hier sei dann die gerichtliche Überprüfbarkeit darauf beschränkt, ob die Zuständigkeits- und Verfahrensbestimmungen eingehalten wurden und die gesetzlichen Vorgaben nachvollziehbar und widerspruchfrei Beachtung gefunden haben[248].

In seinem Termin – Bericht Nr. 20/06 kommt das Bundessozialgericht darüber hinaus zu der Feststellung, dass auch seine strenge Rechtsprechung, die das Vorliegen einer befürwortenden Entscheidung des Gemeinsamen Bundesausschusses in jedem Fall der Anwendung neuer Methoden, außer bei Vorliegen eines Systemversagens, verlangt[249], so nicht mehr beibehalten werden kann[250].

i) Weitergehende Forderungen der Literatur

Das Bundessozialgericht verkennt allerdings weitere Auswirkungen, die dem Nikolaus-Beschluss nach Ansicht der Literatur zu entnehmen sind.

Das Bundesverfassungsgericht habe einen unmittelbaren gesetzlichen Anspruch aus den Normen des Leistungsrechts, nämlich den §§ 1 Satz 1, 2 Absatz 1, 11 Absatz 1 Satz 1 Nr. 4, 27 Absatz 1 Satz 1 SGB V angenommen, der verfassungsrechtlich konkretisiert werden müsse[251]. Diesen Weg gehend, wäre es für das Bundesverfassungsgericht daher auch nicht notwendig gewesen, zu den umstrittenen Fragen des Krankenversicherungsrechts in Verbindung mit dem Gemeinsamen Bundesausschuss – v.a. dessen demokratischer Legitimation oder der Vereinbarkeit der richtliniengeprägten Konkretisierung des Leistungsanspruch mit den Grundrechten – Stellung zu nehmen[252].

---

248 BSG, Urteil vom 18. Dezember 2012 – B 1 KR 34/12 R – in NZS 2013, 544, 546; BSG; Urteil vom 12. September 2012 –B 3 KR 10/12 R – in BSGE 107, 287, 297; LSG Berlin-Brandenburg, Beschluss vom 26. Januar 2011 – L 7 KA 79/10 LK ER – Rn. 73.

249 BSG, Urteil vom 28. März 2000 – B 1 KR 11/98 R – in BSGE 86, 54, 66.

250 Terminbericht 20/06 unter 2.g).

251 Schmidt-De Caluwe, SGb 2006, 619, 619 f.

252 Schmidt-De Caluwe, SGb 2006, 619, 620; dem Bundesverfassungsgericht wurde vorgeworfen, entgegen der Grundrechtsdogmatik geprüft zu haben (Kingreen, NJW 2006, 877, 880 und Heinig, NVwZ 2006, 771, 772). Es habe in einer eher allgemeinen Form das Sozialstaatsprinzip mit der allgemeinen Handlungsfreiheit verbunden, anstatt im Rahmen der Rechtfertigung als erstes die Frage nach der parlamentsgesetzlichen Grundlage für den angenommenen Eingriff zu beantworten. Dies natürlich um den Problemkreis der demokratischen Legitimation des Gemeinsamen Bundesausschusses und der Entscheidungsstrukturen im Gesundheitswesen zu umgehen. Heinig geht noch weiter und kritisiert die vom Bundesverfassungsgericht aus Art. 2 Absatz 1 GG i. V. m. dem Sozialstaatsprinzip

Da es in dem aufgehobenen Urteil im Grundsatz um die Anwendung einer neuen Untersuchungs- und Behandlungsmethode nach § 135 SGB V ging, wurden auch dahingehend weitergehende Schlussfolgerungen laut, die das Bundessozialgericht so nicht sah oder umsetzte.

So könne in § 135 Absatz 1 SGB V nicht mehr ein Erlaubnisvorbehalt mit dem zwingenden Tatbestandsmerkmal der Richtlinienzulassung einer Behandlungsmethode gesehen werden, die grundrechtlichen Anforderungen konkretisierten die leistungsrechtlichen Normen des SGB V, und die Kriterien des Leistungserbringungsrechts (nämlich die Anerkennung einer Behandlungsmethode nach einem statistisch-evidenzbasierten geführten Nachweis) könnten keine Grenzen für den Leistungsanspruch bilden, vielmehr bilde das Leistungsrecht den Maßstab, an dem sich das Leistungserbringungsrecht (in jedem Fall bei lebensbedrohlichen Krankheiten) orientieren und den es erfüllen müsse[253].

Darüber hinaus zeige der Beschluss des Bundesverfassungsgerichts, dass die Richtlinien keine Außenrechtsqualität besäßen und die Versicherten nicht unmittelbar binden könnten. Das Bundesverfassungsgericht selbst sei nicht auf § 135 SGB V eingegangen, der – eine Außenrechtsbindung unterstellt – eine Grenze des Leistungsanspruchs der Versicherten darstellte[254]. Da das Bundesverfassungsgericht auch keinen Fall des Systemversagens und weder die Verfassungswidrigkeit von Normen des SGB V noch von der BUB-Richtlinie des Gemeinsamen Bundesausschusses annahm, könne daraus nur geschlossen werden, dass sich aus § 135 SGB V keine auf den Behandlungsanspruch Einfluss nehmende Wirkung ergebe[255].

---

hergeleitete Vollversorgung, die die gesetzlichen Krankenkassen zu leisten hätten. Dies sei eine Rechtsschöpfung „extra legem". Alternative zu einer Extension der Ansprüche aufgrund der statuierten Beitragspflicht hin zu einer Vollversorgung wäre eine Beitragskürzung, um ein eventuelles Ungleichgewicht von Beitrag und Leistung zu relativieren. Schließlich kritisiert er die grundrechtsorientierte Sonderauslegung der Normen des SGB V im Falle von lebensbedrohlichen Erkrankungen und die damit erfolgte Überspannung der Art. 2 Absatz 2 GG zu entnehmenden Anforderungen an eine staatlich organisierte Gesundheitsvorsorge. Eine Leistungsbegrenzung, meint Huster (in JZ 2006, 466, 468), wäre kaum noch möglich, wenn unter den aufgestellten Voraussetzungen selbst ein Anspruch auf umstrittenste Behandlungsmethoden gegeben sei. Diese Ansichten dürfte mit der Schaffung der einfachgesetzlichen Anspruchsgrundlage § 2 Absatz 1 a SGB V obsolet geworden sein (Joussen, SGb 2012, 625, 630).

253 Schmidt-De Caluwe, SGb 2006, 619, 624.
254 Schmidt-De Caluwe, SGb 2006, 619, 624.
255 Schmidt-De Caluwe, SGb 2006, 619, 624.

j) Fazit für die Klagebefugnis und die Rechtschutzmöglichkeiten

Das Bundessozialgericht ist der Ansicht, den einem jeden Normgeber zustehenden Gestaltungsspielraum des Gemeinsamen Bundesausschusses respektieren zu müssen[256]. Die gerichtliche Kontrolle der untergesetzlichen Normen müsse sich demnach auf die Einhaltung der äußersten rechtlichen Grenzen der Rechtssetzungsbefugnis beschränken, mithin auf das Vorliegen einer ausreichenden Ermächtigungsgrundlage, die Einhaltung der maßgeblichen Verfahrens- und Formvorschriften sowie der Grenzen des Gestaltungsspielraums[257].

Verstoßen die Richtlinien des Gemeinsamen Bundesausschusses gegen höherrangiges Recht hat dies zur Folge, dass eine Bindung der Gerichte an die Richtlinien nicht mehr gegeben ist[258]. Liegt eine solche Rechtswidrigkeit vor, die entweder durch einen Verstoß gegen höherrangiges Recht gegeben sein kann oder aber wegen einer Lückenhaftigkeit einer Richtlinie, hat ein Rückgriff auf die Wertungen des materiellen Rechts stattzufinden, der Leistungsanspruch des Versicherten richtet sich dann nach der Auslegung der materiell-rechtlichen Anspruchsgrundlage[259].

Es bleibt damit zwar nach wie vor dabei, dass es den Gerichten verwehrt sei, eigene Wertungen an die Stelle der Wertungen des Gemeinsamen Bundesausschusses zu setzen. Die Grenzen des Gestaltungsspielraums kann jedoch von den Gerichten durch eine eigene Auslegung der Ermächtigungsnorm erfolgen[260]. Die materiell-rechtliche Anspruchsgrundlage bestimmt stets den Gestaltungsspielraum, und dieser muss die zustehenden Ansprüche auch gewährleisten[261].

Der selbstständige Beurteilungsspielraum des Gemeinsamen Bundesausschusses wird erheblich durch die engen Gesetzesvorgaben reduziert[262]. Volle gerichtliche Überprüfbarkeit besteht hinsichtlich der Reichweite der Handlungsbefugnis[263] einschließlich der Entscheidungsbefugnis in „Seltenheitsfällen"[264],

---

256 BSG, Urteil vom 7. Mai 2013 – B 1 KR 8/12 R – Rn. 16; BSG, Urteil vom 21. März 2012 – B 6 KA 16/11 R – Rn. 46.
257 BSG, Urteil vom 7. Mai 2013 – B 1 KR 8/12 R – Rn. 16; BSG, Urteil vom 21. März 2012 – B 6 KA 16/11 R – Rn. 46.
258 BSG, Urteil vom 10. November 2005 – B 3 KR 38/04 –Rn 19.
259 LSG Schleswig-Holstein, Urteil vom 20. Mai 2010 – L 5 KR 46/08 – Rn. 28.
260 LSG Schleswig-Holstein, Urteil vom 20. Mai 2010 – L 5 KR 46/08 – Rn. 28.
261 LSG Schleswig-Holstein, Urteil vom 20. Mai 2010 – L 5 KR 46/08 – Rn. 28.
262 Hiddemann, BKK 2001, S. 187, 194.
263 BSG, Urteil vom 16. November 1999 – B 1 KR 9/97 R – in BSGE 85, 132, 135.
264 BSG, Urteil vom 16. Dezember 2008 – B 1 KR 11/08 R - Rn. 15.

der Festlegung von Inhalt und Grenzen des Arzneimittelbegriffs[265] oder des Begriffs der „Krankheit" in § 27 Absatz 1 SGB V[266].

Auch ist der Gemeinsame Bundesausschuss nicht befugt, den Umfang der von den Krankenkassen zu erbringenden Leistungen der häuslichen Versorgung festzulegen und medizinisch notwendige Maßnahmen der häuslichen Krankenpflege auszunehmen[267]. Auch hier sind die Richtlinien des Gemeinsamen Bundesausschusses formell und inhaltlich voll überprüfbar, wie wenn der Bundesgesetzgeber selbst gehandelt hätte, hinreichend substantiiertes Parteivorbringen vorausgesetzt[268].

Soweit dem Gemeinsamen Bundesausschuss bei Entscheidungen ein Gestaltungsspielraum zugebilligt wird, beschränkt sich die gerichtliche Kontrolle hingegen auf die Einhaltung der maßgeblichen Verfahrens- und Formvorschriften, das Vorhandensein einer ausreichenden Ermächtigungsgrundlage für diese Entscheidung und auf die Einhaltung der Grenzen des Gestaltungsspielraums, also die Einhaltung der Grundrechte[269].

Zu beachten ist zudem stets, dass der Gemeinsame Bundesausschuss nicht befugt ist, Begriffe und deren Inhalte, die durch die Rechtsprechung bereits näher bestimmt und ausgeformt wurden, neu zu auszulegen und zu deuten und damit einen Paradigmenwechsel herbeizuführen[270]. Es bleibt dabei, dass wesentliche Entscheidungen dem Gesetzgeber vorbehalten sind[271], so dass beispielsweise eine neue Auslegung des Wirtschaftlichkeitsgebotes ohne spezielle gesetzliche Grundlage nicht durch den Gemeinsamen Bundesausschuss möglich ist[272], oder aber auch der Ausschluss von Therapien wegen eines von ihm als unangemessen eingeschätzte Kosten-Verhältnis als unwirtschaftlich nicht statthaft[273].

---

265 BSG, Urteil vom 8. Dezember 1997 – 1 RK 23/95 – in BSGE 81, 240, 242.

266 BSG, Urteil vom 30. September 1999 – B 8 Kn 9/98 KR R – in BSGE 85,36, 37 f.

267 BSG, Urteil vom 17. März 2005 – B 3 KR 35/04 – in NZS 2006, 32, 34 f. und BSG, Urteil 10. November 2005 – B 3 KR 38/04 R – Rn. 19.

268 BSG, Urteil vom 7. November 2006 – B 1 KR 24/06 – in BSGE 97, 190, 194.

269 BSG, Urteil vom 4. April 2006 – B 1 KR 12/05 – Rn 28; BSG, Urteil vom 31. Mai 2006 – B 6 KA 13/05 R – in BSGE 96, 261, 280; Engelmann, MedR 2006, 245, 250.

270 Hauck, NZS 2010, 600, 612.

271 Vergleichbar: BVerfG, Urteil vom 17. Dezember 2002 – 1 BvL 28/95 u.a. – in BVerfGE 106, 275, 310; BSG, Urteil vom 25. September 2007 – GS 1/06 – in BSGE 99, 111 Rn. 26.

272 Vgl. entsprechend: BSG, Urteil vom 25. September 2007 – GS 1/06 – in BSGE 99, 111 Rn. 26.

273 Hauck, NZS 2010, 600, 612.

Ein Verstoß gegen höherrangiges Recht kann jedoch nicht darin liegen, dass den Versicherten Leistungen nur nach Maßgabe eines allgemeinen Leistungskataloges (§ 11 SGB V) unter Beachtung des Wirtschaftlichkeitsgebotes (§ 12 SGB V) zur Verfügung gestellt werden, was Leistungen in Eigenverantwortung der Versicherten jedoch nicht ausschließt[274]. Die Leistungspflicht der gesetzlichen Krankenversicherung besteht demnach darin, das zu leisten, was in diesen (vom Gemeinsamen Bundesausschuss geschaffenen[275]) Leistungskatalog fällt[276].

Ein Anspruch darauf, was die Versicherten selbst für die Behandlung der Krankheit als dienlich erachten oder möglicherweise objektiv dienlich ist, besteht nach Auffassung des BSG nicht[277]. Ebenso bestehe grundsätzlich kein Anspruch auf streitige Maßnahmen, wenn im konkreten Fall nach eigener Einschätzung des Versicherten oder seiner Behandler die Maßnahme positiv verlaufen ist oder einzelne Ärzte diese Maßnahme befürworten[278]. Auch die Verfassung verlange nicht, dass die gesetzliche Krankenversicherung alles leisten müsse, was an Mitteln zur Erhaltung oder Wiederherstellung der Gesundheit zur Verfügung steht[279]. Allein in den Fällen des neu geschaffenen § 2 Absatz 1 a SGB V dürfe die Leistung einer von dem lebensbedrohlich[280] erkrankten betroffenen Versicherten gewählten, ärztlich angewandten Behandlungsmethode nicht verweigert werden, wenn eine nicht ganz entfernt liegende Aussicht auf Heilung oder auf eine spürbare positive Einwirkung auf den Krankheitsverlauf besteht.

k) Schlussbetrachtung mit weiteren Überlegungen

Diese durch das Bundessozialgericht vorgenommenen Korrekturen haben dazu geführt, dass der in dem „ursprünglichen" Rechtskonkretisierungskonzept

---

274 BVerfG, Beschluss vom 6. Dezember 2005 – 1 BvR 347/98 – in BVerfGE 115,25, 45; sich dem anschließend: BSG, Urteil vom 4. April 2006 – B 1 KR 12/ 04 R – in NZS 2007, 88, 91.

275 Lang in Becker/Kingreen, § 27 Rn. 48.

276 BVerfG, Beschluss vom 6. Dezember 2005 – 1 BvR 347/98 – in BVerfGE 115, 25 45; sich dem anschließend: BSG, Urteil vom 4. April 2006 – B 1 KR 12/04 R – in NZS 2007, 88, 91.

277 BSG, Urteil vom 4. April 2006 – B 1 KR 12/ 04 R – in NZS 2007, 88, 91.

278 St. Rspr.: BSG, Urteil vom 26. September 2006 – B 1 KR 3/06 – Rn. 14; BSG, Urteil vom 4. April 2006 – B 1 KR 12/ 04 R – in NZS 2007, 88, 91

279 BVerfG, Beschluss vom 6. Dezember 2005 – 1 BvR 347/98 – in BVerfGE 115, 25, 46; sich dem anschließend: BSG, Urteil vom 4. April 2006 – B 1 KR 12/ 04 R – in NZS 2007, 88, 91.

280 oder an einer regelmäßig tödlich verlaufenden Krankheit oder wertungsmäßig vergleichbaren Erkrankung.

angelegte und sich aufdrängende Widerspruch zu Art. 19 Absatz 4 GG zumindest partiell beseitigt wurde[281]. Jedoch hat das Bundessozialgericht verkannt, dass aus dem Nikolaus-Beschluss noch weitere Schlussfolgerungen zu ziehen waren. Um den in diesem Beschluss enthaltenen Vorgaben des Bundesverfassungsgerichts Folge zu leisten, müsste eine einheitliche Neuorientierung der Systematik des Leistungsrechts erfolgen[282].

Das Bundessozialgericht wird seinen Weg hin zu einer umfassenderen gerichtlichen Kontrolle und der Gewährung von „echten" Ansprüchen weiter fortsetzen müssen, will es einen den verfassungsrechtlichen Anforderungen genügenden Rechtsschutz für die Versicherten gewährleisten. Eine Wiederbelebung der Ansicht des Bundessozialgerichts zu Zeiten, in denen noch die RVO gegolten hat, wäre eine Lösung[283].

Der Literatur ist zuzustimmen, dass den Versicherten nicht nur ein Rahmenrecht auf Behandlung zusteht, sondern ein uneingeschränktes und umfassendes Recht auf Behandlung aus dem Leistungsrecht, wobei das Leistungserbringungsrecht zur Erfüllung dieser Ansprüche dient[284]. Der Versicherte selbst darf seinen Anspruch mit Hilfe eines Fachkundigen konkretisieren, das gewährleistet das Selbstbestimmungsrecht[285].

Die Annahme eines Rahmenrechts scheitert überall dort, wo eine Konkretisierung (auch nach Ansicht des Bundessozialgerichts) nicht erforderlich ist[286]. Dem Rechtskonkretisierungskonzept wurden durch den Nikolaus-Beschluss das erste Mal Grenzen aufgezeigt, was auch dazu führte, dass die vom Gesetz angeordnete Verbindlichkeit der Richtlinien durchbrochen wurde[287].

Zudem widerspricht die Annahme, dass der Gemeinsame Bundesausschuss zur Leistungskonkretisierung ermächtigt wurde, nicht zwingend der Gewährung eines konkreten Anspruchs[288]. Ist der Versicherte krank, so hat er einen

---

281 Lang in Becker/Kingreen, § 27 Rn. 64.
282 Schmidt-De Caluwe, SGb 2006, 619, 622.
283 Schmidt-De Caluwe, SGb 2006, 619, 622.
284 Schmidt-De Caluwe, SGb 2006, 619, 622; Schimmelpfeng-Schütte, GesR 2006, 529, 531.
285 Schimmelpfeng-Schütte, GesR 2006, 529, 531.
286 Z.B. im Hilfsmittelbereich, Schimmelpfeng-Schütte, GesR 2006, 529, 531.
287 Zimmermann, S. 202; das Rechtskonkretisierungskonzept und die angeordnete Verbindlichkeit der Richtlinien für die Versicherten werden ferner durch das sog. Systemversagen (im Rahmen eines Anspruchs aus § 13 Absatz 3 SGB V) und die sog. Seltenheitsfälle, die methodisch nicht von § 135 SGB V erfasst werden können, durchbrochen. Siehe hierzu noch unten Kap. 3 A. II. 1.
288 Hinz, ZfS 2006, 141, 144.

Anspruch auf die Behandlung, die erforderlich ist, um ihn zu heilen[289]. Der Leistungsumfang muss daher von der Krankheit bestimmt werden und nicht von den Vorschriften, die regeln, was den Leistungserbringern erlaubt ist, zu tun, mithin dem Leistungserbringungsrecht[290].

Die Annahme, dass Leistungsrecht stünde auf gleicher Stufe mit dem Leistungserbringungsrecht, ist auch systematisch nicht zu halten. Das Leistungsrecht, das durch das Parlamentsgesetz des SGB V ausgestaltet wird, kann nicht durch untergesetzliche Verträge oder Richtlinien verdrängt werden. Dies widerspricht dem verfassungsrechtlichen Gebot des Vorrangs des Gesetzes. Auch in den gesetzlichen Bestimmungen des SGB V selbst ist entgegen der Ansicht des Bundessozialgericht nicht zu erkennen, dass Leistungs- und Leistungserbringungsrecht identisch sein müssten[291]. Es leuchtet ein, dass das Bundessozialgericht unter Zugrundelegung der Annahme des Gleichrangs von Leistungs- und Leistungserbringungsrecht ein Rahmenrecht schaffen musste, dass nur in Teilen durch das SGB V selbst ausgestaltet wird. Dass dies jedoch der falsche Weg war, gilt es jetzt zu sehen.

Es ist zu erkennen, dass das Bundessozialgericht schrittweise Korrekturen dieser Rechtsprechung vornimmt. Da auch das Bundesverfassungsgericht sich zu Wort gemeldet und Zweifel an der Verfassungsmäßigkeit der vom Bundessozialgericht entwickelten Konzeption eines Rahmenrechts und der damit verbundenen Zurücknahme der Kontrolldichte wegen Verstoßes gegen Art. 19 Absatz 4 GG und auch Art. 2 Absatz 2 Satz 1 GG geäußert hat[292], ist zu erwarten, dass das Bundessozialgericht seine Position noch weiter überdenken wird. Das Bundesverfassungsgericht selbst prüft, ob der gesetzliche Maßstab, nämlich die Zusage einer notwendigen Krankenbehandlung durch das SGB V in § 27, eingehalten ist, oder eine „Versorgungslücke" besteht[293]. Hierbei ist zu sehen, dass das subjektive Recht, dass durch Art. 19 Absatz 4 GG effektiv geschützt werden soll, nur der Leistungsanspruch der Versicherten sein kann[294]. Dieser wiederum kann dann aber nicht von den – im Einzelfall anspruchsnegierenden – Richtlinien abhängig sein[295].

---

289 Hinz, ZfS 2006, 141, 145.
290 Hinz, ZfS 2006, 141, 145.
291 Hinz, ZfS 2006, 141, 145.
292 BVerfG, Beschluss vom 22. November 2002 – 1 BvR 1586/02 – in NZS 2003, 253, 253 und BVerfG, Beschluss vom 19. März 2004 – 1 BvR 131/04 – in NZS 2004, 527, 528 (jeweils zum einstweiligen Rechtsschutz).
293 Schmidt-De Caluwe in Becker/Kingreen, § 92 Rn. 8.
294 Schmidt-De Caluwe in Becker/Kingreen, § 92 Rn. 8.
295 Schmidt-De Caluwe in Becker/Kingreen, § 92 Rn. 8.

Der einzelne Patient in seiner individuellen Situation und mit seiner gesetzlichen Anspruchsposition muss vor dem Hintergrund der Bedeutung der grundrechtlichen Maßstäbe wieder mehr in den Mittelpunkt treten[296]. Ein weiterer Lösungsansatz wäre es, das Verfahren weiter auszugestalten[297]. So könnten Fallgruppen – ggf. in Richtlinien – gebildet werden, die einen sachgemäßen Umgang – vor allem mit § 2 Absatz 1 a SGB V – mit den Ansprüchen der Versicherten ermöglichen und so zumindest das Erfordernis der Klageerhebung zur Anspruchsdurchsetzung minimieren[298]. Auch wäre eine Richtlinien mit den erforderlichen Voraussetzungen für einen Heilversuch nach der Rechtsprechung des Bundesverfassungsgerichts und deren Ausformung durch die Gerichte denkbar, um ein konsistentes Entscheidungsprogramm herbeizuführen[299]. Auf diese Weise könnten die Entscheidungen im Voraus für typische Fallkonstellationen getroffen werden, wobei sich der Gemeinsame Bundesausschuss der Hilfe fachlicher Kommissionen bedienen könnte[300].

Dem vorgelagert könnte eine Prüfung der jetzigen Verfahrensgestaltung dahingehend stehen, ob diese den verfassungsrechtlichen Anforderungen gerecht wird, insbesondere, ob alle Betroffenen hinreichend Gehör finden, ob Ausnahmekonstellationen hinreichend Beachtung finden und nicht zuletzt ob auch hinreichender Rechtsschutz besteht[301].

Dem Aspekt der Verfahrensausgestaltung steht der der Verfahrenskontrolle gegenüber. Das Bundesverfassungsgericht lässt in letzter Zeit in bestimmten Fällen erkennen, dass es wieder mehr die Verfahrenskontrolle in den Vordergrund stellt, als eine Ergebniskontrolle vorzunehmen[302]. Es verlangt hierbei vor allem neuerdings eine hohe Intensität der Verfahrensprüfung und dabei insbesondere

---

296 Schmidt-De Caluwe, SGb 2006, 619, 625.
297 Francke/Hart, MedR 2006, 131, 137.
298 Marburger, ZfF 2012, 101, 103.
299 Francke/Hart, MedR 2006, 131, 135, 137.
300 Francke/Hart, MedR 2006, 131, 135, 138; darüberhinaus gehend fordert Schmidt-De Caluwe die Richtlinien nicht mehr als prinzipiell allein zu beachtenden Maßstab heranzuziehen, sondern als sachverständige Empfehlung, auf die die Gerichte zur Konkretisierung der anspruchsbegrenzenden Begriffe der Notwendigkeit, Zweckmäßigkeit und Wirtschaftlichkeit zurückgreifen könnten.
301 Heinig, NVwZ 2006, 771, 774.
302 Nolte, Der Staat, 245, 248, mit Bezug auf das Urteil des BVerfG vom 9. Februar 2010 – 1 BvL 1,3,4/09 – zu den Hartz-IV-Regelsätzen in BVerfGE 125, 175 ff.

eine Überprüfung der Folgerichtigkeit der Entscheidungen[303]. Es stellt Rationalitätsanforderungen an den Gesetzgeber[304].

Das LSG Berlin-Brandenburg scheint sich dieser strengen Linie anschließen zu wollen. Es überträgt die von dem Bundesverfassungsgericht in diesem Urteil aufgestellten Anforderungen auf die Richtliniengebung – also die untergesetzliche Normsetzung – des Gemeinsamen Bundesausschuss[305]. Dass das Bundesverfassungsgericht diese Anforderungen speziell deshalb hergeleitet hatte, um dem vom Grundgesetz geschützten menschenwürdigen Existenzminimum Geltung zu verschaffen, hindert es nicht, daraus allgemein rechtsstaatliche Anforderungen herzuleiten[306]. Die Schlussfolgerung, die das LSG Berlin-Brandenburg zieht, nämlich aus dem gesetzgeberischen Gebot der Nachvollziehbarkeit eine rechtsstaatliche Begründungspflicht zu statuieren[307], müsste in der Folge jedes eingreifende Gesetz treffen[308]. Hier ist Nolte zuzustimmen, dass dies aus rechtlichen Gründen und auch unter reinen Praktikabilitätsgesichtspunkten nicht richtig sein kann[309].

Die Rechtsprechung des LSG Berlin-Brandenburg wird daher von Nolte als „übereifrig" und „auch instrumentalisierend" kritisiert, der darin eine Überstrapazierung der Anforderungen an die Verfahrenskontrolle und im Ergebnis auch eine Fehlentwicklung sieht[310]. Die Überprüfung der Entscheidungsrationalität des Gemeinsamen Bundesausschusses und die Akzeptanz allein der eigenen Entscheidungsrationalität im Rahmen der dem Normgeber eingeräumten Spielräumen führt dazu, dass die eigentliche Leistung des Gerichts, nämlich die Bestimmung einzelner Tatbestandsmerkmale, außen vor bleibt[311].

Dieser Weg kann jedoch auch nicht die Lösung sein. Nolte ist darin zu folgen, dass es gilt, einen Zwischenweg zu gehen. Zum einen ist zu erkennen, dass

---

303 Nolte, Der Staat, 245, 250, mit Bezug auf das Urteil des BVerfG vom 9. Februar 2010 – 1 BvL 1,3,4/09 – zu den Hartz-IV-Regelsätzen in BVerfGE 125, 175 ff.

304 BVerfG, Urteil vom 30. Juli 2008 – 1 BvR 3262/07 u.a. – in BVerfGE 121, 317 Rn. 120 ff.; BVerfG, Urteil vom 9. Dezember 2008 – 2 BvL 1/07 u.a. – in BVerfGE 122, 210, Rn. 79; BVerfG, Beschluss vom 4. Juli 2012 – 2 BvC 1/11 – in BVerfGE 132, 139 Rn. 50 ff.

305 Nolte, Der Staat, 245, 259.

306 Nolte, Der Staat, 245, 259.

307 LSG Berlin-Brandenburg, Urteil vom 6. Dezember 2011 – L 1 KR 184/11 ER – Rn. 119.

308 Nolte, Der Staat, 245, 260.

309 Nolte, Der Staat, 245, 260.

310 Nolte, Der Staat, 245, 262.

311 Nolte, Der Staat, 245, 261.

der Weg des Bundessozialgerichts zu eng und rechtsverletzend nicht zuletzt in Hinblick auf Art. 19 Absatz 4 GG ist, dass aber zum anderen die vom Bundesverfassungsgericht in seinem Urteil zu den Hartz-IV-Regelsätzen aufgestellten Verfahrensanforderungen nicht allgemeinverbindliche Anforderungen an Normsetzungsprozesse sind[312]. Der beinahe vollumfängliche Verzicht auf die Ergebniskontrolle kann dem Anspruch der Versicherten auf Krankenbehandlung auch nicht gerecht werden. Die Entwicklung bleibt abzuwarten. Nolte ist darin zuzustimmen, dass diese Aufgabe jedoch der sozialgerichtlichen Rechtsprechung vorbehalten bleibt[313], sofern das Bundesverfassungsgericht nicht schon früher Stellung nehmen sollte.

2. Anspruch aus § 2 Absatz 1 a SGB V – Umsetzung des „Nikolaus"-Beschlusses des Bundesverfassungsgerichts

Mit Wirkung vom 1. Januar 2012 wurde der Absatz 1 a in den Paragraphen 2 SGB V eingefügt. Hiermit sollte die oben aufgezeigte Rechtsprechung des Bundesverfassungsgerichts vom 6. Dezember 2005 und des Bundessozialgerichts zur grundrechtskonformen Auslegung des Leistungsrechts der gesetzlichen Krankenversicherung kodifiziert und fortgesetzt werden[314]. Neue Leistungen werden dadurch nicht eingeführt, allein der Leistungsumfang wird verfassungskonform ausgestaltet[315]. Bereits geltende Anspruchsvoraussetzungen gemäß grundrechtskonformer Auslegung des Leistungsrechts werden ins Gesetz übernommen[316].

Die vom Bundesverfassungsgericht in seinem Nikolaus-Beschluss aufgestellten Voraussetzungen finden sich nun in § 2 Absatz 1 a SGB V wieder. Die übrigen Leistungsvoraussetzungen bleiben jedoch weiterhin unberührt[317]. Die Entscheidungen der Gerichte nach Erlass des Nikolaus-Beschlusses bis zum Inkrafttreten des § 2 Absatz 1 a SGB V, in denen es um die (Nicht-)Anwendung des Nikolaus-Beschlusses geht, können nun zur Auslegung der Tatbestandsmerkmale des § 2 Absatz 1 a SGB V herangezogen werden[318].

---

312   Nolte, Der Staat, 245, 262.
313   Nolte, Der Staat, 245, 262.
314   BSG, Urteil vom 7. Mai 2013 – B 1 KR 26/12 R – Rn. 14; Scholz in Becker/Kingreen, § 2 Rn. 4.
315   Joussen in Beck´scher Online-Kommentar Sozialrecht, § 2 Rn 4a.
316   BT-Drs. 17/6909, S. 52.
317   Scholz in Becker/Kingreen, § 2 Rn. 4.
318   Schmidt-De Caluwe in Becker/Kingreen, § 135 Rn. 27; Joussen, SGb 2012, 625, 628; danach wird wohl dann ein Anspruch auf eine Behandlung, die den üblichen Standard nicht entspricht, zu bejahen sein, wenn derartige Methoden (generell)

Es wird zu sehen sein, wie sich die Rechtsprechung auch in Hinblick auf das neu eingeführte – und vom Bundesverfassungsgericht nicht geforderte – Tatbestandsmerkmal „wertungsmäßig vergleichbare Erkrankung" entwickelt. Mit dieser Fallgruppe sind nach der Gesetzesbegründung die notstandsähnlichen Situationen gemeint, in denen eine die Lebensqualität auf Dauer nachhaltig beeinträchtigende Erkrankung vorliegt, bei der der Verlust eines wichtigen Sinnesorganes oder einer herausgehobenen Körperfunktion – innerhalb eines kürzeren, überschaubaren Zeitraums wahrscheinlich – droht[319].

Das Bundessozialgericht hatte vor Einführung des § 2 Absatz 1 a SGB V einen Anspruch in solchen Fälle abgelehnt, in denen es zwar zu dauerhaften und schweren körperlichen Beeinträchtigungen kam, aber gerade keine Extremsituation hervorgerufen wurde[320]. Erforderlich war nach Ansicht des Bundessozialgerichts, dass ein gewisser Zeitdruck besteht, wie er für einen zur Lebenserhaltung bestehenden akuten Behandlungsbedarf typisch ist; es muss daher der voraussichtlich tödliche Krankheitsverlauf innerhalb eines kürzeren,

---

überhaupt nicht zur Verfügung stehen oder sie der Versicherte nachgewiesenermaßen nicht verträgt. Dann läge eine notstandsähnliche Situation vor, die es erforderlich macht, auf den exakten wissenschaftlichen Nachweis des Nutzens und der Wirtschaftlichkeit einer bestimmten Behandlungsmethode zu verzichten und einen geringeren Wahrscheinlichkeitsmaßstab anzuwenden. Je schwerer und fortgeschrittener die Erkrankung desto niedriger sind die Anforderungen an den Wahrscheinlichkeitsmaßstab und die abstrakte und konkrete Risikoabwägung (BSG, Urteil vom 7. November 2006 – B 1 KR 24/06 – in BSGE 97, 190, 196 Rn. 22). Es muss aber sowohl im Allgemeinen, als auch bezogen auf den Einzelfall, durch objektivierbare Erkenntnisse auch bei dieser Methode feststehen, dass der Nutzen größer sein wird als der Schaden (BSG, Urteil vom 7. November 2006 – B 1 KR 24/06 – in BSGE 97, 190, 196 Rn. 22; Scholz in Becker/Kingreen, § 2 Rn. 4). Auch hier gelten wissenschaftliche Maßstäbe, die Äußerung eines einzelnen Arztes ist nicht bedeutsam (Scholz in Becker/Kingreen, § 2 Rn. 4). Zudem ist erforderlich, dass die begehrte Therapiemethode bzw. das begehrte Arzneimittel auch kausal auf die lebensbedrohliche Krankheit als solche einwirkt und nicht nur auf etwaige Folgeerkrankungen der lebensbedrohlichen Grunderkrankung oder lediglich eine abmildernde Wirkung für die weiteren Auswirkungen der Krankheit hat (BSG, Urteil vom 13. Oktober 2010 – B 6 KA 47709 R – Rn 34). Liegen diese Voraussetzungen vor, besteht ein Anspruch auf eine bestimmte Behandlung, auch wenn der Gemeinsame Bundesausschuss diese nicht in seinen Richtlinien empfohlen hat.

319 BT-Drs. 17/6906, S. 53; Scholz in Becker/Kingreen, § 2 Rn. 5.
320 BSG, Urteil vom 27. März 2007 – B 1 KR 30/6 R – Rn. 16 f.

überschaubaren Zeitraums mit großer Wahrscheinlichkeit drohen[321]. Ob das Bundessozialgericht diese Rechtsprechung noch aufrecht erhalten wird, bleibt abzuwarten.

Das LSG Niedersachsen-Bremen widersprach – vor Einführung des § 2 Absatz 1 a SGB V – ausdrücklich dem Bundessozialgericht[322]. Neben dem Leben werde auch die körperliche Unversehrtheit von Art. 2 Absatz 2 Satz 1 GG gleichermaßen – ohne geringeres Gewicht – geschützt[323]. Daher sei der Staat zur Bereitstellung von Leistungen außerhalb des Leistungskatalogs auch bei Gefährdungen für die körperliche Unversehrtheit verpflichtet, wegen der erforderlichen Sicherstellung der Funktionsfähigkeit der gesetzlichen Krankenversicherung und der Qualität, Wirksamkeit und Wirtschaftlichkeit der Leistungen allerdings nur bei besonders gravierenden Fällen[324]. Ein Ausnahmefall liege dann vor, wenn eine schwerwiegende Erkrankung gegeben sei, die ohne rechtzeitige Behandlung aller medizinischen Voraussicht nach die körperliche Unversehrtheit auf Dauer nachhaltig beeinträchtigt. Erfolgversprechende rechtzeitige Behandlungen zu versagen und dadurch später nicht mehr behebbare Beeinträchtigungen in Kauf zu nehmen, sei mit Art. 2 Absatz 2 Satz 1 nicht vereinbar, denn eine Behandlung

---

321 BSG, Urteil vom 27. März 2007 – B 1 KR 30/6 R – Rn. 17, es war der Ansicht, dass es nicht erforderlich sei, die Rechtsgedanken aus dem Beschluss des Bundesverfassungsgerichts auf weitläufigere Bereiche (außerhalb von lebensbedrohlichen oder regelmäßig tödlich verlaufenden Krankheiten) auszudehnen, in denen der Gesetzgeber aus wohl erwogenen Gründen den Leistungsumfang dadurch begrenzt hat, indem er besondere Verfahren und mit besonderem Sachverstand ausgestattete Institutionen geschaffen hat (BSG, Urteile vom 4. April 2006 – B 1 KR 12/04 R – und – B 1 KR 12/05 R – Rn.31; BSG, Urteil vom 26. September 2006 – 1 B KR 3/06 – Rn. 34). Auf diese Weise könnte das vom Bundesverfassungsgericht geforderte Kriterium, das sich nunmehr im Gesetzestext findet, sinnentleert werden; denn jede schwere Krankheit kann ohne Behandlung irgendwann auch lebensbedrohlich werden (BSG, Urteil vom 26. September 2006 – 1 B KR 3/06 – Rn. 34). Allein dies könne aber nicht dazu führen, dass das Leistungsrecht und die Richtlinien des Gemeinsamen Bundesausschusses als entscheidender rechtlichen Maßstab für die Leistungsansprüche der Versicherten verworfen werden (BSG, Urteil vom 26. September 2006 – 1 B KR 3/06 – Rn. 34).
322 LSG Niedersachsen – Bremen, Beschluss vom 7. März 2011 – L 4 KR 48/11 B ER – Rn. 24.
323 LSG Niedersachsen – Bremen, Beschluss vom 7. März 2011 – L 4 KR 48/11 B ER – Rn. 25.
324 LSG Niedersachsen – Bremen, Beschluss vom 7. März 2011 – L 4 KR 48/11 B ER – Rn. 25.

kurz vor dem Tod – dann in einer notstandsähnlichen Situation – nütze dem Versicherten nichts mehr[325].

Ferner könnten die Aussagen des Bundessozialgerichts in einem Urteil aus dem November 2006 weiterhin gelten[326]. Auch im Falle von regelmäßig tödlich verlaufenden Krankheiten soll es danach keinen Anspruch auf jegliche Behandlungsmethode geben[327]. Die verfassungsrechtlichen Schutzpflichten könnten auch im Falle von regelmäßig tödlich verlaufenden Krankheiten dem Begehren einer Behandlung mit einer neuen Methode Grenzen setzen, denn gerade in solchen Fällen solle vermieden werden, den Versicherten mit zweifelhaften Therapien zu behandeln, wenn dadurch eine nahe liegende, dem medizinischen Standard entsprechende Behandlung nicht wahrgenommen werde[328].

Allerdings könne ein Versicherter mit der Folge eines Anspruchsausschlusses nur auf solche Behandlungen verwiesen werden, die ihm unter den von dem Bundesverfassungsgericht aufgestellten Voraussetzungen zuzumuten ist[329]. Der Verweis auf eine Behandlung, die zu erheblichen körperlichen und/oder geistigen Störungen führen kann, gegen den ausdrücklichen Willen ist mit der Sorgfaltspflicht des Staates für Leben und körperliche Unversehrtheit nicht vereinbar[330]. Gegen die Menschenwürde aus Art. 1 Absatz 1 GG verstößt es auch, eine bisher nicht anerkannte Therapie zu versagen, wenn die anerkannte Standardtherapie allenfalls palliative Wirkung hat und dazu führt, dass der noch verbleibende Lebensabschnitt mit Nebenwirkungen verbracht werden muss, die zu zusätzlichen erheblichen Einschränkungen der Lebensqualität führen[331].

§ 2 Absatz 1 a SGB V gibt damit keinen Anspruch auf Bereithaltung bestimmter oder spezieller Gesundheitsleistungen, er soll allein den Gerichten zeigen, dass in besonders gelagerten Fällen eine grundrechtskonforme Auslegung der maßgeblichen Vorschriften vorzunehmen ist[332]. Jedoch verstößt eine Begrenzung

---

325 LSG Niedersachsen – Bremen, Beschluss vom 7. März 2011 – L 4 KR 48/11 B ER – Rn 25.

326 BSG, Urteil vom 7. November 2006 – B 1 KR 24/06 – in BSGE 97, 190.

327 BSG, Urteil vom 7. November 2006 – B 1 KR 24/06 – in BSGE 97, 190, 196, Rn. 22.

328 BSG, Urteil vom 7. November 2006 – B 1 KR 24/06 – in BSGE 97, 190, 196, Rn. 22.

329 LSG Schleswig-Holstein, Beschluss vom 24. September 2007 – L 5 KR 504/07 KR ER – Rn. 28.

330 LSG Schleswig-Holstein, Beschluss vom 24. September 2007 – L 5 KR 504/07 KR ER – Rn. 28.

331 LSG Schleswig-Holstein, Beschluss vom 24. September 2007 – L 5 KR 504/07 KR ER – Rn. 28.

332 Joussen, SGb 2012, 625, 630.

der Leistungspflicht auf erfahrungsgemäß anerkannte Behandlungsmethoden, wie sie das Bundessozialgericht noch verlangte, nun ausdrücklich gegen das Gesetz, in dem sowohl die sozialstaatlich determinierte Äquivalenzanforderung der bestehenden Pflichtversicherung als auch der Kerngehalt des Art. 2 Absatz 2 Satz 1 GG Ausdruck gefunden haben[333].

3. Anspruch auf neue Untersuchungs- und Behandlungsmethoden, § 135 Absatz 1 SGB V / § 137 c SGB V

§ 135 SGB V beinhaltet die Voraussetzungen unter denen neue Untersuchungs- und Behandlungsmethoden zu Lasten der gesetzlichen Krankenversicherung erbracht und abgerechnet werden dürfen. Er bestimmt daher nach Ansicht des Bundessozialgerichts auch den Umfang des Leistungsanspruchs[334].

a) Prozessuale Einbindung des § 135 SGB V - Systemversagen

Auch im Wege der Geltendmachung von Ansprüchen auf Behandlung mit neuen Untersuchungs- und Behandlungsmethoden kann Rechtsschutz gegen die Richtlinien des Gemeinsamen Bundesausschusses erlangt werden. Die Klagebefugnis kann zum einen aus einem möglicherweise bestehenden Anspruch auf Behandlung mit eben solchen neuen Methoden folgen, zum anderen aber, was deutlich häufiger vorkommt, kann sich aus dem Kostenerstattungsanspruch aus § 13 Absatz 3 SGB V die Klagebefugnis ergeben.

Die Geltendmachung eines Anspruchs auf eine neue Untersuchungs- oder Behandlungsmethode kommt daher zumeist inzident im Rahmen der Geltendmachung eines Kostenerstattungsanspruchs gemäß § 13 Absatz 3 SGB V vor die Gerichte.

Einen Anspruch auf Kostenerstattung oder Kostenübernahme haben die Versicherten grundsätzlich aufgrund des Vorrangs des Sach- oder Dienstleistungsanspruchs nicht. Die Frage, wann in Ausnahmefällen dennoch ein solcher Anspruch auf Kostenerstattung oder Kostenübernahme besteht, hat der Gesetzgeber umfassend und abschließend im SGB V geregelt[335]. § 13 SGB V normiert

---

333 Vgl. Schmidt-De Caluwe, Anmerkung zu BVerfG v. 6. Dezember 2005 in SGb 2006, 619, 621.

334 St. Rspr. seit: BSG, Urteil vom 16. September 1997 – 1 RK 32/95 – in BSGE 81, 73, 77; BSG, Urteil vom 16 September 1997 – 1 RK 28/95 – in BSGE 81, 54, 59; BSG, Urteil vom 26. September 2006 – B 1 KR 3/06 – Rn. 15; BSG, Urteil vom 7. Mai 2013 – B 1 KR 44/12 R – Rn. 13.

335 BSG, Urteil vom 16. Dezember 1993 – 4 RK 5 / 92 – in NZS 1994, 507, 507.

Fälle, in denen eine Kostenerstattung statt des eigentlichen Sach- und Dienstleistungsanspruchs in Betracht kommt[336].

Die größte Relevanz für den Rechtsschutz gegen die Richtlinien hat § 13 Absatz 3 SGB V[337]. In § 13 Absatz 3 SGB V ist das sog. Systemversagen normiert. Nach § 13 Absatz 3 SGB V sind dem Versicherten Kosten zu erstatten, wenn eine unaufschiebbare Leistung nicht rechtzeitig erbracht wurde (Alternative 1) oder eine Leistung zu Unrecht abgelehnt wurde (Alternative 2). In diesen zwei Fällen sind die Kosten für die selbstbeschaffte Leistung zu ersetzen, soweit sie notwendig war.

Durch § 13 Absatz 3 SGB V wird jedoch weder dem Versicherten ein Wahlrecht zwischen Naturalleistung und Kostenerstattung gewährt, noch kann die Krankenkasse nach ihrem Ermessen Kostenerstattung oder Kostenübernahme gewähren oder zusagen[338]. Voraussetzung für einen Kostenerstattungsanspruch nach § 13 Absatz 3 SGB V ist, dass ein Anspruch auf die Sachleistung nach dem SGB V besteht und die Leistung von der Krankenkasse zu erbringen wäre[339]. War die primäre Erbringung der Sach- oder Dienstleistung nicht möglich, muss die Krankenkasse für das Versagen des Beschaffungssystems einstehen, wobei der Kostenerstattungsanspruch gerade nur in dem Umfang besteht, in dem er durch das Systemversagen verursacht worden ist und in dem er als Primäranspruch bestanden hätte[340].

---

336 BSG, Urteil vom 16. Dezember 1993 – 4 RK 5 / 92 – in NZS 1994, 507, 507:
337 Daneben sieht das Gesetz selbst Fälle der Kostenerstattung vor (bspw. § 27 a Absatz 3 SGB, § 14 SGB V). § 18 SGB V regelt die Kostenübernahme in Fällen mit Auslandsbezug. Hier hat das BSG in einem neueren Urteil entschieden, dass auch § 18 SGB V grundrechtsorientiert auszulegen ist. Eine verfassungskonforme Auslegung hat sowohl bei lebensbedrohlichen oder regelmäßig tödlich verlaufenden Krankheiten als auch bei wertungsmäßig damit vergleichbaren Krankheiten stattzufinden. Hätte der Versicherte danach einen Anspruch auf eine Leistung, besteht ein Kostenerstattungsanspruch auch dann, wenn diese Leistung nur im Ausland möglich ist (BSG, Urteil vom 7. Mai 2013 – B 1 KR 26/12 R – Rn. 13).
338 BSG, Urteil vom 16. Dezember 1993 – 4 RK 5 / 92 – in NZS 1994, 507, 508.
339 St. Rspr.: BSG, Urteil vom 24. September 1996 – 1 RK 33/95 – in BSGE 79, 125, 126; BSG, Urteil vom 17. Februar 2010 – B 1 KR 10/09 R – Rn. 11.
340 BSG, Urteil vom 24. September 1996 – 1 RK 33/95 –in BSGE 79, 125, 126 f. und St. Rspr: BSG, Urteil vom 16. September 1997 – 1 RK 32/95 – in BSGE 81, 73, 74; BSG, Urteil vom 24. September 1996 – 1 KR 33/95 R – in BSGE 79, 125, 126; BSG, Urteil vom 26. September 2006 –B 1 KR 3/06 – Rn. 13; BSG, Urteil vom 4. April 2006 – B 1 KR 12/05 R – Rn. 15.

Nach dem Bundessozialgericht liegt ein solches Systemversagen u.a. dann vor, wenn eine Aktualisierung der Richtlinien bzw. die Prüfung einer neuen Methode rechtswidrig durch die antragsberechtigten Stellen bzw. den Gemeinsamen Bundesausschuss selbst nicht stattgefunden hat[341]. Dies ist vor allem bedeutsam in Fällen, in denen die Behandlung mit einer neuen Untersuchungs- und Behandlungsmethode begehrt wurde, diese Methode jedoch rechtswidrig noch nicht anerkannt war. Wurde das Verfahren vor dem Gemeinsamen Bundesausschuss willkürlich oder aus sachfremden Gründen nicht, nicht rechtzeitig oder nicht ordnungsgemäß durchgeführt, obwohl die dafür erforderlichen formalen und inhaltlichen Voraussetzungen vorlagen, liegt ein solches Systemversagen vor, das dazu führen muss, dass in solchen Fällen das Anwendungsverbot dieser Methode nicht greifen kann[342].

Die Feststellung einer solchen durch Untätigkeit hervorgerufenen Versorgungslücke und damit der Unvereinbarkeit einer Richtlinie[343] mit höherrangigem Recht obliegt allein den Gerichten, die dann die Prüfung der Methode ersatzweise durchführen[344]. Hierbei ist allerdings zu beachten, dass der Gemeinsame

---

341 BSG, Urteil vom 16. September 1997 – 1 RK 28/95 – in BSGE 81, 54, 65f.; BSG, Urteil vom 26. September 2006 – B 1 KR 3/06 R – Rn. 24.

342 BSG, Urteil vom 16. September 1997 – 1 RK 28/95 – in BSGE 81, 54, 65 f.; BSG, Urteil vom 26. September 2006 – B 1 KR 3/06 R – Rn. 24.

343 In diesem Fall noch der „NUB-Richtlinie" (Richtlinie über die Einführung neuer Untersuchungs- und Behandlungsmethoden), später dann „BUB-Richtlinie" (Richtlinie zur Bewertung medizinischer Untersuchungs- und Behandlungsmethoden) genannt, jetzt "Richtlinie Methoden vertragsärztliche Versorgung".

344 BSG, Urteil vom 28. März 2000 – B 1 KR 11/98 R – in BSGE 86, 54, 61 f.; BSG, Urteil vom 4. April 2006 –B 1 KR 12/05 R – Rn. 28: Diese Prüfung kann jedoch ebenfalls nur dann zu einem positiven Ergebnis kommen, wenn die Wirksamkeit der neuen Untersuchungs- oder Behandlungsmethoden in einer für die sichere Beurteilung ausreichenden Zahl von Behandlungsfällen auf Grund wissenschaftlich einwandfrei geführter Statistiken belegt werden kann (BSG, Urteil vom 28. März 2000 – B 1 KR 11/98 R – BSGE 86, 54, 62; grundlegend hierzu: BSG, Urteil vom 5. Juli 1999 – 1 KR 6/95 – in BSGE 76, 194). Kann dieser Wirksamkeitsnachweis wegen der Art oder des Verlaufs der Erkrankung oder wegen unzureichender wissenschaftlicher Erkenntnisse nicht erbracht werden, kann auf die Etablierung der in Anspruch genommenen Therapie in der medizinischen Praxis abgestellt werden (BSG, Urteil vom 28. März 2000 – B 1 KR 11/98 R in BSGE 86, 54, 62 und BSG, Urteil vom 16. September 1997 – 1 RK 28/95 – in BSGE 81, 54, 68), insoweit wird also eine Lockerung hinsichtlich der Überprüfung des Wirksamkeitsnachweises im Fall des Systemversagens dahingehend anerkannt, dass allein auf die Verbreitung der Methode für die

Bundesausschuss nach Ansicht des Bundessozialgerichts ein weites Ermessen hat, welche Behandlungsmaßnahmen in den Leistungskatalog der gesetzlichen Krankenversicherung aufgenommen werden, sofern er sich im Rahmen der gesetzlichen Vorgaben hält[345]. Dieser Gestaltungsrahmen kann dann auch nur in Ausnahmefällen verfassungsrechtlich eingeschränkt werden[346].

Die Prüfung der Gerichte, ob ein Systemversagen bzw. eine Untätigkeit des Gemeinsamen Bundesausschusses vorliegt, hat sich in Hinblick darauf, dass behördliche und gerichtliche Verfahren der im Grundrecht auf Leben und auf körperliche Unversehrtheit enthaltenen objektiven Wertentscheidung gerecht werden müssen und vor dem Hintergrund des Grundrechts aus Art. 19 Absatz 4 GG in Fällen, in denen die Versagung des Rechtsschutzes zu schweren und unzumutbaren Nachteilen führt (z.B. bei lebensbedrohlichen Krankheiten) nicht auf das Vorliegen von Verfahrensfehlern im engen Sinn zu beschränken, sondern es hat eine eingehende Prüfung der Sach- und Rechtslage zu erfolgen[347]. Dies gilt vor allem im Verfahren des einstweiligen Rechtsschutzes, wenn die Entscheidung an den Erfolgsaussichten in der Hauptsache orientiert ist[348]. Liegt nämlich ein Systemversagen vor, ist die Prüfung des einzelnen Leistungsfalles dahingehend, ob eine Behandlungsmethode medizinisch notwendig, zweckmäßig und wirtschaftlich ist, durch die Gerichte eröffnet[349].

Im Eilverfahren bedeutet dies, dass – auch vor dem Hintergrund des Nikolaus-Beschlusses – an die Ausgestaltung des Eilrechtsverfahrens besondere Anforderungen zu stellen sind, um zu vermeiden, dass schwere und unzumutbare, anders nicht abwendbare Beeinträchtigungen entstehen, die auch durch die Durchführung des Hauptsacheverfahrens nicht mehr beseitigt werden können[350]. Eine abschließende Prüfung der Sach- und Rechtslage ist dann erforderlich[351].

Leistungsverpflichtung abgestellt wird (BSG, Urteil vom 26. September 2006 – B 1 KR 3/06 – Rn. 24).

345 BSG, Urteil vom 26. September 2006 – 1 B KR 3/06 – Rn. 31.; BSG, Urteil vom 10. Mai 2005 – B 1 KR 25/03 R – in BSGE 94, 302, 311; BSG, Urteil vom 19. Juni 2001 – B 1 KR 4/00 R – in BSGE 88, 166, 170 ff.

346 BSG, Urteil vom 26. September 2006 – 1 B KR 3/06 – Rn. 31.

347 BVerfG, Beschluss vom 19. März 2004 – 1 BvR 131/04 – in NZS 2004, 527, 528.

348 BVerfG, Beschluss vom 19. März 2004 – 1 BvR 131/04 – in NZS 2004, 527, 528.

349 BVerfG, Beschluss vom 19. März 2004 – 1 BvR 131/04 – in NZS 2004, 527, 527.

350 BVerfG, Beschluss vom 12. Mai 2005 – 1 BvR 569/05 – Rn. 23.

351 BVerfG, Beschluss vom 12. Mai 2005 – 1 BvR 569/05 – Rn. 25.

b) Der Anspruch aus § 135 SGB V – vor allem bei Systemversagen

Die Leistungspflicht der Krankenkasse wird grundsätzlich nicht dadurch ausgelöst, dass eine streitige Therapie nach der Einschätzung des betroffenen Versicherten oder seines behandelnden Arztes positiv verläuft oder befürwortet wurde[352]. Vielmehr bestimmt § 135 Absatz 1 Satz 1 SGB V, dass neue Untersuchungs- und Behandlungsmethoden nur dann zu Lasten der Krankenkassen erbracht werden dürfen, wenn der Gemeinsame Bundesausschuss in seinen Richtlinien Empfehlungen u.a. über den therapeutischen Nutzen, die medizinische Notwendigkeit und die Wirtschaftlichkeit der neuen Methode vor der Behandlung abgegeben hat[353]. Solange dies nicht der Fall ist, besteht grundsätzlich kein Anspruch auf Behandlung mit dieser Methode[354]. Bei § 135 Absatz 1 SGB V handelt es sich dementsprechend nach Ansicht des Bundessozialgerichts um eine präventives Verbot mit Erlaubnisvorbehalt bezüglich neuer Untersuchungs- und Behandlungsmethoden[355]. Mit § 135 Absatz 1 SGB V soll damit die Sicherung der Qualität der Leistungserbringung in der gesetzlichen Krankenversicherung gewährleistet werden[356].

Die Prüfung neuer medizinscher Verfahren bezweckt zum einen den Schutz der Gemeinschaft der Versicherten vor unwirtschaftlichen Behandlungen und zum anderen den Schutz des einzelnen Versicherten vor unerprobten Methoden, deren Nebenwirkungen nochmals unabhängig von den Befürwortern eingeschätzt werden sollen[357]. Zum Zeitpunkt der Behandlung muss damit

---

352 BSG, Urteil vom 5. Juli 1995 – 1 RK 6/95 – in BSGE 76, 194, 198;BSG, Urteil vom 19. Oktober 2004 – B 1 KR 27/02 R – in BSGE 93, 236, 239.

353 BSG, Urteil vom 16. September 1997 – 1 RK 32/95 – in BSGE 81, 73, 76; BSG, Urteil vom 7. Mai 2013 – B 1 KR 44/12 R – Rn. 13; BSG, Urteil vom 4. April 2006 – B 1 KR 12/05 R – Rn. 30: Wobei die Aufgabe des Gemeinsamen Bundesausschuss darin besteht, die veröffentlichte Literatur und die Meinung der einschlägigen Fachkreise zu sichten und daraufhin festzustellen, ob ein durch wissenschaftliche Studien hinreichend untermauerter Konsens über die Qualität und Wirksamkeit einer Behandlungsweise besteht, er urteilt damit nicht selbst über den medizinischen Nutzen einer Methode. Die Richtlinien und die Verfahrensordnung, die die Anerkennung neuer Untersuchungs- und Behandlungsmethoden betreffen, tragen nach Ansicht des Bundessozialgerichts dieser Aufgabe grundsätzlich Rechnung

354 BSG, Urteil vom 16. September 1997 – 1 RK 32/95 – in BSGE 81, 73, 76; BSG, Urteil vom 7. Mai 2013 – B 1 KR 44/12 R – Rn. 15.

355 BSG, Urteil vom 16. September 1997 – 1 RK 32/95 – in BSGE 81, 73, 76.

356 BSG, Urteil vom 16. September 1997 – 1 RK 32/95 – in BSGE 81, 73, 76.

357 BSG, Urteil vom 16. September 1997 – 1 RK 32/95 – in BSGE 81, 73, 76.

feststehen, dass die erhofften Vorteile einer Therapie die möglicherweise auftretenden Nachteile überwiegen[358].

Nach dem Bundessozialgericht liegt eine neue Behandlungsmethode vor und findet dementsprechend § 135 SGB V dann Anwendung, wenn ein Untersuchungs- oder Behandlungsmethode noch nicht zu den bisher von der vertragsärztlichen Versorgung erfassten Methoden gehört und ihre Qualität noch nicht feststeht[359], also bisher noch nicht in den Richtlinien des Gemeinsamen Bundesausschusses positiv bewertet wurden[360]. § 135 SGB V gilt für die ambulante Versorgung mit medizinischen Leistungen, für den stationären Bereich gilt § 137 c SGB V[361].

Die Entscheidung des Gemeinsamen Bundesausschusses über die Anwendung oder den Ausschluss einer neuen Methode kann grundsätzlich nicht durch die Verwaltung oder die Gerichte inhaltlich überprüft werden, sie sind im Grundsatz ebenso daran gebunden, wie wenn die Entscheidung der Gesetzgeber selbst gefällt hätte[362]. Gibt der Gemeinsame Bundesausschuss keine Empfehlung für eine neue Untersuchungs- oder Behandlungsmethode ab, so ist damit neben dem Primäranspruch auf die Sachleistung auch der Freistellungs- oder

---

358 BSG, Urteil vom 4. April 2006 – B 1 KR 12/05 R – Rn. 23, BSG, Urteil vom 26. September 2006 – B 1 KR 3/06 – Rn. 20.

359 BSG, Urteil vom 16. September 1997 – 1 RK 28/95 – in BSGE 81, 54, 57 f.

360 Lang in Becker/Kingreen, § 27 Rn. 51; in Abgrenzung dazu sind alte Methoden solche, deren Qualität bereits feststeht oder unterstellt wird (BSG, Urteil vom 16. September 1997 – 1 RK 28/95 – in BSGE 81, 54, 57).

361 BSG, Urteil vom 4. April 2006 – B 1 KR 12/05 R – Rn. 25. Dieser bestimmt, dass neue Behandlungsmethoden im Rahmen einer Krankenhausbehandlung keiner besonderen Zulassung bedürfen und nur dann ausgeschlossen sind, wenn der Gemeinsame Bundesausschuss dazu eine negative Stellungnahme abgegeben hat. Hier gilt demnach ein Verbotsvorbehalt, es findet zunächst eine Binnenkontrolle durch das Krankenhaus selbst statt und erst retrospektiv findet eine Außenkontrolle unter Durchführung des Verfahrens nach § 137c SGB V statt, dass dann zu einer Regelungsklarheit im Interesse der Gleichbehandlung der Versicherten führt (BSG, Urteil vom 7. Mai 2013 – B 1 KR 44/12 R – Rn. 23 f). § 137 c SGB V bestimmt nur, unter welchen Voraussetzungen der Gemeinsame Bundesausschuss berechtigt ist, Methoden aus der Leistungspflicht der gesetzlichen Krankenversicherung auszuschließen; fehlt aber ein solches Negativvotum des Gemeinsamen Bundesausschusses, so ist durch Auslegung des § 137 c SGB V zu ermitteln, wann eine Methode zu Lasten der gesetzlichen Krankenversicherung erbracht werden darf (BSG, Urteil vom 21. März 2013 – B 3 KR 2/12 R – Rn. 19).

362 BSG, Urteil vom 4. April 2006 – B 1 KR 12/05 R – Rn. 22; BSG, Urteil vom 26. September 2006 – 1 B KR 3/06 – Rn. 20.

Kostenerstattungsanspruch für den Fall der selbstbeschafften Leistung grundsätzlich ausgeschlossen[363].

Wie oben bereits erwähnt, kann ein Anspruch auf eine solche neue Untersuchungs- oder Behandlungsmethode bzw. ein Anspruch auf die Erstattung der Kosten allerdings dann gegeben sein, wenn ein Fall des bereits oben beschriebenen Systemversagens vorliegt[364]. Diese Grundsätze des Systemversagens treten ergänzend neben die gesetzliche Regelung bei verzögerter Bearbeitung eines Antrags auf Empfehlung einer neuen Methode[365].

In einem neueren Urteil hat das Bundessozialgericht auch dann ein Fall des Systemversagens angenommen, wenn Erkenntnisse aus den Verfahren nach § 135 SGB V und nach § 137 c SGB V nicht in dem jeweils anderem Verfahren berücksichtigt werden, obwohl sie gebietsübergreifende Aussagen beinhalten[366]. Hat der Gemeinsame Bundesausschuss eine Methode nach § 137 c SGB V anerkannt und damit die Übereinstimmung mit dem Qualitäts- und Wirtschaftlichkeitsgebot bejaht, und haben die Erkenntnisse der medizinischen Wissenschaft daneben auch belegt, dass es keine durchgreifenden Gründe für eine lediglich stationäre Anwendung der Methode im Rahmen eines Indikationsspektrum gibt, so muss der Gemeinsame Bundesausschuss eine Empfehlung auch nach § 135 SGB V aussprechen. Anderenfalls würde eine mit dem Qualitätsgebot unvereinbare Therapielücke entstehen[367] und ein Verstoß gegen höherrangiges Recht, nämlich das Willkürverbot (Art. 3 Absatz 1 GG) vorliegen[368].

---

363 St. Rspr.: BSG, Urteil vom 28. März 2000 – B 1 KR 11/98 R – in BSGE 86, 54, 56; BSG, Urteil vom 23. Februar 1999 – B 1 KR 1/98 R – in BSGE 83, 285, 286.

364 Ein solches Systemversagen und damit einen Anspruch auf eine neue Untersuchungs- und Behandlungsmethode hat der Versicherte nach Ansicht des SG Freiburg jedoch dann nicht, wenn es eine dem allgemein anerkannten medizinischen Standard entsprechende Methode gibt, diese jedoch einen weitaus größeren Eingriff erfordert als eventuell die begehrte neue Methode und auch mit einem Eingriff in die körperliche Unversehrtheit des Versicherten zusammenhänge. Ein Eingriff oder eine Beeinträchtigung der körperlichen Unversehrtheit läge dann nicht vor, wenn ein bereits erkranktes Körperteil durch die Anwendung der Standardmethode entweder noch mehr verletzt oder sogar entfernt werden müsste (SG Freiburg, Urteil vom 26. Juli 2012 – S 5 KR 5749/10 – Rn. 30).

365 Vgl. § 135 Absatz 1 Satz 4 SGB V; BSG, Urteil vom 7. Mai 2013 – B 1 KR 44/12 R – Rn. 16; Hauck, NZS 2007, 461, 464.

366 BSG, Urteil vom 7. Mai 2013 – B 1 KR 44/12 R – Rn. 25.

367 BSG, Urteil vom 7. Mai 2013 – B 1 KR 44/12 R – Rn. 27.

368 BSG, Urteil vom 7. Mai 2013 – B 1 KR 44/12 R – Rn. 28.

Liegt ein solches Systemversagen vor, dann widerspricht die Richtlinie höherrangigem Recht und dem Auftrag Gesetzes dahingehend, dass die Garantie einer, den Anforderungen des § 2 Absatz 1 Satz 2 SGB V entsprechenden Krankenbehandlung, die erfordert, dass Qualität und Wirksamkeit der Leistungen dem allgemeinen anerkannten Stand der medizinischen Erkenntnisse entsprechen, welche sich wiederum in zuverlässigen wissenschaftlich nachprüfbaren Aussagen niedergeschlagen haben müssen[369], nicht erfüllt wurde[370]. Der Zweck des in § 135 Absatz 1 SGB V enthaltenen präventiven Verbots, nämlich die Qualitätssicherung, rechtfertigt den Ausschluss ungeprüfter und nicht anerkannter Methoden nämlich nur solange, wie das Verfahren zur Prüfung nicht willkürlich oder aus sachfremden Erwägungen blockiert oder verzögert wird und dadurch eine neue benötigte Therapie nicht eingesetzt werden kann[371]. Denn auch neue medizinische Methoden gehören grundsätzlich zum Leistungsumfang und dürfen soweit sie zweckmäßig und wirtschaftlich sind, dem Versicherten nicht vorenthalten werden[372].

Die entstehende Versorgungslücke muss dann zugunsten des Versicherten durch die Gewährung des Kostenerstattungsanspruchs nach § 13 Absatz 3 SGB V geschlossen werden[373]. Auch hier stößt demnach das Rechtskonkretisierungskonzept des Bundessozialgerichts an seine Grenzen[374].

c) Wirkung des § 135 SGB V für die Versicherten

In der Literatur wird die Ausdehnung der Anwendung und Wirkung des § 135 Absatz 1 Satz 1 SGB V auch auf die Versicherten kritisch beurteilt[375]. Das Bundessozialgericht weite die Anwendung des § 135 SGB V auf die Versicherten deshalb aus, um seine Konstruktion eines Leistungsanspruchs der Versicherten als Rahmenrecht auch in diesem Bereich anwenden zu können[376]. Da das Bundessozialgericht davon ausgeht, dass das Leistungserbringungsrecht maßgeblich für das Leistungsrecht sei, ist es dann auch zwingend, dass auch § 135 SGB V

---

369 St. Rspr.: BSG, Urteil vom 5. Juli 1999 – 1 KR 6/95 – in BSGE 76, 194, 199; BSGE 94, 221 Rn. 23; BSG, Urteil vom 26. September 2006 – B 1 KR 3/06 – Rn. 24.

370 BSG, Urteil vom 28. März 2000 – B 1 KR 11/98 R – in BSGE 86, 54, 60 f.

371 BSG, Urteil vom 28. März 2000 – B 1 KR 11/98 R – in BSGE 86, 54, 61.

372 BSG, Urteil vom 16. September 1997 – 1 RK 28/95 – in BSGE 81, 54, 65.

373 BSG, Urteil vom 28. März 2000 – B 1 KR 11/98 R – in BSGE 86, 54, 61.

374 Zimmermann, S. 202.

375 Schmidt-De Caluwe in Becker/Kingreen, § 135 Rn. 28; Rolfs in Festschrift 50 Jahre Bundessozialgericht, S. 475, 494 f.

376 Schmidt-De Caluwe in Becker/Kingreen, § 135 Rn. 28.

unmittelbare Wirkung für die Versicherten entfaltet und daher auch dahingehend den Umfang des Leistungsanspruchs der Versicherten bestimmen kann, dass allein darauf ankommt, ob eine Methode ausdrücklich anerkannt wurde[377].

Hiergegen wird der, vor dem Hintergrund des Nikolaus-Beschlusses des Bundesverfassungsgerichts zutreffende, Einwand erhoben, dass § 135 SGB V sich ersichtlich sowohl aufgrund seiner systematischen Stellung als auch seinem Wortlaut nach nur an die Leistungserbringer und Krankenkassen richtet. Der Anwendungsbereich ist daher auf das Leistungserbringungsrecht zu begrenzen[378]. Eine direkte leistungsbeschränkende Wirkung kann § 135 SGB V nicht entfalten, die Kompetenz des Bundesausschuss ist auf das Leistungserbringungsrecht beschränkt, eine Begrenzung für die Versicherten folge allein mittelbar aus dem Verhältnismäßigkeitsgrundsatz[379].

Das hätte dann zur Folge, dass die Versicherten sich die Leistungen, auf die sie einen Anspruch haben, die aber von den Leistungsträgern nicht zu Lasten der Krankenkasse erbracht werden dürfen, zunächst selbst beschaffen und dann Kostenerstattung verlangen müssen[380]. Ob Leistungen erstattungsfähig sind, entscheiden dann die Krankenkassen bzw. Gerichte[381]. Aufgrund dessen, dass jedoch sowohl für den Leistungsanspruch als auch für die Pflichten der Leistungserbringer die gleichen Kriterien zu gelten haben, spreche regelmäßig eine Vermutung dafür, dass die Bestimmungen über die Versorgung auch den Anforderungen des Leistungsanspruchs entsprechen, diese sei aber widerlegbar[382]. Würde § 135 Absatz 1 Satz1 SGB V so verstanden werden, könnten ohne die steuernde Wirkung der Richtlinien abzuerkennen die Vorgaben des Gesetzes und der Verfassung eingehalten werden[383].

Schließlich könne auch aus § 91 Absatz 6 SGB V keine Verbindlichkeit gegenüber den Versicherten hergeleitet werden, da zum einen verfassungsrechtliche Bedenken bestehen würden; zum anderen aber könne eine Verbindlichkeit gerade auch dann nicht greifen, wenn der Gemeinsame Bundesausschuss gerade noch keine Richtlinie erlassen hat[384].

---

377 Schmidt-De Caluwe in Becker/Kingreen, § 135 Rn. 28.
378 Schmidt-De Caluwe in Becker/Kingreen, § 135 Rn. 28
379 Rolfs, in Festschrift 50 Jahre Bundessozialgericht, S. 475, 496.
380 Rolfs, in Festschrift 50 Jahre Bundessozialgericht, S. 475, 496.
381 Rolfs, in Festschrift 50 Jahre Bundessozialgericht, S. 475, 496.
382 Schmidt-De Caluwe in Becker/Kingreen, § 135 Rn. 29.
383 Schmidt-De Caluwe in Becker/Kingreen, § 135 Rn. 29.
384 Schmidt-De Caluwe in Becker/Kingreen, § 135 Rn. 28.

d) Anspruch auch nach Ablehnung durch den Gemeinsamen Bundesausschuss?

Ist der Gemeinsame Bundesausschuss nach nicht zu beanstandender Prüfung zu einem negativen Ergebnis bezüglich einer neuen Untersuchungs- oder Behandlungsmethode gekommen, ist für ein Anspruch aufgrund grundrechtsorientierter Auslegung bzw. unter Heranziehung des neuen § 2 Absatz 1 a SGB V nach Ansicht des Bundessozialgerichts kein Raum[385]. Denn dann sei auch verfassungsrechtlich nichts gegen den Ausschluss der Methode einzuwenden, da ihr nach dem maßgeblichen Stand der wissenschaftlichen Erkenntnisse die medizinische Notwendigkeit fehlt oder der diagnostische und therapeutische Nutzen sowie die Wirtschaftlichkeit nicht hinreichend gesichert seien[386].

Das Bundesverfassungsgericht hat jedoch in einem Beschluss aus dem Jahre 2007 angedeutet, dass auch die Anwendung der Voraussetzungen aus dem Nikolaus-Beschluss – jetzt § 2 Absatz 1 a SGB V – auch dann in Betracht kommt, wenn der Gemeinsame Bundesausschuss eine Behandlungsmethode bereits abgelehnt hat[387].

Dem schließen sich nunmehr auch Untergerichte an[388]. Der Ausschluss der Anwendung der Grundsätze des Nikolaus-Beschlusses – des jetzigen § 2 Absatz 1 a SGB V – bei Vorliegen einer negativen Entscheidung des Gemeinsamen Bundesausschusses wird vor allem mit dem Argument verneint, dass die Bewertung einer Methode durch den Gemeinsamen Bundesausschuss erheblich strenger erfolge als nach den Vorgaben des Bundesverfassungsgerichts[389]. Der Gemeinsame Bundesausschuss fordere für die Anerkennung einer Behandlungsmethode den vollen wissenschaftlichen Nachweis der Wirksamkeit[390]. Nach dem Bundesverfassungsgericht – und § 2 Absatz 1 a SGB V – hingegen kann es zu Abmilderungen des Qualitätsgebotes infolge der grundrechtsorientierten

---

385 BSG, Urteil vom 7. November 2006 – B 1 KR 24/06 – in BSGE 97, 190, 198 Rn. 24.

386 BSG, Urteil vom 7. November 2006 – B 1 KR 24/06 – in BSGE 97, 190, 198 Rn. 24.

387 BVerfG, Beschluss vom 29. November 2007 – 1 BvR 2496/07 – in NZS 2008, 365, 368; so bereits LSG NRW, Beschluss vom 22. Februar 2007 – L 5 B 8/07 KR ER – Rn. 29.

388 LSG Rheinland-Pfalz, Beschluss vom 15. Juli 2011 – L 5 KR 99/11 B ER – Rn. 9 und Beschluss vom 6. Mai 2010 – L 5 KR 90/10 B ER; LSG Hamburg, Urteil vom 3. August 2011 – L 1 KR 55/09 – Rn.15; SG Berlin, Beschluss vom 17. August 2011 – S 28 KR 1331/11 ER – Rn. 10; SG Stuttgart, Beschluss vom 5. Februar 2010 – S 8 KR 7849/09 ER – Rn. 27; ebenso Saalfrank/Wesser, NZS 2008, 17, 19.

389 SG Stuttgart, Beschluss vom 5. Februar 2010 – S 8 KR 7849/09 ER – Rn. 27; LSG Nordrhein-Westfalen, Beschluss vom 22. Februar 2007 – L 5 B 8/07 – 29.

390 LSG Nordrhein-Westfalen, Beschluss vom 22. Februar 2007 – L 5 B 8/07 – 29.

Auslegung kommen und muss lediglich eine nicht ganz entfernt liegende Aussicht auf Heilung oder eine spürbare positive Einwirkung auf den Krankheitsverlauf möglich sein[391]. Ein unterschiedlicher Prüfungsmaßstab für Fälle, in denen sich der Gemeinsame Bundesausschuss bereits mit der Methode befasst oder gerade noch nicht, ist nicht gerechtfertigt[392].

e) Anspruch in sog. Seltenheitsfällen

Auch kommt eine Kostenerstattung nach § 13 Absatz 3 SGB V in den sog. Seltenheitsfällen in Betracht. Auch hier wird ohne vorherige Anerkennung einer Methode durch den Gemeinsamen Bundesausschuss ein Anspruch auf die Primärleistung bzw. nach nicht erfolgter Leistung auf Kostenerstattung bejaht[393] und damit das Rechtskonkretisierungskonzept durchbrochen.

Bei Krankheiten, die weltweit so selten auftreten, dass eine systematische Erforschung von Therapiemöglichkeiten im nationalen und internationalen Rahmen nicht möglich ist und daher eine wissenschaftliche Untersuchung sowie in der Folge eine wissenschaftlich auf ihre Wirkung überprüfte Behandlungsmethode nicht zur Verfügung stehen, ist eine Leistungsgewährung auch dann möglich, wenn das Arzneimittel oder die Behandlungsmethode im Zeitpunkt der Anwendung (noch) nicht zur vertragsärztlichen Versorgung gehört[394].

---

391 BSG, Urteil vom 7. Mai 2013 – B 1 KR 26/12 R – Rn. 19 m. w. N.; LSG Nordrhein-Westfalen, Beschluss vom 22. Februar 2007 – L 5 B 8/07 – Rn. 29.

392 LSG Nordrhein-Westfalen, Beschluss vom 22. Februar 2007 – L 5 B 8/07 – 29; Padé (NZS 2007, 352, 357) merkt allerdings an, dass in Fällen, in denen der Gemeinsame Bundesausschuss eine negative Entscheidung über eine Methode getroffen hat, weil die Anwendung dieser Methode mit den damit verbundenen Risiken nicht vertretbar ist, auch ein Anspruch durch verfassungskonforme Auslegung – jetzt aus § 2 Absatz 1 a SGB V – nicht begründet werden könne, da ernsthafte Hinweise auf einen positiven Einfluss auf den Krankheitsverlauf wegen der negativen Risiko-Nutzen-Abwägung wohl nicht vorliegen dürften. Beruht die Ablehnung der Methode auf einer solchen negativ ausgefallenen Risiko-Nutzen-Abwägung, sei dies aus der Begründung zu dem Beschluss ersichtlich. Hat der Gemeinsame Bundesausschuss jedoch eine Methode deshalb ausgeschlossen, weil ihre Wirksamkeit nicht ausreichend belegt werden konnte, sei zu überprüfen, ob der Gemeinsame Bundesausschuss diese Methode auch vor dem Hintergrund des Nikolaus-Beschlusses des Bundesverfassungsgerichts nicht anerkannt hat.

393 BSG, Urteil vom 19. Oktober 2004 – B 1 KR 27/02 – in BSGE 93, 236 ff.; BSG, Urteil vom 3. Juli 2012 – B 1 KR 25/11 R – Rn. 18.

394 BSG, Urteil vom 3. Juli 2012 – B 1 KR 25/11 R – Rn.18; BSG, Urteil vom 19. Oktober 2004 – B 1 KR 27/02 – in BSGE 93, 236, 244 ff.

Die Entscheidung des Gemeinsamen Bundesausschusses über die Anerkennung einer neuen Behandlungs- oder Untersuchungsmethode beruht auf wissenschaftlichen, einwandfrei geführten Statistiken über die Zahl der behandelten Fälle und die Wirksamkeit der jeweiligen Methode[395]. Den singulären Krankheitsfall hat § 135 SGB V nicht im Blick[396]. In den Seltenheitsfällen steht dem Gemeinsamen Bundesausschuss daher gerade keine Entscheidungsgrundlage zur Verfügung, so dass er auch nicht befugt sein kann, eine Stellungnahme abzugeben und über die entsprechende Methode in seinen Richtlinien zu entscheiden[397].

Für eine Leistungsgewährung in diesen Seltenheitsfällen kann daher nicht die vorherige Anerkennung in den Richtlinien durch den Gemeinsamen Bundesausschuss als Voraussetzung verlangt werden[398]. Würde dies der Fall sein, würde dem Gemeinsamen Bundesausschuss die Befugnis eingeräumt, in einem Einzelfall Recht zu setzen, dies kann aber bereits nach dem Grundgetz (Art. 19 Absatz 1 GG) nicht möglich sein[399].

Dies gilt auch für Arzneimittel, bei deren Anwendung sowohl arzneimittelrechtliche Gesichtspunkte als auch die Art und Weise der Verabreichung durch den Arzt dahingehend von Bedeutung sind, dass qualitative Anforderungen an den Arzt und das Behandlungsverfahren von dem Gemeinsamen Bundesausschuss bspw. durch eine Qualitätssicherheitsvereinbarung verlangt werden[400].

f) Schlussbetrachtung

Es bleibt abzuwarten, wie sich die Rechtsprechung zu § 135 SGB V nun bei Einführung des § 2 Absatz 1 a SGB V entwickelt. Auch mögliche Änderungen der Rechtsprechung in Bezug auf das Rahmenrecht spielen hier möglicherweise eine Rolle. Der Nikolaus-Beschluss des Bundesverfassungsgerichts hat die Ansicht der Literatur noch bestärkt. So wird angenommen, dass § 135 Absatz 1 SGB V nicht mehr als Erlaubnisvorbehalt mit dem zwingenden Tatbestandsmerkmal der Richtlinienzulassung einer Behandlungsmethode angesehen werden kann[401].

Die Kritiker des Rahmenrechts sind der zutreffenden Auffassung, dass die grundrechtlichen Anforderungen die leistungsrechtlichen Normen des SGB V konkretisieren und die Kriterien des Leistungserbringungsrechts (nämlich die

---

395 BSG, Urteil vom 19. Oktober 2004 – B 1 KR 27/02 – in BSGE 93, 236, 244.
396 Hauck, NZS 2007, 461, 464.
397 BSG, Urteil vom 19. Oktober 2004 – B 1 KR 27/02 – in BSGE 93, 236, 244.
398 BSG, Urteil vom 19. Oktober 2004 – B 1 KR 27/02 – in BSGE 93, 236, 244.
399 BSG, Urteil vom 19. Oktober 2004 – B 1 KR 27/02 – in BSGE 93, 236, 245.
400 BSG, Urteil vom 19. Oktober 2004 – B 1 KR 27/02 – in BSGE 93, 236, 241.
401 Schmidt-De Caluwe, SGb 2006, 619, 624.

Anerkennung einer Behandlungsmethode nach einem statistisch-evidenzba-sierten geführten Nachweis) keine Grenzen für den Leistungsanspruch bilden können, vielmehr bildet das Leistungsrecht den Maßstab, an dem sich das Leis-tungserbringungsrecht (in jedem Fall bei lebensbedrohlichen Krankheiten) ori-entieren und den es erfüllen muss[402].

Schmidt-De Caluwe leitet aus dem Nikolaus-Beschluss weitergehend ab„ dass die Richtlinien keine Außenrechtsqualität besitzen und die Versicherten nicht unmittelbar binden könnten[403]. Das Bundesverfassungsgericht sei näm-lich gerade nicht auf § 135 SGB V eingegangen, der – eine Außenrechtsbindung unterstellt – eine Grenze des Leistungsanspruchs der Versicherten darstellte. Da das Bundesverfassungsgericht auch keinen Fall des Systemversagens und weder die Verfassungswidrigkeit von Normen des SGB V noch von der BUB-Richtlinie des Gemeinsamen Bundesausschusses annahm, könne daraus nur geschlossen werden, dass sich aus § 135 SGB V keine auf den Behandlungsanspruch Einfluss nehmende Wirkung ergebe[404]. Diese Konsequenz, die aus einem Schweigen herge-leitet wird, erscheint jedoch nicht als zwingend, da den Anforderungen des Niko-laus-Beschlusses grundsätzlich auch dann Rechnung tragen lässt, wenn man, dem Bundessozialgericht folgend, von der Rechtsnormqualität der Richtlinien ausgeht.

Sollte das Bundessozialgericht das von ihm entwickelte Konzept der Annahme eines Rahmenrechts weiter einschränken, so wird es auch seine Rechtspre-chung zu § 135 SGB V überdenken müssen. Ein Anfang wäre, die überzeugende Ansicht der Untergerichte aufzugreifen und einen Anspruch auf neue Methoden auch nach Ablehnung durch den Gemeinsamen Bundesausschuss in lebensbe-drohlichen – oder wertungsmäßig vergleichbaren – Fällen anzuerkennen.

4. Anspruch auf Versorgung mit Arzneimittel und Medizinprodukte

Zuletzt ist darauf einzugehen, inwieweit sich ein Anspruch auf Versorgung mit Arzneimitteln im SGB V findet und gegebenenfalls die Klagebefugnis begrün-den und damit Rechtsschutz gegen Richtlinien des Gemeinsamen Bundesaus-schusses gewähren kann.

a) Anspruch auf Arzneimittel
Nach den §§ 27 Absatz 1 Satz 1 und Satz 2 Nr. 3, 31 Absatz 1 Satz 1 SGB V besteht ein „Anspruch" auf Versorgung mit apothekenpflichtigen Arzneimitteln,

---

402 Schmidt-De Caluwe, SGb 2006, 619, 624.
403 Schmidt-De Caluwe, SGb 2006, 619, 624.
404 Schmidt-De Caluwe, SGb 2006, 619, 624.

soweit diese nicht nach § 34 SGB V ausgeschlossen sind. Bei der Versorgung mit Arzneimitteln kommt es darauf an, dass die Qualität und Wirkungsweise eines Arzneimittels durch wissenschaftlich nachprüfbare Aussagen belegt sein muss und der Erfolg der Arzneimitteltherapie durch eine ausreichende Anzahl von Behandlungsfällen dokumentiert ist[405].

Fertigarzneimittel sind von der Leistungspflicht mangels Zweckmäßigkeit und Wirtschaftlichkeit ausgeschlossen, wenn das Arzneimittel nach dem Arzneimittelrecht einer indikationsspezifischen Zulassung bedarf und diese nicht erteilt worden ist[406]. Liegt jedoch eine solche Zulassung vor, gehört das Arzneimittel zum Leistungskatalog der gesetzlichen Krankenversicherung und es bedarf keiner Empfehlung des Gemeinsamen Bundesausschusses, um einen Anspruch zu begründen[407].

Liegt eine Zulassung eines Arzneimittels nicht vor, so kann auch aus den Richtlinien des Gemeinsamen Bundesausschusses nach § 92 Absatz 1 Satz 2 Nr. 6 SGB V kein Anspruch hergeleitet werden[408]. Durch die Richtlinien werden keine über das Gesetzesrecht des SGB V hinausgehende Ansprüche gewährt[409]. Es handelt sich lediglich um nachrangige Konkretisierungen der durch das SGB V gewährten ausreichenden, zweckmäßigen und wirtschaftlichen Versorgung[410].

Nur Rezepturarzneien unterliegen dem Erlaubnisvorbehalt des § 135 SGB V und erfordern das Vorliegen einer Empfehlung des Gemeinsamen Bundesausschusses in seinen Richtlinien, weil sie gerade keiner arzneimittelrechtlichen Zulassung bedürfen[411].

Die Erweiterung des Anwendungsgebietes eines Arzneimittels wiederum bedarf einer arzneimittelrechtlichen Zulassung und kann nicht im Verfahren nach § 135 SGB V erreicht werden[412]. Aufgrund des dargestellten Vorrangs des Arzneimittelrechts vor dem Verfahren im SGB V und der Tatsache, dass

---

405 LSG Berlin-Brandenburg, Urteil vom 23. Februar 2011 – L 7 KA 17/09 WA – Rn.30.
406 St Rspr. seit BSG, Urteil vom 30. September 1999 – B 8 KN 9/98 KR R – in BSGE 85, 36, 50 f.; BSG, Urteil vom 19. März 2002 – B 1 KR 37/00 R – in BSGE 89, 184, 191 hier ausdrückliche Aufgabe von BSG, Urteil vom 7. Mai 1995 – 1 RK 6/95 – in BSGE 76, 194, 196; BSG, Urteil vom 4. April 2006 – B 1 KR 12/04 R – Rn. 22; BSG, Urteil vom 26. September 2009 – B 1 KR 1/06 – in NZS 2007, 489, 491; LSG Berlin-Brandenburg, Urteil vom 23. Februar 2011 – L 7 KA 17/09 WA – Rn. 30.
407 BSG, Urteil vom 28. März 2000 – B 1 KR 11/98 R – in BSGE 86, 54, 60.
408 BSG, Urteil vom 18. Mai 2004 – B 1 KR 21/02 R – in BSGE 93, 1, 3, Rn. 10.
409 BSG, Urteil vom 18. Mai 2004 – B 1 KR 21/02 R – in BSGE 93, 1, 3, Rn. 10.
410 BSG, Urteil vom 18. Mai 2004 – B 1 KR 21/02 R – in BSGE 93, 1, 3, Rn. 10.
411 BSG, Urteil vom 19. März 2002 – B 1 KR 37/00 R – in BSGE 89, 184, 191.
412 BSG, Urteil vom 19. März 2002 – B 1 KR 37/00 R – in BSGE 89, 184, 191.

die pharmazeutischen Unternehmen aus wirtschaftlichen Aspekten nicht für alle Arzneimittel das erforderliche Zulassungsverfahren einleiten, was dazu führt, dass medizinische Erkenntnisse und arzneimittelrechtlicher Zulassungsstand erheblich divergieren und es zu Versorgungslücken kommen kann[413], hat das Bundessozialgericht Kriterien aufgestellt, bei deren Vorliegen ein sog. Off-Label-Use (Gebrauch eines zulassungspflichtigen Arzneimittels über seine Zulassung hinaus auf nicht zugelassene Indikationen) möglich ist[414]. Diese sind: 1. die Behandlung einer schwerwiegenden (lebensbedrohlichen oder die Lebensqualität auf Dauer nachhaltig beeinträchtigenden) Erkrankung, 2. die Nicht-Verfügbarkeit einer anderen Therapie und 3. das Bestehen einer auf Grund der Datenlage bestehenden Aussicht auf einen Behandlungserfolg mit dem betreffenden Präparat (kurativ oder palliativ)[415].

Diese Rechtsprechung des Bundessozialgerichts zum Off-Label-Use ist verfassungsrechtlich nicht zu beanstanden[416]. Bezüglich eines solchen Off-Label-Use kann der Gemeinsame Bundesausschuss Regelungen in seinen Arzneimittel-Richtlinien treffen, die dann dazu führen, dass das Arzneimittel von der Leistungspflicht der gesetzlichen Krankenversicherung umfasst wird[417]. Auch solange kein Beschluss über das betreffende Arzneimittel von dem Gemeinsamen Bundesausschuss vorliegt, bleiben die Grundsätze des Bundessozialgerichts zum Off-Label-Use unberührt[418]. Entsprechend der Ansicht des Bundessozialgerichts bezüglich der Anwendung von neuen Untersuchungs- und Behandlungsmethoden bei Vorliegen einer negativen Entscheidung des Gemeinsamen Bundesausschusses müsste jedoch auch in Hinblick auf die Arzneimittelversorgung eine Versorgung im Bereich des Off-Label-Use ohne vorliegende Anerkennung ausgeschlossen sein[419].

Die Grundsätze des Off-Label-Use bleiben auch nach Einfügung des § 2 Absatz 1 a SGB V unberührt[420], denn auch im Arzneimittelbereich hatte das Bundessozialgericht die Rechtsprechung des Bundesverfassungsgericht dahingehend vollzogen, dass eine verfassungskonforme Auslegung derjenigen Normen des SGB V zu erfolgen hat, die einem verfassungsrechtlich begründeten Anspruch

---

413   Hauck, NZS 2007, 461, 467.
414   BSG, Urteil vom 19. März 2002 – B 1 KR 37/00 R – in BSGE 89, 184, 191.
415   BSG, Urteil vom 19. März 2002 – B 1 KR 37/00 R – in BSGE 89, 184, 191.
416   BVerfG, Beschluss vom 30. Juni 2008 – 1 BvR 1665/07 – in NJW 2008, 3556, 3556.
417   Buchner/Jäkel, PharmR 2003, 433, 435.
418   Buchner/Jäkel, PharmR 2003, 433, 435.
419   Ohne Stellungnahme: Buchner/Jäkel, PharmR 2003, 433, 435.
420   Scholz in Becker/Kingreen, § 2 Rn. 4.

auf Arzneimittelversorgung entgegenstehen[421]. Die verfassungsrechtliche Problematik stellte sich unabhängig davon, ob der Versicherte eine bestimmte ärztliche Behandlung begehrt oder die Versorgung mit einem Arzneimittel[422]. Allerdings sollte die Prüfung der allgemeinen Voraussetzungen des SGB V für einen Leistungsanspruch auch unter Berücksichtigung der Verfassungsmäßigkeit eines abgeschlossenen Leistungskataloges unberührt bleiben[423]. Der Beschluss des Bundesverfassungsgericht beinhaltete, wie oben bereits gesehen, strengere Voraussetzungen als sie das Bundessozialgericht in seiner Rechtsprechung zum Off-Label-Use formuliert[424].

Durch § 34 Absatz 1 Satz 1 SGB V werden von Gesetzes wegen nicht verschreibungspflichtige Arzneimittel aus dem Leistungskatalog der gesetzlichen Krankenversicherung ausgeschlossen[425]. Dies ist vor dem Hintergrund der Festbetragsentscheidung[426] verfassungsrechtlich zulässig[427]. Der Gemeinsame Bundesausschuss erlässt nach § 34 Absatz 1 Satz 2 SGB V sog. Over – The – Counter – Listen (OTC-Listen) mit Arzneimitteln, die unter bestimmten Voraussetzungen dennoch zu Lasten der gesetzlichen Krankenversicherung verschrieben werden können.

Darüberhinaus kann auch hier ein Anspruch auf Arzneimittel bei Vorliegen eines Seltenheitsfalls (vgl. oben) oder Systemversagens in Betracht kommen[428].

b) Anspruch auf Medizinprodukte

Ohne eine Festlegung in den Richtlinien des Gemeinsamen Bundesausschusses besteht grundsätzlich kein Anspruch auf die Versorgung mit Medizinprodukten[429]. Dies verstößt nicht gegen den Gleichheitssatz, da zum einen die Krankenkassen von Verfassungs wegen nicht verpflichtet sind, alles zu leisten, was an Mitteln zur Verfügung steht, und zum anderen die begrenzte Aufgabenstellung der gesetzlichen Krankenversicherung darin besteht, sich auf gezielte Maßnahmen

---

421 BSG, Urteil vom 27. März 2007 – B 1 KR 17/06 R – Rn. 18; BSG, Urteil vom 4. April 2006 – B 1 KR 7/05 R – in NJW 2007, 1380, 1381.

422 BSG, Urteil vom 4. April 2006 – B 1 KR 7/05 R – in NJW 2007, 1380, 1382.

423 BSG, Urteil vom 4. April 2006 – B 1 KR 7/05 R – in NJW 2007, 1380, 1382.

424 BSG, Urteil vom 27. März 2007 – B 1 KR 17/06 R – Rn. 20; LSG Berlin-Brandenburg, Urteil vom 23. Februar 2011 – L 7 KA 17/09 WA – Rn. 36.

425 Siehe auch noch weitere Ausführungen zu § 34 SGB V in Kapitel 3 D III.

426 Vgl unten Kap. D II 2.

427 BSG, Urteil vom 6. November 2008 – B 1 KR 6/08 – in BSGE 102, 30, 32 Rn. 11-18.

428 BSG, Urteil vom 27. März 2007 – B 1 KR 17/06 R – Rn. 17.

429 BSG, Urteil vom 3. Juli 2012 – B 1 KR 23/11 R – in NZS 2013, 62, 64.

zur Krankheitsbekämpfung zu beschränken[430]. Für die Medizinprodukte gilt der Versorgungsausschluss nach § 34 Absatz 1 Satz 6 SGB V entsprechend[431]. Neben der Bestimmung in den Richtlinien durch den Gemeinsamen Bundesausschuss muss das Medizinprodukt verkehrsfähig sein[432].

Auch bei der Versorgung mit Medizinprodukten kann im Fall eines Systemversagens ein Anspruch begründet werden, wenn der Gemeinsame Bundesausschuss grundlos untätig geblieben ist und jede andere Entscheidung unvertretbar, also willkürlich wäre[433]. Dieser Rechtsgedanke muss auch für die Fälle des § 31 Absatz 1 Satz 2 SGB V greifen[434].

III. Klagebefugnis aus Art. 2 Absatz 1 GG und Art. 2 Absatz 2 Satz 1 GG

Neben der Geltendmachung eines Anspruchs aus den Vorschriften des SGB V kommt im Rahmen der Klagebefugnis auch die Geltendmachung einer Verletzung von Grundrechten in Betracht. Rechtsprechung und Literatur überprüfen den durch die Richtlinien des Gemeinsamen Bundesausschuss bestimmten Leistungsumfang der gesetzlichen Krankenversicherung und damit die Richtlinien des Gemeinsamen Bundesausschuss auf Einhaltung der sich aus den Grundrechten des Art. 2 Absatz 1 GG (i. V. m. dem Sozialstaatsprinzip) und aus Art. 2 Absatz 2 Satz 1 GG verfassungsrechtlichen Anforderungen[435].

---

430 BSG, Urteil vom 3. Juli 2012 – B 1 KR 23/11 R – in NZS 2013, 62, 67.

431 BSG, Urteil vom 3. Juli 2012 – B 1 KR 23/11 R – in NZS 2013, 62.

432 BSG; Urteil vom 3. Juli 2012 – B 1 KR 23/11 R – in NZS 2013, 62, 64; Hier gilt entsprechend das, was für Arzneimittel gilt: statt der erforderlichen arzneimittelrechtlichen Zulassung, ist für Medizinprodukte die CE-Kennzeichnung für die Verkehrsfähigkeit erforderlich. Durch diese wird ein Produkt als sicher und zweck- und funktionstauglich im krankenversicherungsrechtlichen Sinne von den Gerichten und Krankenkassen ohne eigene Prüfung anerkannt.

433 BSG; Urteil vom 3. Juli 2012 – B 1 KR 23/11 R – in NZS 2013, 62, 65.

434 BSG; Urteil vom 3. Juli 2012 – B 1 KR 23/11 R – in NZS 2013, 62, 65.

435 BSG, Urteil vom 20. März 1996 – 6 RKa 62/94 – in BSGE 78, 70, 84 und 88 (6. Senat); a. A. BSG, Urteil vom 16. September 1997 – 1 RK 28/95 – in BSGE 81, 54, 72 f: der erste Senat ist der Ansicht, dass Art. 2 Absatz 2 Satz 1 GG eine objektiv-rechtliche Schutzpflicht des Staates statuiere, einerseits die Rechtsgüter Leben und körperliche Unversehrtheit zu schützen, andererseits aber zu gewährleisten, dass der Erkrankte aufgrund seines Selbstbestimmungsrechts die Letztentscheidung über die bei ihm anzuwendende Therapie trifft; Hänlein, S. 482 f; ders. SGb 2003, 301, 304 f.; Francke, GesR 2003, 97, 99.

1. Mögliche Verletzung des Art. 2 Absatz 1 GG durch Nicht-Bereitstellung bestimmter Leistungen

Das Grundrecht auf allgemeine Handlungsfreiheit wird durch die Statuierung einer Pflichtmitgliedschaft mit Beitragszwang in der gesetzlichen Krankenversicherung allein bereits berührt[436]. Durch Regelungen, die Bestimmungen für die zu entrichtenden Beiträge zum Inhalt haben, wird die wirtschaftliche Betätigungsfreiheit eines jeden Einzelnen und damit die Handlungsfreiheit nicht unerheblich eingeschränkt[437]. Wenn der Gesetzgeber also gesetzlich zugesagte und beitragsfinanzierte Leistungen eines Versicherungszweiges – z.B. der Hinterbliebenenrente – wesentlich vermindert oder umgestaltet, ist Art. 2 Absatz 1 GG berührt[438]. Da der Pflichtversicherte keinen unmittelbaren Einfluss darauf hat, in welcher Höhe er einen Beitrag zu leisten hat und wie die Art und das Ausmaß der ihm geschuldeten Leistungen ausgestaltet sind, Rechte und Pflichten der am Versicherungsverhältnis Beteiligten mithin einseitig gestaltet und Leistungen einseitig konkretisiert werden können (§ 31 SGB I), hat das Grundrecht der allgemeinen Handlungsfreiheit den Versicherten vor einer Unverhältnismäßigkeit zwischen Leistung und Beitrag zu schützen[439]. Es muss eine ausreichende solidarische Versorgung sichergestellt sein, die den Versicherten für deren Beitrag um Rahmen des Sicherungszwecks zur Verfügung steht[440].

Ein verfassungsrechtlicher Anspruch auf eine bestimmte Leistung folgt daraus jedoch nicht[441]. Jedoch kann das Sachleistungsprinzip das Selbstbestimmungsrecht des Versicherten nicht insoweit einschränken, als er sich für eine bestimmte medizinisch vertretbare, wenn auch nicht allgemein praktizierte Behandlungsmethode entscheidet, die auch in Hinblick auf die Erhaltung der Funktionsfähigkeit der gesetzlichen Krankenversicherung vertretbar ist[442].

2. Möglichkeit der Verletzung von Art. 2 Absatz 1 GG durch Einschränkung der Auswahl der Arznei- und Hilfsmittel - Festbetragsfestsetzungen

Eine Berührung des Schutzbereiches des Art. 2 Absatz 1 GG ist gegeben, wenn die gesetzliche Krankenversicherung die Freiheit zur Auswahl unter Arznei- und

---

436   BVerfG, Beschluss vom 6. Dezember 2005 – 1 BvR 347/98 – in BVerfGE 115, 25, 42.
437   BVerfG, Beschluss vom 6. Dezember 2005 – 1 BvR 347/98 – in BVerfGE 115, 25, 42.
438   BVerfG, Beschluss vom 6. Dezember 2005 – 1 BvR 347/98 – in BVerfGE 115, 25, 42.
439   BVerfG, Beschluss vom 6. Dezember 2005 – 1 BvR 347/98 – in BVerfGE 115, 25, 42.
440   BVerfG, Beschluss vom 6. Dezember 2005 – 1 BvR 347/98 – in BVerfGE 115, 25, 42.
441   BVerfG, Beschluss vom 6. Dezember 2005 – 1 BvR 347/98 – in BVerfGE 115, 25, 44.
442   BSG, Urteil vom 8. September 1993 – 14 a RKa 7/92 – in NZS 1994, 125, 127.

Hilfsmitteln, die dem Versicherten als Sachleistung zur Verfügung gestellt werden, einschränkt[443]. So steht den Versicherten eine Klagebefugnis gegen die Festbetragsfestsetzungen zu[444], da die Begrenzung der Kostenübernahme auf Festbeträge und die Verpflichtung, die den Festbetrag übersteigenden Kosten selbst zu tragen, die Freiheit der Auswahl unter Arznei- und Hilfsmitteln berührt[445].

Eine Klagebefugnis kann allerdings nur dann angenommen werden, wenn ein zum Festbetrag nicht erhältliches Arzneimittel auch tatsächlich verschrieben wurde, jedoch nicht, wenn der Eintritt des Leistungsfalles unabsehbar ist[446]. Ist die Verschreibung erfolgt, kann der Versicherte seinen aufgrund der Verordnung bestehenden Sachleistungsanspruch auf das verschriebene Arzneimittel geltend machen und behaupten, dieser Anspruch werde durch die Festbetragsfestsetzung beschränkt[447]. Die Klagebefugnis fehlt hingegen mangels unmittelbarer Betroffenheit, wenn es eine völlig unabsehbare Tatsache ist, dass im Falle einer Erkrankung dem Versicherten ein Fertigarzneimittel verschrieben wird, dessen Kosten den Festbetrag überschreiten[448].

Die Versicherten müssen geltend machen, dass eine Missachtung der generellen Kriterien und gesetzlichen Vorgaben für die Festbetragsfestsetzung vorliegt[449]. Rein individualbezogenes Vorbringen kann nicht relevant sein. Dies ergibt sich aus einer Zweiteilung des Rechtsschutzes: der Gemeinsame Bundesausschuss und der Spitzenverband Bund der Krankenkassen bestimmen die Festbeträge allein anhand von Kriterien, die einen generellen Personenkreis betreffen und nicht an individuellen Verhältnissen einzelnen Patienten orientiert sind[450].

Im Rechtsstreit gegen die Festbetragsfestsetzungen kann der Versicherte damit nicht individuelle Belange und Ausnahmesituationen geltend machen, wenn er die Festbetragsfestsetzung „im Allgemeinen" als ausreichend, zweckmäßig und wirtschaftlich ansieht. Seine individualbezogenen Einwände gegen die Festbetragsfestsetzung hat er in einem Rechtsstreit gegen die Krankenkasse

---

443   BVerfG, Urteil vom 17. Dezember 2002 – 1 BvL 28/95 – in BVerfGE 106, 275, 304 f.
444   Zu den Festbetragsfestsetzungen ausführlich siehe Kapitel 3 D II.)
445   BVerfG, Urteil vom 17. Dezember 2002 – 1 BvL 28/95 – in BVerfGE 106, 275, 305.
446   BSG, Urteil vom 1. März 2011 – B 1 KR 10/10 – in BSGE 107, 287, 291 Rn. 21.
447   Vergleichbar mit BVerfG, Beschluss vom 18. Februar 1998 – 1 BvR 1318/86 und 1 BvR 1484/86 – in NJW 1998, 3109, 3110; BSG, Urteil vom 1. März 2011 – B 1 KR 10/10 – in BSGE 107, 287, 291 Rn. 21.
448   BSG, Urteil vom 1. März 2011 – B 1 KR 10/10 R – in BSGE 107, 287, 292, Rn. 21.
449   BSG, Urteil vom 1. März 2011 – B 1 KR 10/10 R – in BSGE 107, 287, 293, Rn. 27.
450   BSG, Urteil vom 1. März 2011 – B 1 KR 10/10 R – in BSGE 107, 287, 293, Rn. 26, 28.

vorzubringen, in dem er seinen Anspruch auf Vollversorgung als Sachleistung oder als Kostenerstattung geltend macht[451].

Festzustellen ist aber, dass die Befugnisse zur Festbetragsfestsetzung nicht dazu berechtigen, den Leistungsanspruch des Versicherten zu beschränken, sondern lediglich in Hinblick auf die Kostengünstigkeit der Versorgung zu Leistungsbegrenzungen führen können[452]. Bezüglich des Hilfsmittelfestbetrags hat das Bundessozialgericht ausgeführt, dass dies keine Leistungsbegrenzung bewirke, soweit der Festbetrag für den Ausgleich der konkret vorliegenden Behinderung objektiv nicht ausreiche[453]. Der Gesetzgeber selbst müsse solche Regelungen treffen, nach denen der Versicherte sich bei notwendigen Leistungen mit Eigenanteilen zu beteiligen habe[454]. Die Leistungseinschränkungen durch die Festbeträge in Hinblick auf die Kostengünstigkeit müssten zudem zu jeder Zeit rechtmäßig sein, dahingehend seien die Vorschriften der §§ 12 Absatz 2, 31 Absatz 2 Satz 1 und 33 Absatz 2 Satz 1 SGB V a.F. verfassungskonform auszulegen[455]. Die Festbetragsregelung führt nicht dazu, dass die Sachleistungsverantwortung der Krankenkassen entfällt[456].

In atypischen Fällen[457] wiederum kann die Leistungsbeschränkung auf den Festbetrag nicht mehr eingreifen[458]. Kann der Versicherte das Vorliegen eines

---

451 BSG, Urteil vom 1. März 2011 – B 1 KR 10/10 – in BSGE 107, 287, 293 Rn. 27.

452 BSG, Urteil vom 17. Dezember 2009 – B 3 KR 20/08 R – in BSGE 105, 170, 182 Rn. 28.

453 BSG, Urteil vom 17. Dezember 2009 – B 3 KR 20/08 R – in BSGE 105, 170, 182 Rn. 28.

454 BSG, Urteil vom 17. Dezember 2009 – B 3 KR 20/08 R – in BSGE 105, 170, 182 Rn. 28.

455 BSG, Urteil vom 17. Dezember 2009 – B 3 KR 20/08 R – in BSGE 105, 171, 183 Rn. 31.

456 BSG, Urteil vom 17. Dezember 2009 – B 3 KR 20/08 R – in BSGE 105, 171, 185 Rn. 36.

457 Ein atypischer Fall wird angenommen, wenn aufgrund von besonderen Individualverhältnissen die zum Festbetrag erhältliche Versorgung Nebenwirkungen in einem solchen Umfang hervorruft, die nicht nur als bloße Unannehmlichkeiten oder Befindlichkeitsstörungen eingestuft werden müssen, sondern selbst als behandlungsbedürftige Krankheit, wobei sämtliche Festbetragsarzneimittel diese Wirkungen mit hinreichender Wahrscheinlichkeit hervorrufen müssen Dann ist die ansonsten ausreichende Versorgung durch die Festbetragsfestsetzung gerade nicht mehr ausreichend (BSG, Urteil vom 3. Juli 2012 – B 1 KR 22/11 R – Rn. 16 und 18).

458 BSG, Urteil vom 3. Juli 2012 – B 1 KR 22/11 R – Rn. 16; LSG Berlin-Brandenburg, Beschluss vom 21. Januar 2013 – L 9 KR 333/12 B ER – Rn. 8.

atypischen Falles schlüssig behaupten, besteht ein Anspruch auf eigenanteilsfreie Versorgung mit einem nur oberhalb des Festbetrags erhältlichen Fertigarzneimittel[459]. Das Vorliegen dieser Umstände kann jedoch nicht allein durch das subjektive Empfinden des Versicherten angenommen werden, ihn trifft diesbezüglich die objektive Beweislast[460]. Der Anspruch besteht dann für den Zeitraum des Heilversuchs im Rahmen eines aussagekräftigen indikationsbezogenen Therapiezeitraums[461].

Beschränkungen des Leistungsangebotes oder Ausschlüsse von Leistungen müssen demnach im Rahmen des Art. 2 Absatz 1 GG gerechtfertigt sein, was bei einem allgemeinen Leistungskatalog, der sich am Wirtschaftlichkeitsgebot und Stand der medizinischen Erkenntnisse orientiert, möglich erscheint[462].

Zusammenfassend bedeutet dies, dass im Rahmen einer Klage bezügliche Festsetzungen von Hilfsmitteln die Verfassungsmäßigkeit der Ermächtigungsnorm voll zu überprüfen ist, da die Rechtmäßigkeit von solchen Festsetzungen nur einheitlich für alle potentiellen Kläger beurteilt werden kann[463].

Für den Fall von Festbetragsfestsetzungen für Arzneimittel ist dies jedoch anders, da Arzneimittel, die über das notwendige Maß hinausgehen oder unwirtschaftlich sind, von vornherein nicht zu dem Leistungskatalog der gesetzlichen Krankenversicherung zählen und damit auch nicht von dem Anspruch des Versicherten erfasst sind[464]. Durch die Festbetragsfestsetzung im Zusammenhang mit der ärztlichen Verordnung wird der Anspruch der Versicherten daher erst begründet, aber eben auch begrenzt[465]. Daher hat der Gesetzgeber den Versicherten eine unmittelbare Klagemöglichkeit gegen die Festsetzungen in Form der Anfechtungsklage eingeräumt, in der die Rechtmäßigkeit der Festbetragsfestsetzungen zur Überprüfung steht; im Rahmen einer Klage auf Leistung des konkreten Arzneimittels gegen die Krankenkasse wird dann inzidenter nicht mehr die Rechtmäßigkeit der Festsetzung überprüft, sondern allein die Wirksamkeit[466].

459 BSG, Urteil vom 3. Juli 2012 – B 1 KR 22/11 R – Rn. 18.
460 LSG Berlin-Brandenburg, Beschluss vom 21. Januar 2013 – L 9 KR 333/12 B ER – Rn. 8.
461 BSG, Urteil vom 3. Juli 2012 – B 1 KR 22/11 R – Rn. 26.
462 BVerfG, Beschluss vom 6. Dezember 2005 – 1 BvR 347/98 – in BVerfGE 115, 25, 44.
463 BSG, Urteil vom 14. Juni 1995 – 3 RK 21/94 – Rn. 44.
464 BSG, Urteil vom 1. März 2011 – B 1 KR 10/10 R – in BSGE 107, 287, 292 Rn. 24.
465 BSG, Urteil vom 1. März 2011 – B 1 KR 10/10 R – in BSGE 107, 287, 292 Rn. 24.
466 BSG, Urteil vom 1. März 2011 – B 1 KR 10/10 R – in BSGE 107, 287, 292 Rn. 24.

3. Literaturmeinung zur Grundrechtsbetroffenheit im Fall der Festbetragsfestsetzungen

Auch an der Annahme der Grundrechtsbetroffenheit der Versicherten wurde Kritik geübt[467]. Die weite Schutzbereichsdogmatik des Bundesverfassungsgerichts wird angezweifelt, nur so kämen die Richter darauf, dass das Grundrecht auf allgemeine Handlungsfreiheit aus Art. 2 Absatz 1 GG verletzt sein könnte, ohne aber diese Handlungsfreiheit innerhalb der gesetzlichen Krankenversicherung zu bestimmen[468].

Die von dem Gericht angenommene Freiheit der Versicherten, Arznei- und Hilfsmittel, Therapien und Arten der Leistungserbringung frei wählen zu können, sei in der gesetzlichen Krankenversicherung nur eingeschränkt gegeben[469]. Die Handlungsfreiheit, deren Bestehen das Gericht vorgebe, sei schon allein wegen des Bestehens einer Pflichtversicherung nicht gegeben; im Rahmen dieser Pflichtversicherung stehe dem Versicherten nur ein eingeschränkter Leistungsrahmen und dementsprechend keine umfassenden Ansprüche zu[470].

Die Ansprüche, die dem Versicherten gewährt werden und das Wahlrecht des Versicherten seien ferner von der Konkretisierung und dem Zusammenwirkung mit einem Arzt abhängig, auch hierin liege eine erhebliche Einschränkung der Handlungsfreiheit[471].

Darüberhinaus wird die Ungleichbehandlung mit den Arzneimittelherstellern kritisiert. Den Versicherten bleibe es unbenommen, auch die Arzneimittel zu wählen, die nicht mit den Festbeträgen abgegolten werden, sofern sie den Mehrpreis selber zahlen[472]. Der Versicherte habe daher weiterhin die freie Wahl, wenn diese auch nicht bei allen Entscheidungen wirtschaftlich befriedigt würde[473]. Auch hier bestünde daher allein eine mittelbare Betroffenheit, die ja auch nur nach Ansicht des Bundesverfassungsgerichts bei den Arzneimittelherstellern gegeben sei, deren wirtschaftliche Einbußen auch nur ein Rechtsreflex seien[474].

---

467 Fahlbusch, SGb 2003, 464, 466.
468 Fahlbusch, SGb 2003, 464, 466.
469 Fahlbusch, SGb 2003, 464, 466 mit Verweis auf Suhr, Fragen der Freiheit 238, 5, 21.
470 Fahlbusch, SGb 2003, 464, 466 mit Verweis auf Suhr, Fragen der Freiheit 238, 5, 11 und 13 ff.
471 Fahlbusch, SGb 2003, 464, 466 mit Verweis auf Papier, VSSR 1990, 123, 129 und Schwerdtfeger, SDSRV 38, 27, 28.
472 Fahlbusch, SGb 2003, 464, 466.
473 Fahlbusch, SGb 2003, 464, 466.
474 Fahlbusch, SGb 2003, 464, 466.

Dieser solle dann aber unverständlicher Weise gerade nicht den Schutzbereich des Art. 12 Absatz 1 GG berühren[475].

4. Möglichkeit der Verletzung von Art. 2 Absatz 2 Satz 1 GG

Die Grundrechte auf Leben und körperliche Unversehrtheit aus Art. 2 Absatz 2 Satz 1 GG gewähren zunächst ein Abwehrrecht und bieten Schutz vor staatlichen Eingriffen[476]. Darüber hinaus hat das Bundesverfassungsgericht dem Staat und dem staatlichen Gesetzgeber eine allgemeine Verantwortung für die Gesundheit der Bürger auferlegt und damit eine sog. verfassungsrechtliche objektivrechtliche Schutzpflicht statuiert[477]. Diese sozialstaatliche Aufgabe besteht insbesondere darin, im Falle von Krankheit den Einzelnen zu schützen[478]. Die Vernachlässigung dieser Pflicht bedeutet gleichzeitig eine Verletzung des Art. 2 Absatz 2 Satz 1 GG und kann mit der Verfassungsbeschwerde geltend gemacht werden[479].

Ein Recht auf Gesundheit existiert im Grundgesetz jedoch nicht[480]. Auch beinhaltet Art. 2 Absatz 2 Satz 1 GG keinen verfassungsrechtlichen Anspruch auf die Bereitstellung ganz bestimmter medizinischer Leistungen der gesetzlichen Krankenversicherung zugunsten der Versicherten, auch wenn dem Patienten aufgrund der ihm grundgesetzlich gewährten freien Selbstbestimmung die Letztentscheidung über die in seinem Fall anzuwendende Therapie belassen ist[481]. Dem Staat steht bei der Erfüllung der Schutzpflicht aus Art. 2 Absatz 2 Satz 1 GG vielmehr ein weiter Gestaltungsspielraum zu, so dass ein Anspruch grundsätzlich nur darauf gerichtet sein kann, dass die öffentliche Gewalt Vorkehrungen zum Schutz der Grundrechte trifft, die nicht völlig ungeeignet oder unzulänglich sind[482]. Insbesondere hat sich die Auslegung des geltenden Rechts und die Ausgestaltung des Leistungsrechts der gesetzlichen Krankenversicherung an dieser Schutzpflicht zu orientieren[483].

---

475 Fahlbusch, SGb 2003, 464, 466.
476 Steiner in Spickhoff, Kapitel 200, GG Art. 2, Rn. 11.
477 Grundlegend BVerfG, Urteil vom 25. Februar 1975 – 1 BvF 2/74 u.a. – in BVerfGE 39, 1 f.
478 BVerfG, Beschluss vom 6. Dezember 2005 – 1 BvR 347/98 -in BVerfGE, 115, 25, 43.
479 BVerfG, Beschluss vom 29. Oktober 1987 – 2 BvR 624/83 u. a. – in BVerfGE 77, 170, 214.
480 Steiner in Spickhoff, GG Art. 2, Rn. 14.
481 BVerfG, Beschluss vom 6. Dezember 2005 – 1 BvR 347/98 – in BVerfGE 115, 25, 44; BVerfG, Beschluss vom 5. März 1997 - 1 BvR 1071/95 – in NZS 1997, 225, 226.
482 BVerfG, Beschluss vom 5. März.1997 - 1 BvR 1071/95 - in NZS 1997, 225, 226.
483 BVerfG, Beschluss vom 5. März.1997 - 1 BvR 1071/95 - in NZS 1997, 225, 226.

Dementsprechend sind die gesetzlichen Kassen nicht verpflichtet, alles zu leisten, was an Mitteln der Erhaltung oder Wiederherstellung der Gesundheit verfügbar ist[484], so dass sich ein Anspruch auf Bereitstellung entsprechender medizinischer Versorgung oder auf Gewährung finanzieller Leistungen hierfür nicht aus der Verfassung, namentlich aus Art. 2 Absatz 2 Satz 1 GG, herleiten lässt[485]. Gleiches gilt für einen Anspruch auf Bereithaltung spezieller Gesundheitsleistungen, die der Heilung von Krankheiten dienen oder einer Verschlimmerung vorbeugen sollen[486].

Allein unter besonderen Umständen ist die Gestaltungsfreiheit derart eingeengt, dass der Staat seine Schutzpflicht nur durch die Leistung einer bestimmten Maßnahme erfüllen kann[487].

IV. Zusammenfassung

Der Versicherte hat als Adressat die Möglichkeit direkt gegen die Entscheidungen seiner Krankenkasse im Wege der Anfechtungsklage vorzugehen und so inzidenter Entscheidungen des Gemeinsamen Bundesausschusses überprüfen zu lassen[488]. Voraussetzung ist, dass der Versicherte durch die angefochtene Entscheidung möglicherweise in seinen Rechten verletzt ist. In Betracht kommt eine Verletzung von Ansprüchen aus dem SGB V und subsidiär eine Verletzung von Grundrechten. Der originäre „Anspruch" des Versicherten auf Behandlung und Versorgung ergibt sich aus § 27 SGB V, wobei dieser nach Ansicht des Bundessozialgerichts den Anspruch lediglich dem Grunde nach als Rahmenrecht gewährt und inhaltlich nicht konkret ausgestaltet. Er ist jedoch prinzipiell unbegrenzt und nur in bestimmten Bereichen gesetzlich oder auf der Grundlage gesetzlicher Ermächtigungen beschränkbar[489].

Dieser Behandlungs- und Versorgungsanspruch unterliegt den sich aus § 2 Absatz 1 und § 12 Absatz 1 SGB V ergebenden Einschränkungen. Von dem Anspruch werden daher nur solche Leistungen erfasst, die zweckmäßig und wirtschaftlich sind und deren Qualität und Wirksamkeit dem allgemein anerkannten Stand der medizinischen Erkenntnisse entsprechen.

---

484 Steiner in Spickhoff, Kapitel 200, Art. 2 GG Rn. 15.
485 BVerfG, Beschluss vom 5. März.1997 - 1 BvR 1071/95 - in NZS 1997, 225, 225.
486 BVerfG, Beschluss vom 5. März.1997 - 1 BvR 1071/95 - in NZS 1997, 225, 226.
487 BVerfG, Beschluss vom 29. Oktober 1987 – 2 BvR 624/83 u.a. – in BVerfGE 77, 170, 214.
488 Neumann, NZS 2001, 515, 515.
489 BSG, Urteil vom 28. Oktober 2009 – B 6 KA 45/08 R – Rn. 31.

Die angewandte Behandlungsmethode muss von der Leistungspflicht der gesetzlichen Krankenversicherung umfasst sein, so dass eine Leistungspflicht der Krankenkasse nicht schon dann besteht, wenn eine Therapie nach eigener Einschätzung des Versicherten oder des behandelnden Arztes positiv verläuft. Der Versicherte hat demnach auch keinen Anspruch auf alle tatsächlich verfügbaren und berufsrechtlich zulässig erbringbaren Behandlungsverfahren[490]. Liegt der Fall jedoch so, dass allein eine einzige Methode eine reale Chance zur Erreichung des Behandlungsziels bietet, besteht der Anspruch auf Behandlung mit dieser Methode[491].

Welche Untersuchungs- und Behandlungsmethoden von der Leistungspflicht umfasst sind, wird durch die Richtlinien des Gemeinsamen Bundesausschusses verbindlich festgelegt, dies betrifft auch neue Untersuchungs- und Behandlungsmethoden, die nach Ansicht des Bundessozialgerichts nur dann von der Leistungspflicht der Krankenkassen umfasst sind, wenn der Gemeinsamen Bundesausschuss vorher in seinen Richtlinien eine positive Empfehlung über den diagnostischen und therapeutischen Nutzen der Methode abgegeben hat. Der konkrete Inhalt der Richtlinie darf allerdings nicht gegen höherrangiges Recht, insbesondere gegen bindende Vorgaben des Leistungsrechts, verstoßen[492].

Noch geht das Bundessozialgericht davon aus, dass zwar grundsätzlich die Richtlinien als normative Regelungen unterhalb des einfachen Gesetzesrechts stehend, formell und materiell auf ihre Rechts- und Verfassungsmäßigkeit überprüft werden können, so als ob der Bundesgesetzgeber selbst die streitgegenständliche Norm erlassen hätte, dass es aber gleichzeitig den weiten Gestaltungsspielraum des Gemeinsamen Bundesausschusses als Normgeber zu respektieren gilt, was zumeist dazu führt, dass allein das Vorliegen einer ausreichenden Ermächtigungsgrundlage, die Einhaltung der Verfahrens- und Formvorschriften sowie die Einhaltung der Grenzen des Gestaltungsspielraums überprüft werden könnten. Beispielsweise wäre die Beschränkung des Anwendungsbereichs von Therapien in Richtlinien dann mit dem Leistungsrecht nicht vereinbar, wenn dies dazu führen würde, dass mangels zumutbarer Alternativen eine notwendige Krankenbehandlung gänzlich unterbleiben muss[493].

Ein Kostenerstattungsanspruch im Fall einer selbst beschafften Leistung ist nur subsidiär gegenüber dem primären Anspruch auf eine Sach- oder Dienstleistung zu erfüllen und auch nur unter den im Gesetz angeordneten Voraussetzungen. Anspruchsgrundlage für einen solchen Kostenerstattungsanspruch

---

490 BSG, Urteil vom 28. Oktober 2009 – B 6 KA 11/09 – Rn. 23.
491 BSG, Urteil vom 23. März 1996 – 6 RKs 62/94 – in BSGE 78, 70, 90.
492 BSG, Urteil vom 23. März 1996 – 6 RKs 62/94 – in BSGE 78, 70, 85.
493 BSG, Urteil vom 23. März 1996 – 6 RKs 62/94 – in BSGE 78, 70, 90.

ist § 13 Absatz 3 SGB V. Dieser reicht jedoch nicht weiter als der Anspruch auf eine Sach- oder Dienstleistung. Er setzt daher voraus, dass die selbst beschaffte Leistung von dem Umfang der durch die Richtlinien des Gemeinsamen Bundesausschusses definierten Leistungspflicht umfasst ist.

Der Versicherte hat grundsätzlich keinen Anspruch auf die Anwendung von neuen Untersuchungs- oder Behandlungsmethoden. Gegenüber Verordnungsausschlüssen und –beschränkungen besteht aus dem SGB V originär kein Anspruch auf Aufhebung dieser Ausschlüsse oder Beschränkungen. Außerhalb des Rahmenrechts stehen dem Versicherten keine Ansprüche zu[494].

Im Wege der grundrechtsorientierten Auslegung kann es zur Gewährung weiterer Leistungen kommen, wobei nur eine verfassungskonforme Auslegung derjenigen Normen des SGB V verlangt werden kann, die einem Anspruch aus den verfassungsgemäßen Vorschriften des SGB V auf eine bestimmte Versorgung der Versicherten entgegenstehen[495] und damit eine enge Auslegung der Normen des SGB V zu erfolgen hat. Die allgemeinen Voraussetzungen des SGB V für einen Leistungsanspruch müssen dessen ungeachtet vorliegen; der abgeschlossene Leistungskatalog ist verfassungsgemäß[496].

Durch die grundrechtsorientierte Auslegung soll das Leistungsrecht der gesetzlichen Krankenversicherung die objektiv-rechtliche Pflicht des Staates, sich fördernd und schützend vor die Rechtsgüter des Art. 2 Absatz 2 Satz 1 GG zu stellen, erfüllen[497]. Genau diese Zielsetzung begrenzt aber wiederum die Ausweitung des Leistungsrechts; so sind auch im Rahmen einer grundrechtsorientierten Auslegung die Schutzmechanismen der Rechtsordnung zu beachten[498].

So bleiben gerade auch die aufgestellten Grundsätze des Bundessozialgerichts für die Ausweitung der Leistungspflicht in Bezug auf Arzneimittel neben dem neuen klarstellenden § 2 Absatz 1 a SGB V unberührt[499]. Schließlich wird die Leistungserweiterung im Rahmen der grundrechtsorientierten Auslegung und im Rahmen des § 2 Absatz 1 a SGB V durch die Mitwirkungsobliegenheit der Behandler bedingt; die Behandler müssen aktiv an dem Abbau möglicher Erkenntnisdefizite mitwirken[500].

---

494 BSG, Urteil vom 16. September 1997 – 1 RK 32/95 – in BSGE 81, 73, 79, Schlenker, SGb 1992, 530, 533 f.
495 BSG, Urteil vom 7. November 2006 – B 1 KR 24/06 R – in BSGE 97, 190, 196 Rn. 22.
496 BSG, Urteil vom 7. November 2006 – B 1 KR 24/06 R – in BSGE 97, 190, 196 Rn. 22.
497 BSG, Urteil vom 7. Mai 2013 – B 1 KR 26/12 R – Rn.20.
498 BSG, Urteil vom 7. Mai 2013 – B 1 KR 26/12 R – Rn.21.
499 BSG, Urteil vom 7. Mai 2013 – B 1 KR 26/12 R – Rn.21.
500 BSG, Urteil vom 7. Mai 2013 – B 1 KR 26/12 R – Rn.22.

Die Grundrechte aus Art. 2 Absatz 1 GG i. V. m. dem Sozialstaatsprinzip und Art. 2 Absatz 2 Satz 1 GG geben grundsätzlich weder einen Anspruch auf eine konkrete Leistung, noch schützen sie vor der Herausnahme von Leistungen aus dem Leistungskatalog, solange im Grundsatz eine vernünftige medizinische Versorgung gewährleistet ist[501]. Zudem hat der Gesetzgeber im Rahmen des Sozialstaatsprinzips eine weite Gestaltungsfreiheit, die es auch umfasst, Änderungen auf der Leistungsseite vorzunehmen[502].

Im Falle von lebensbedrohlichen oder regelmäßig tödlich verlaufenden Krankheiten muss der Versicherte nun nicht mehr auf seine verfassungsrechtlichen Rechte zurückgreifen, sondern für diese Fälle ergibt sich nun ein unmittelbarer Anspruch aus dem SGB V in § 2 Absatz 1 a.

Im Fall von Arzneimitteln, die nur zu einem Festbetrag erhältlich sind, wird von dem Bundesverfassungsgericht eine Grundrechtsbetroffenheit der Versicherten aus Art. 2 Absatz 1 GG angenommen.

B. Vertragsärzte als Kläger

I. Prozessuale Situation

Der Vertragsarzt wird in den meisten Fällen (Honorarkürzung, Regress, Abrechnungsgenehmigung, Eintragung in das Arztregister) mit einer Anfechtungs- bzw. Verpflichtungsklage als der Feststellungsklage vorrangigen Klageart vorgehen müssen, in deren Rahmen die Richtlinien des Gemeinsamen Bundesausschusses dann inzidenter überprüft würden, soweit die Entscheidungen auf einer für rechtswidrig gehaltenen Richtlinie beruhen[503]. Zur Geltendmachung eines Vergütungsanspruchs kommt zudem die allgemeine Leistungsklage in Betracht[504].

Begehrt der Vertragsarzt die Anerkennung einer Methode in einer Richtlinie durch den Gemeinsamen Bundesausschuss, oder möchte er gegen Therapiehinweise oder Methodenentscheidungen vorgehen, ist die Feststellungsklage als Normerlassklage oder Normergänzungsklage die statthafte Klageart[505].

---

501 Hänlein, SGb 2003, 301, 304.
502 Hänlein, SGb 2003, 301, 310.
503 Schmidt-de Caluwe in Becker/Kingreen, § 92 Rn. 18.
504 BSG, Urteil vom 24.07.2003 - B 3 KR 28/02 R - Rn. 14; SG Neubrandenburg, Urteil vom 30. November 2006 - S 4 KR 25/06 - Rn. 16.
505 Kingreen, MedR 2007, 457, 458; BSG, Urteil vom 31. Mai 2006 - B 6 KA 13/05 R - in BSGE 96, 261, 263 Rn. 25 f.

II. Klagebefugnis aus Art. 12 Absatz 1 GG

Für die Vertragsärzte kommt vor allem eine mögliche Verletzung der Grundrechte aus Art. 12 Absatz 1 GG in Betracht, die im Rahmen der Klagebefugnis geltend gemacht werden kann. Das Grundrecht der Berufsfreiheit gewährleistet dem Einzelnen die Freiheit der Berufsausübung und der Berufswahl als Grundlage seiner persönlichen und wirtschaftlichen Lebensführung[506].

Von der Berufsfreiheit insbesondere der Ärzte sind drei sog. große Freiheiten umfasst: die Niederlassungsfreiheit, die freie Wahl des Arztes und die Therapiefreiheit[507]. Die Berufsausübung des Vertragsarztes findet in einem staatlich regulierten Markt statt[508].

III. Klagebefugnis gegen Behandlungs- und Verordnungsbeschränkungen aus Art. 12 Absatz 1 GG

Der Gemeinsame Bundesausschuss hat bei dem Erlass und der Gestaltung der Richtlinien zum einen das Selbstbestimmungsrecht des Patienten zu beachten, zum anderen muss er aber auch der durch Art. 12 Absatz 1 GG garantierten Therapiefreiheit der Ärzte, soweit sie gewährleistet wird, Rechnung tragen[509].

Behandlungs- und Verordnungsbeschränkungen können in verschiedenen Konstellationen auftreten. Die Therapiefreiheit kann nur dann einen Anspruch auf eine bestimmte Behandlungsweise auslösen, wenn diese in den Richtlinien des Gemeinsamen Bundesausschusses vorgesehen ist[510]. Die Therapiefreiheit besteht also grundsätzlich nur in den Grenzen der Richtlinien, diese müssen aber im Rahmen einer Wechselwirkung selbst die verfassungsrechtliche Grundlage der Therapiefreiheit und deren Ausformung in anderen höherrangigen Rechtsvorschriften angemessen berücksichtigen[511]. Die in den Richtlinien u.a. vorhandenen Therapiehinweise richten sich vor allem an die Vertragsärzte und sollen über den wirtschaftlichen Umgang mit einem bestimmten Arzneimittel informieren[512].

---

506   BVerfG, Beschluss vom 17. August 2004 – 1 BvR 378/00 – in NJW 2005, 273, 274.
507   Steiner in Spickhoff, Kapitel 200, Art. 12 GG Rn 3.
508   BVerfG, Beschluss vom 20. März 2001 – 1 BvR 491/96 – in NJW 2001, 1779; BVerfG, Beschluss vom 17. August 2004 – 1 BvR 378/00 – in NJW 2005, 273, 274; Steiner in Spickhoff, GG Art. 12, Rn. 3.
509   BSG, Urteil vom 8. September 1993 – 14a RKa 7/92 – in NZS 1994, 125, 127.
510   BSG, Urteil vom 8. September 1993 – 14a RKa 7/92 – in NZS 1994, 125, 127.
511   BSG, Urteil vom 8. September 1993 – 14a RKa 7/92 – in NZS 1994, 125, 128.
512   BSG, Urteil vom 31. Mai 2006 – B 6 KA 13/05 R – in BSGE 96, 261, 265 Rn. 29.

1. Berührung der Therapiefreiheit durch Festbetragsfestsetzungen

Die Festbetragsfestsetzung berührt die Berufsausübungsfreiheit der Ärzte aus Art. 12 Absatz 1 GG, und dies in doppelter Hinsicht[513]. Zunächst wird die Therapiefreiheit der Ärzte berührt, indem durch die Festbetragsfestsetzungen eine Konkretisierung der Verpflichtung der Ärzte zu wirtschaftlicher Verordnung erfolgt[514].Darüber hinaus wird den Ärzten in § 73 Absatz 5 SGB V die Pflicht auferlegt, ihre Patienten auf die anfallenden Mehrkosten im Falle einer Verordnung eines Arzneimittels, das den Festbetrag übersteigt, und der Folge der Übernahme der Kosten durch sie selbst hinzuweisen[515].

2. Berührung der Therapiefreiheit durch Anerkennung einer Therapiemöglichkeit nur als Ausnahmefall – Anwendung von Außenseitermethoden

Der Schutzbereich des Art. 12 Absatz 1 GG wird berührt, wenn eine Therapiemöglichkeit in einer Richtlinie lediglich als Ausnahmefall als zulässig erachtet wird, eine andere Therapiemöglichkeit dagegen verbindlich als Regelfall angeordnet wird[516]. Eine Berührung scheidet nach dem Bundessozialgericht in diesen Fällen nicht bereits deswegen aus, weil der Arzt nicht verpflichtet werde, ausnahmslos gegen sein ärztliches Gewissen die für den Regelfall festgelegte Therapie anzuwenden[517].

Als Kehrseite des Anspruchs der Versicherten auf eine notwendige Krankenpflege selbst dann, wenn allgemein medizinisch-wissenschaftlich anerkannte Behandlungsmethoden nicht zur Verfügung stehen oder im Einzelfall aus bestimmten Gründen (z. B. wegen einer Gegenindikation, Unverträglichkeit oder Wirkungslosigkeit) ungeeignet sind, hat der behandelnde Arzt bei seinen zu treffenden Therapieentscheidungen auch solche Behandlungsmaßnahmen in Erwägung zu ziehen, deren Wirksamkeit zwar (noch) nicht gesichert ist, aber nach dem Stand der medizinischen Wissenschaft für möglich gehalten werden muss[518]. Somit kann der Arzt eine sog. „Außenseiter-Methode" anwenden, wenn dies dem Selbstbestimmungsrecht des Patienten auch nach erfolgter Aufklärung

---

513 BVerfG, Urteil vom 17. Dezember 2002 – 1 BvL 28/95 – in BVerfGE 106, 275, 304.
514 BVerfG, Urteil vom 17. Dezember 2002 – 1 BvL 28/95 – in BVerfGE 106, 275, 304.
515 BVerfG, Urteil vom 17. Dezember 2002 – 1 BvL 28/95 – in BVerfGE 106, 275, 304.
516 BSG, Urteil vom 8. September 1993 – 14a RKa 7/92 – in NZS 1994, 125, 127.
517 BSG, Urteil vom 8. September 1993 – 14a RKa 7/92 – in NZS 1994, 125, 127.
518 BSG, Urteil vom 23. März 1988 – 3/8 RK 5/87 – in BSGE 63, 12, 103; BSG, Urteil vom 9. Februar 1989 – 3 RK 19/87 – in BSGE 64, 255, 257; BSG, Urteil vom

und ordnungsgemäßer Beratung entspricht und die Behandlungsmethode zumindest vertretbar ist, wenn sie auch nicht allgemein praktiziert wird; das Sachleistungsprinzip kann dann das Selbstbestimmungsrecht des Patienten insoweit nicht einschränken, als sich der Patient für eine bestimmte vertretbare, wenn auch nicht allgemein praktizierte Behandlungsmethode entscheidet[519]. Der Vertragsarzt hat sich jedoch auch bei der Anwendung von Außenseitermethoden an das Wirtschaftlichkeitsgebot zu halten und seiner Verpflichtung gegenüber dem Versicherten nachzukommen, eine dem allgemein anerkannten Stand der medizinischen Erkenntnisse entsprechende Versorgung sicherzustellen[520].

Desweiteren darf die Therapiefreiheit des Arztes auch in Hinblick der Verordnungsfähigkeit von Arzneimitteln durch die Arzneimittelrichtlinien nicht unangemessen beeinträchtigt werden. Die Arzneimittelrichtlinie kann die Ärzte bezüglich des Verordnungsausschlusses von Arzneimitteln wegen Unwirtschaftlichkeit (das Arzneimittel steht entweder in seiner Wirksamkeit anderen Präparaten nach oder ist diesen gegenüber bei vergleichbarer Wirksamkeit unwirtschaftlich) nur insoweit binden, als der der Richtlinie zugrunde liegende Erfahrungssatz dem gegenwärtigen Kenntnisstand entspricht[521]. Darüberhinaus sind auch solche Fälle denkbar, in denen die Verordnung von in den Richtlinien nicht vorgesehener Arzneimittel, wirtschaftlicher ist als die Verordnung der vorgesehenen Arzneimittel[522]. In diesen Fällen kann das Verbot der Verordnung einzelner Arzneimittel für den Arzt nicht verbindlich sein, soweit solche Verordnungen wirtschaftlich sind[523].

3. Nichtanerkennung und Ausschluss einer Therapiemöglichkeit von der Verordnungsfähigkeit

Die Nichtanerkennung einer Therapiemethode als ein in der gesetzlichen Krankenversicherung anerkanntes Behandlungsverfahren betrifft die Berufsfreiheit der Ärzte[524]. Diese Nichtanerkennung stellt, insoweit sie lediglich ein bestimmtes

---

21. November 1991 – 3 RK 8/90 – in BSGE 70, 24, 26; BSG, Urteil vom 8. September 1993 – 14a RKa 7/92 – in NZS 1994, 125, 127.

519   BSG, Urteil vom 8. September 1993 – 14a RKa 7/92 – in NZS 1994, 125, 127.
520   BSG, Urteil vom 8. September 1993 – 14a RKa 7/92 – in NZS 1994, 125, 130.
521   BSG, Urteil vom 5. Mai 1988 – 6 RKa 27/87 – in BSGE 63, 163, 166.
522   So der Fall, der dem Urteil des BSG vom 5. Mai 1988 – 6 RKa 27/87 – in BSGE 63, 163 ff. zu Grunde lag.
523   BSG, Urteil vom 5. Mai 1988 – 6 RKa 27/87 – in BSGE 63, 163, 166.
524   LSG Hessen, Urteil vom 11. März 2009 – L 4 KA 43/08 – Rn. 30; bestätigt vom BSG mit Urteil vom 28. Oktober 2009 – B 6 KA 11/09 – Rn. 34; LSG Baden-Württemberg, Urteil vom 29. Oktober 2008 – L 5 KA 2851/06 – Rn. 101.

Behandlungsverfahren betrifft, im übrigen aber den Ärzten uneingeschränkt die Behandlung aller in sein Fachgebiet fallenden Erkrankungen möglich ist, eine die Therapiefreiheit betreffende Berufsausübungsregelung dar[525].

Die Ärzte können in diesen Fällen die Prüfung der Richtlinien auf Vereinbarkeit mit höherrangigem Recht erwirken[526]. Eine Verpflichtung des Gemeinsamen Bundesausschusses zur Anerkennung einer Behandlungsmethode aus Art. 12 Absatz 1 GG kann der Arzt als Leistungserbringer jedoch nicht erreichen[527]. Es gilt gerade nicht die Annahme, dass Behandlungsverfahren, die wissenschaftlich und/oder berufsrechtlich anerkannt seien, auch im Rahmen der Krankenbehandlung nach dem SGB V erbracht werden können müssen, oder wer als fachlich versiert approbiert sei, nicht durch die Vorgaben des Sozialversicherungsrecht faktisch an der Ausübung seines gewählten Berufes gehindert werden dürfe[528]. Wenn einzelne Leistungen ausgeschlossen werden, die nicht in den Kernbereich des Fachgebietes fallen bzw. die nicht für das Fachgebiet wesentlich und prägend sind und deren Ausgrenzung vom sachlich medizinischen Standpunkt aus sachgerecht ist und dem Vertragsarzt auch nicht die ausreichende Lebensgrundlage entzieht, so ist dies mit Art. 12 Absatz 1 GG vereinbar[529].

Eine Berührung des Schutzbereichs liegt allerdings dann vor, wenn die Maßnahme (also die Nichtanerkennung einer Therapiemethode als Richtlinienverfahren) die Berufstätigkeit selbst unberührt lässt, aber deren Rahmenbedingungen verändert und objektiv berufsregelnde Tendenz hat[530]. Die Richtlinien, die festlegen, welche Behandlungsverfahren Ärzte zur Behandlung gesetzlich Versicherter erbringen und mit den Krankenkassen abrechnen dürfen und welche nicht, regeln die berufliche Tätigkeit[531]. Da hier der Vertragsarzt als Marktteilnehmer durch normative Regelungen entweder von der Marktteilnahme im Bereich der gesetzlichen Krankenversicherung ausgeschlossen oder aber bei ihrer Betätigung in diesem Markt gegenüber anderen Anbietern ohne sachlichen Grund benachteiligt wird, wirkt die Richtlinie hier auf den durch Art. 12 Absatz 1 GG geschützten Anspruch auf Teilhabe an fairem Wettbewerb

---

525   BSG mit Urteil vom 28. Oktober 2009 – B 6 KA 11/09 – in BSGE 105, 26 Rn. 36.
526   BSG, Urteil vom 28. Oktober 2009 – B 6 KA 11/09 – in BSGE 105, 26 Rn. 35.
527   LSG Baden-Württemberg, Urteil vom 29. Oktober 2008 – L 5 KA 2851/06 –, bestätigt durch BSG, Urteil vom 28. Oktober 2009 – B 6 KA 45/08 R –.
528   BSG, Urteil vom 28. Oktober 2009 – B 6 KA 45/08 R – Rn. 31 f.
529   BSG, Urteil vom 8. September 2004 – B 6 KA 32/03 R – in BSGE 93 170, 174.
530   LSG Baden-Württemberg, Urteil vom 29. Oktober 2008 – L 5 KA 2851/06 – Rn. 101
531   LSG Baden-Württemberg, Urteil vom 29. Oktober 2008 – L 5 KA 2851/06 – Rn. 101.

ein[532]. Hat der Vertragsarzt schwere wirtschaftliche Einbußen, welche nicht nur in Hoffnung auf positive Entscheidungen des Gemeinsamen Bundesausschusses getätigt wurden, und werden ihm durch die Richtlinie eine erhebliche Anzahl von Behandlungen, die nicht nur hypothetisch durch ihn erbracht werden könnten, versagt, so ist die Klagebefugnis gegeben[533].

Darüber hinaus ist Art. 12 Absatz 1 GG auch betroffen, wenn der Gemeinsame Bundesausschuss ein entsprechendes Verfahren nach § 92 oder § 135 Absatz 1 SGB V überhaupt nicht erst einleitet[534].

Auch der Grundsatz des Vertrauensschutzes kann dazu führen, sofern bspw. die Kassenärztliche Vereinigung über einen längeren Zeitraum systematisch eine solche Leistungserbringung wissentlich geduldet und der Vertragsarzt im Vertrauen auf die weitere Vergütung solcher Leistungen weiterhin entsprechende Leistungen erbracht hat, dass eine Verletzung des Art. 12 Absatz 1 GG angenommen werden muss[535].

Der Gemeinsame Bundesausschuss ist auch berechtigt, Behandlungsverfahren nur dann in die vertragsärztliche Versorgung zu inkorporieren, wenn diese nach dem wissenschaftlichen Selbstverständnis ihrer Protagonisten ein genügend bereits Anwendungsfeld haben[536].

4. Vergleich Klagebefugnis Versicherte – Klagebefugnis Ärzte

Die Beurteilung der Klagebefugnis orientiert an den möglicherweise gegebenen Ansprüchen bzw. Grundrechtsverletzungen kann je nach Klägergruppe und Begründung des Ausschlusses eines Behandlungsverfahrens aus dem Leistungskatalog der gesetzlichen Krankenversicherung unterschiedlich ausfallen[537].

Begründet der Gemeinsame Bundesausschuss den Ausschluss eines Behandlungsverfahrens mit der generellen Nichteignung dieses Verfahrens für den Einsatz in der gesetzlichen Krankenversicherung, so ergeben sich bezüglich der Klagebefugnis des Versicherten, der seine subjektiven Rechte beeinträchtigt sieht, und der des Vertragsarztes, der eine Verletzung des Art. 12 Absatz 1 GG anführen wird, keine Unterschiede[538]. Sowohl § 27 Absatz 1 SGB V als auch die

---

532 BSG, Urteil vom 31. Mai 2006 – B 6 KA 69/04 R –; Roters in Kasseler Kommentar zum Sozialversicherungsrecht, § 91 Rn. 30.
533 Roters in Kasseler Kommentar zum Sozialversicherungsrecht, § 91 Rn. 30.
534 LSG Baden-Württemberg, Urteil vom 29. Oktober 2008 – L 5 KA 2851/06 – Rn. 97.
535 BSG, Urteil vom 5. Februar 2003 – B 6 KA 15/02 R – Rn. 20.
536 BSG, Urteil vom 28. Oktober 2009 – B 6 KA 11/09 R – Rn. 30.
537 BSG, Urteil vom 28. Oktober 2009 – B 6 KA 11/09 R – Rn. 37 ff.
538 BSG, Urteil vom 28. Oktober 2009 – B 6 KA 11/09 R – Rn. 37.

Grundrechte des Versicherten aus Art. 2 Absatz 1 i. V. m. dem Sozialstaatsprinzip und Art. 2 Absatz 2 GG werden nicht verletzt sein, ebenso wird die im Rahmen einer Klage von Vertragsärzten vorgenommene Prüfung des Ausschlusses anhand der §§ 92 Absatz 6 a SGB V und 135 Absatz 1 SGB V i. V. m. Art. 12 Absatz 1 GG nicht zu einer Unrechtmäßigkeit führen[539].

Anders sieht die Sachlage aus, wenn der Gemeinsame Bundesausschuss den Ausschluss mit der geringen Versorgungsrelevanz begründet[540]. Hier ist der Schutzbereich des Art. 12 Absatz 1 GG nicht schon deshalb betroffen, weil es Einzelfälle geben kann, in denen ein Versicherter besser sachgerecht mit der nicht zugelassene Methode behandelt werden kann, als mit der zugelassenen[541]. Allein in Hinblick auf einen Behandlungsbedarf in seltenen Einzelfällen kann der Arzt keinen Anspruch aus Art. 12 Absatz 1 GG auf Zulassung der Versorgung herleiten[542]. Der Leistungsanspruch des Versicherten indes kann nicht ordnungsgemäß erfüllt sein[543], wobei der Versicherte – wie dargestellt – eine Behandlung mit einer auf der Grundlage des § 135 Absatz 1 SGB V nicht positiv bewerteten Methode nicht mit der Begründung beanspruchen kann, in seinem Fall verspreche die Methode Erfolg[544], es sei denn, es liegt eine lebensbedrohende Gesundheitsstörung vor[545].

Art. 12 Absatz 1 GG gewährt den Leistungserbringern ferner auch bei Ablehnung einer Behandlungsmethode wegen fehlender Versorgungsrelevanz keinen Anspruch auf Zulassung allein zur Durchführung von Behandlungen in wenigen seltenen Ausnahmefällen[546]. Versicherte hingegen haben einen individuellen Heilbehandlungsanspruch, der dann nicht erfüllt wird und den die Versicherten gerichtlich durchsetzen können, wenn der Versicherte endgültig von der Anwendung eines in seinem individuellen Fall wirksamen und wirtschaftlichen Behandlungsverfahrens ausgeschlossen wird, weil eben dieses Verfahren in der gesetzlichen Krankenversicherung einen zu schmalen Anwendungsbereich hat[547]. Die Folge des Ausschlusses von Behandlungsmethoden wegen zu

---

539 BSG, Urteil vom 28. Oktober 2009 – B 6 KA 11/09 R – Rn. 37.
540 BSG, Urteil vom 28. Oktober 2009 – B 6 KA 11/09 – Rn. 37.
541 BSG, Urteil vom 28. Oktober 2009 – B 6 KA 11/09 R – Rn. 37.
542 BSG, Urteil vom 2. September 2009, B 6 KA 35/08 R – Rn. 34.
543 BSG, Urteil vom 28. Oktober 2009 – B 6 KA 11/09 R – Rn. 38.
544 BSG, Urteil vom 28. Oktober 2009 – B 6 KA 11/09 R – Rn. 38.
545 Vgl. BVerfG, Urteil vom 6. Dezember 2005 – 1 BvR 347/98 – in BVerfGE 115, 25.
546 BSG, Urteil vom 28. Oktober 2009 – B 6 KA 11/09 R – Rn. 38.
547 BSG, Urteil vom 28. Oktober 2009 – B 6 KA 11/09 R – Rn. 38.

geringer Versorgungsrelevanz ist im Falle der Versicherten dann die Eröffnung des Anwendungsbereichs des § 13 Absatz 3 SGB V[548].

Dies kann – so zumindest für den Versorgungsbereich der Psychotherapie bereits entschieden – zu einem Auseinanderfallen von Leistungs- und Leistungs- erbringungsrecht führen, denn der Behandlungsanspruch der Versicherten geht weiter, als der Leistungserbringungsanspruch des Arztes[549]. Hierbei ist anzumer- ken, dass der Rückgriff auf die Vorschrift des § 13 Absatz 3 SGB V immer ein Indiz für ein strukturelles Defizit in der Versorgung ist, das grundsätzlich ver- mieden bzw. behoben werden sollte[550].

IV. Anspruch auf Prüfung bei sog. Systemversagen

Ärzte können sich anders als die Versicherten nicht auf § 13 Absatz 3 SGB V berufen, wenn die Aufnahme einer Behandlungsmethode oder deren vorher- gehende Prüfung begehrt wird[551]. Wird infolge eines oben beschriebenen Sys- temversagens eine neue Behandlungsmethode nicht in den Leistungskatalog aufgenommen, kann dies dazu führen, dass die Leistungserbringung für gesetz- lich Versicherte und damit ein wesentlicher Bereich der beruflichen Betätigung zu Unrecht verschlossen wird[552]. Für die Leistungserbringer sind aber die recht- lichen Folgen eines solchen Systemversagens gerade nicht in dem SGB V oder anderem einfachen Recht geregelt, vielmehr richten sich die rechtlichen Folgen allein nach den betroffenen Grundrechten[553], also v.a. nach Art. 12 Absatz 1 GG. Außerhalb des durch die Grundrechte gewährten Schutzes besteht für Leistungs- erbringer kein einfachgesetzlicher Schutz, kein Anspruch vergleichbar dem im Leistungsrecht geregelten § 13 Absatz 3 SGB V, geregelt[554].

V. Zusammenfassung

Die Berührung der Berufsfreiheit, insbesondere der von dieser umfassten ärzt- lichen Therapiefreiheit, steht im Rahmen der Klagebefugnis der Vertragsärzte im Vordergrund[555]. Die Richtlinien des Gemeinsamen Bundesausschusses, die

---

548 BSG, Urteil vom 28. Oktober 2009 – B 6 KA 11/09 R – Rn. 38.
549 BSG, Urteil vom 28. Oktober 2009 – B 6 KA 11/09 R – Rn. 40.
550 BSG, Urteil vom 28. Oktober 2009 – B 6 KA 11/09 R – Rn. 41.
551 LSG Baden-Württemberg, Urteil vom 29. Oktober 2008 – L 5 KA 2851/06 – Rn. 97.
552 LSG Baden-Württemberg, Urteil vom 29. Oktober 2008 – L 5 KA 2851/06 – Rn. 97.
553 LSG Baden-Württemberg, Urteil vom 29. Oktober 2008 – L 5 KA 2851/06 – Rn. 97.
554 LSG Baden-Württemberg, Urteil vom 29. Oktober 2008 – L 5 KA 2851/06 – Rn. 97.
555 Hase, MedR 2005, 391, 393.

sich auf die Ausgestaltung des Leistungsumfangs innerhalb der gesetzlichen Krankenversicherung auswirken, sind als Berufsausübungsregelungen anzusehen, die den Schutzbereich des Art. 12 Absatz 1 GG berühren und damit eine Klagebefugnis im Rahmen der Zulässigkeit begründen[556].

Wenn der Kernbereich der ärztlichen Berufsausübung durch die Richtlinien betroffen wird, muss an die Bewertung des Eingriffs höhere Anforderungen gestellt werden[557]. Der Ausschluss einer einzelnen Leistung oder Behandlungsmethode vermag dies noch nicht zu bewirken, da gerade vom Schutzbereich des Art. 12 Absatz 1 GG nicht die Leistung aller medizinisch zulässigen und erfolgreichen Leistungsangebote umfasst wird[558]. Eine Berührung des Schutzbereichs auch in diesen Fällen könnte lediglich dann angenommen werden, wenn die erlassenen Richtlinien in der Zusammenschau dazu führen, dass das Leistungsspektrum der gesetzlichen Krankenversicherung auf ein medizinisch nicht mehr vertretbares Maß herabsinkt[559].

Da der Vertragsarzt keinen Anspruch auf Verpflichtung des Gemeinsamen Bundesausschusses zur Anerkennung einer bestimmten Methode und zur Aufnahme in den Leistungskatalog hat, kommt für ihn zwar grundsätzlich die Erhebung einer Feststellungsklage in Betracht, diese erscheint aber in den meisten Fällen aussichtslos[560].

C. Krankenhäuser als Kläger

Krankenhäuser, je nach Organisationsform, können zum einen in ihren einfachrechtlichen geschützten Belangen (§ 108 i. V. m. § 137 Absatz 3 Satz 1 Nr. 2 SGB V) betroffen sein, zum anderen aber auch in ihren Grundrechten aus Art. 12 Absatz 1 GG und Art. 3 Absatz 1 GG[561]. Privatrechtlich organisierte Krankenhäuser[562] können als inländische juristische Personen die mögliche Verletzung von Grundrechten geltend machen, Art. 19 Absatz 3 GG. Daneben kommt

---

556 Hänlein, S. 478 m. w. N.; Preis, MedR 2010, 139, 144 f.
557 Zimmermann, S. 170.
558 BVerfG, Beschluss vom 16. Juli 2004 – 1 BvR 1127/01 – in NZS 2005, 91, 92; Preis, MedR 2010, 139, 144 f.
559 Preis, MedR 2010, 139, 144 f.
560 LSG Baden-Württemberg, Urteil vom 29. Oktober 2008 – L 5 KA 2851/06 –, bestätigt durch BSG, Urteil vom 28. Oktober 2009 – B 6 KA 45/08 R –.
561 BSG, Urteil vom 18. Dezember 2012 – B 1 KR 34/12 R – in NZS 2013, 544, 546.
562 Krankenhäuser in kommunaler Trägerschaft üben den Sicherstellungsauftrag zur Versorgung der Bevölkerung aus und können sich daher nicht auf die Ausübung von Freiheitsrechten berufen, Zimmermann, S. 60 m. w. N.

eine Beeinträchtigung der Rechtstellung der Krankenhäuser als Plankranken-
häuser und ihres Besitzstands in Bezug auf eine (noch) erlaubte Versorgung in
Betracht[563].

I. Mindestmengenregelungen als wesentliche Fallgruppe

Vor allem durch Mindestmengenregelungen kann eine Verletzung der Rechte
der Krankenhäuser hervorgerufen werden. Mit Mindestmengenregelungen soll
die Qualität der Versorgung im Krankenhaus sichergestellt werden, die Regelungen stellen daher Maßnahmen der Qualitätssicherung dar[564]. Hierdurch soll
vor allem der Schutz der Versicherten bei der Behandlung etc. gewährleistet
werden[565].

Die Mindestmengenregelungen gelten allein für planbare Leistungen. Wird
die vorgegebene Mindestmenge unterschritten, darf die Leistung nicht zu Lasten
der gesetzlichen Krankenversicherung abgerechnet werden (§ 137 Absatz 3 Satz
1 Nr. 2, Satz 2 SGB V). Der Gemeinsame Bundesausschuss erstellt einen Kata-
log planbarer Leistungen[566]. Diese Leistungen sollen insbesondere solche sein,
bei denen die Qualität der Leistung in besonderem Maße von der Anzahl der
durchgeführten Eingriffe abhängig ist[567]. Für diese Leistungen sollen dann eine
Mindestzahl je Arzt oder Krankenhaus bestimmt werden[568].

II. Rechtliche Einordnung der Mindestmengenregelungen

Nach Ansicht des Bundessozialgerichts sind Mindestmengenregelungen, die
in Form von Beschlüssen ergehen, wie Richtlinien ebenfalls untergesetzliche
Rechtsnormen[569]. Da die Mindestmengenbeschlüsse in demselben Verfahren
beschlossen werden wie die Richtlinien, kann daraus geschlossen werden, dass

---

563 LSG Berlin-Brandenburg, Beschluss vom 26. Januar 2011 – L 7 KA 79/10 LK
     ER – Rn. 68.
564 Genzel/Degener-Hencke in Laufs/Kern, § 83 Rn. 95; Becker in Becker/Kingreen,
     § 137 Rn. 1.
565 Joussen, in Beck'scher Online-Kommentar Sozialrecht, § 137 Rn. 2.
566 Joussen, in Beck'scher Online-Kommentar Sozialrecht, § 137 Rn. 2.
567 Joussen, in Beck'scher Online-Kommentar Sozialrecht, § 137 Rn. 7; Roters in Kas-
     seler Kommentar zum Sozialversicherungsrecht, § 137 Rn. 33.
568 Roters in Kasseler Kommentar zum Sozialversicherungsrecht, § 137 Rn. 35;.Jous-
     sen, in Beck'scher Online-Kommentar Sozialrecht, § 137 Rn. 7.
569 BSG, Urteil vom 18. Dezember 2012 – B 1 KR 34/12 R – in NZS 2013, 544, 545; BSG,
     Urteil vom 12. September 2012 – B 3 KR 10/12 R – Rn. 25; zuvor schon LSG Berlin-
     Brandenburg, Beschluss vom 26. Januar 2011 – L 7 KA 79/10 LK ER – Rn. 63.

sie auch die gleiche Normeigenschaft besitzen und gerade keine Behördenentscheidung mit Verwaltungsaktcharakter sind[570].

Die Feststellungsklage als Normkontrollklage ist deshalb auch hier die statthafte Klageart[571]. Anders als unter A. und B. für die Versicherten und die Ärzte dargelegt gibt es für die Krankenhäuser im Regelfall auch keine Möglichkeit einer Inzidentüberprüfung im Rahmen eines anderen Rechtsstreits[572]. Insbesondere stellt die Möglichkeit der Krankenhäuser, zunächst bei der Krankenhausplanungsbehörde des Landes eine Ausnahmegenehmigung nach § 137 Absatz 3 Satz 3 SGB V zu beantragen, keinen schnelleren, einfacheren oder vorteilhafteren Weg dar, Rechtsschutz gegen die sie unmittelbar belastende Regelung zu erlangen[573]. Die Subsidiarität der Feststellungsklage steht ihrer Statthaftigkeit für das gerichtliche Vorgehen gegen Mindestmengenregelungen nicht entgegen[574]

Da Mindestmengenregelungen ohne weiteren Vollzugsakt für Versicherte, Krankenkassen und Krankenhäuser unmittelbar verbindlich sind und ab ihrem ersten Geltungstag der Leistungserbringung entgegenstehen, wenn die Mindestmenge voraussichtlich nicht erreicht werden wird, liegt auch eine unmittelbare Betroffenheit der Krankenhäuser vor[575].

Das stets erforderliche Feststellungsinteresse ist jedoch beispielsweise in Fällen abzulehnen, in denen ein der Klage stattgebendes Urteil die rechtliche Stellung der Krankenhäuser nicht verbessern würde[576].

III. Klagebefugnis gegen Mindestmengenregelungen

Die Möglichkeit der Beschwer durch eine – Erhöhung der – Mindestmenge ist gegeben, wenn eine Einschätzung der bislang erbrachten Leistungen ergibt, dass

---

570 BSG, Urteil vom 12. September 2012 – B 3 KR 10/12 R – Rn. 26; LSG Berlin-Brandenburg, Beschluss vom 26. Januar 2011 – L 7 KA 79/10 LK ER – Rn. 63

571 LSG Berlin-Brandenburg, Beschluss vom 26. Januar 2011 – L 7 KA 79/10 LK ER – Rn. 63.

572 BSG, Urteil vom 12. September 2012 – B 3 KR 10/12 R – Rn. 29.

573 LSG Berlin-Brandenburg, Beschluss vom 26. Januar 2011 – L 7 KA 79/10 LK ER – Rn. 69.

574 BSG, Urteil vom 18. Dezember 2012 – B 1 KR 34/12 R – in NZS 2013, 544, 546; BSG, Urteil vom 12. September 2012 – B 3 KR 10/12 R – Rn. 29.

575 BSG, Urteil vom 18. Dezember 2012 – B 1 KR 34/12 R – in NZS 2013, 544, 546; BSG, Urteil vom 12. September 2012 – B 3 KR 10/12 R – Rn. 29.

576 Verneint für eine Klage eines Krankenhauses, dass sich gegen die Erhöhung der Mindestmenge richtet, es aber bereits zweifelhaft ist, dass es die ursprüngliche Mindestmenge an Operationen erreichen wird, LSG Berlin-Brandenburg, Urteil vom 30. Oktober 2012 – L 9 KR 260/12 KL ER – Rn. 34.

die vorgegebenen Mindestmengen in der Zukunft nicht erreicht werden, was dazu führt, dass die Leistungen, für die Mindestmengen festgesetzt sind, nicht erbracht werden dürfen[577].

Als Adressaten einer allgemeinverbindlichen Regelung, die sie unmittelbar betreffen, sind die Krankenhäuser demnach klagebefugt[578].

Das LSG Berlin – Brandenburg sieht durch die Mindestmengen jedoch lediglich die Berufsausübung betroffen[579]. Darin folgt es dem Bundessozialgericht, dass die Annahme lediglich einer Berufsausübungsregelung damit begründet, dass durch die Mindestmengenregelung als Qualitätssicherungsregelung nur ein begrenzter Teil der gesamten ärztlichen Tätigkeit zu regeln ist. Sei aber nur ein Teil einer ärztlichen Tätigkeit betroffen, liege gerade nur eine Berufsausübungsregelung vor[580].

Andere Stimme gibt es in der Literatur. Lässt Bohle das Vorliegen einer Berufsausübungs- oder Berufswahlregelung noch offen[581], nimmt von Wolff hingegen bezüglich der Mindestmengen im Bereich der Versorgung von Frühgeborenen eine subjektive Berufswahlregelung an[582]. Aufgrund gesonderter Zulassungsbeschränkungen in der Vereinbarung des Gemeinsamen Bundesausschusses über Maßnahmen zur Qualitätssicherung stelle die Versorgung von Neu- und Frühgeborenen einen eigenständigen Beruf dar[583]. Nach dem Bundesverfassungsgericht sei das Vorliegen von besonderen Zulassungsvoraussetzungen das Indiz für das Vorliegen eines eigenständigen Berufes[584]. Das Betreiben einer Geburtsklinik mit der Versorgung von Frühgeborenen unter 1500 g sei wegen der inhaltlich erheblich weitergehenden Voraussetzungen ein eigenständiger Beruf gegenüber dem Betreiben einer „normalen" Geburtsklinik[585]. Sowohl das äußere Erscheinungsbild der Kliniken, die auch Frühgeborene unter 1500 g versorgen dürfen, als auch die erforderlichen Kompetenzen der tätigen Ärzte ließen darauf schlie-

---

577 BSG, Urteil vom 18. Dezember 2012 – B 1 KR 34/12 R – in NZS 2013, 544, 546.

578 LSG Berlin-Brandenburg, Beschluss vom 26. Januar 2011 – L 7 KA 79/10 LK ER – Rn 68.

579 LSG Berlin-Brandenburg, Beschluss vom 26. Januar 2011 – L 7 KA 79/10 KL ER – Rn. 68; BSG, Urteil vom 18. Dezember 2012 – B 1 KR 34/12 R – in NZS 2013, 544, 551.

580 BSG, Urteil vom 18. Dezember 2012 – B 1 KR 34/12 R – in NZS 2013, 544, 551.

581 Bohle, GesR 2010, 587, 589.

582 V. Wolff, NZS 2009, 184, 190.

583 V. Wolff, NZS 2009, 184, 190.

584 V. Wolff, NZS 2009, 184, 190 mit Verweis auf BVerfG, Beschluss vom 17. Dezember 1958 – 1 BvL 10/56 – und weitere.

585 V. Wolff, NZS 2009, 184, 190.

ßen, dass der Gemeinsame Bundesausschuss einen Sonderberuf i.S.d. Art. 12 Absatz 1 GG mit besonderen Zulassungsvoraussetzungen ausgestaltet hat[586]. Damit liege eine subjektive Berufswahlregelung vor, die nach seiner Ansicht nicht gerechtfertigt ist[587].

Von Wolff führt dann noch ähnlich wie Bohle aus, dass bei Annahme nur einer Berufsausübungsregelung die Wirkung der Mindestmengenregelung – die nämlich einer objektiven Zugangssperre gleich käme – zu beachten wäre und diese einer Beschränkung der Berufswahl nahe käme, was zu einer strengeren Prüfung der Rechtfertigung führte[588]. Auch hier kommt er dann im Ergebnis zu einer unverhältnismäßigen Mindestmengenregelung, die verfassungswidrig sei und dementsprechend nicht von § 137 SGB V gedeckt sei[589].

D. Nicht-ärztliche Leistungserbringer als Kläger

Nicht-ärztliche Leistungserbringer sind unter anderem die pharmazeutischen Unternehmen (Arzneimittel- oder Hilfsmittelhersteller), Optiker oder auch Hörgeräteakustiker. Auch die Pflegedienste werden als nicht-ärztliche Leistungserbringer angesehen. Denn „Leistungserbringer" i.S.d. § 91 Absatz 6 SGB sind nur die an der „ambulanten ärztlichen Versorgung teilnehmenden Leistungserbringer" sowie zugelassene Krankenhäuser[590]. Die Pflegedienste nehmen jedoch gerade nicht an der ambulanten ärztlichen Versorgung i.S.v. § 95 SGB V teil und sind damit nicht-ärztliche Leistungserbringer[591]. Sie sind „sonstige Leistungserbinger i.S.d. § 69 SGB V und wirken an der Versorgung der Versicherten mit erforderlichen Dienstleistungen mit (§ 2 Absatz 2 SGB V)[592].

---

586 V. Wolff, NZS 2009, 184, 191.
587 V. Wolff, NZS 2009, 184, 191.
588 V. Wolff, NZS 2009, 184, 192.
589 V. Wolff, NZS 2009, 184, 192 f.
590 Schmidt-de Caluwe in Becker/Kingreen, § 91 Rn. 49; Joussen in Beck´scher Online-Kommentar Sozialrecht, § 91 Rn. 7; nicht ganz eindeutig: Roters in Kasseler Kommentar zum Sozialversicherungsrecht, § 91 Rn. 22.
591 BSG, Urteil vom 31. Mai 2006 – B 6 KA 69/04 R – Rn 21.
592 BSG, Urteil vom 31. Mai 2006 – B 6 KA 69/04 R – Rn. 21; Anzumerken ist, dass die Entscheidung des Bundessozialgerichts sich auf die Fassung des § 91 Absatz 9 SGB V aus dem Jahre 2004 bezieht, die in ihrem Wortlaut noch ausdrücklich die „ambulanten ärztlichen Versorgung teilnehmenden Leistungserbringer" aufführte. Diese Formulierung ist in der heutigen Fassung gestrichen. Es bleibt aber bei der gleichen Auslegung.

I. Prozessuale Situation

Im Vordergrund der Betrachtung sollen hier jedoch die pharmazeutischen Unternehmen stehen.

1. Statthafte Klageart je nach Streitgegenstand

Da die Unternehmen grundsätzlich nicht die Adressaten der Richtlinien sind, kommt für sie ein unmittelbarer Rechtsschutz gegen die Richtlinien im Wege der Feststellungsklage als statthafte Klageart regelmäßig nicht in Betracht.

Im Rahmen des Verfahrens der Festsetzung der Festbeträge ist nach § 35 Absatz 7 Satz 4 SGB V eine gesonderte Klage gegen die vom Gemeinsamen Bundesausschuss vorgenommene Gruppeneinteilung nicht statthaft, nur der abschließenden Festsetzungsverfügung kommt Außenwirkung zu. Daher hat, um Art. 19 Absatz 4 GG nicht zu umgehen, eine Überprüfung der Richtlinien, die die Gruppeneinteilung betreffen, im Rahmen der Anfechtungsklage gegen die Festsetzung der Festbeträge stattzufinden[593].

Die gemäß § 35 Absatz 3 Satz 1 SGB V von dem Spitzenverband Bund der Krankenkassen vorgenommene Festsetzung ergeht verfassungsgemäß als Verwaltungsakt in Form der Allgemeinverfügung[594]. Will der Kläger also die Überprüfung der Richtlinien zur Gruppeneinteilung im Rahmen der Anfechtungsklage erreichen, so geht es im Rahmen der Klagebefugnis um den Anspruch auf Aufhebung der Festbetragsfestsetzung[595].

Wird eine Allgemeinverfügung durch eine neuere Fassung ersetzt, so hat sich die Klage mit dem Ende der Gültigkeit erledigt[596]. Erfolgt dies während eines laufenden Prozesses ist die Anfechtungsklage auf eine Fortsetzungsfeststellungsklage umzustellen[597].

Wird seitens des Klägers mit der erhobenen Klage auch die Rechtmäßigkeit der Gruppeneinteilung angegriffen, führt dies trotz der Regelung in § 35 Absatz 7 Satz 4 i. V. m. § 36 Absatz 3 SGB V SGB V, der eine gesonderte Klage gegen die Gruppeneinteilung ausschließt, nicht zur Unzulässigkeit der

---

593   BT-Drucks 11/3480 S. 54.

594   BVerfG, Beschluss vom 17. Dezember 2002 – 1 BvL 28/95 – in BVerfGE 106, 275, 307; BSG, Vorlagebeschluss vom 14. Juni 1995 – 3 RK 20/94 – in NZS 1995, 502, 508.

595   BSG, Urteil vom 1. März 2011 – B 1 KR 7/10 R – in BSGE 107, 261, 262 Rn. 11.

596   BSG, Urteil vom 22. November 2012 – B 3 KR 19/11 R – Rn. 36.

597   BSG, Urteil vom 22. November 2012 – B 3 KR 19/11 R – Rn. 36.

Klage[598]. Die Überprüfung der Gruppeneinteilung soll erst im Rahmen der Klage gegen die Festsetzung erfolgen, damit ist auch Art. 19 Absatz 4 GG Genüge getan[599].

Ferner sieht das SGB V Rechtsschutzmöglichkeiten für die pharmazeutischen Unternehmen gegen die Preisvergleichsliste für Arzneimittel, für die nach § 35 oder § 35 a SGB V Festbeträge festgesetzt sind, in § 92 Absatz 3 Satz 1 SGB V oder auch in § 35 b Absatz 4 Satz 2 SGB V (Klagen gegen die Kosten-Nutzen-Bewertung von Arzneimitteln) vor. Auch diese Rechtsschutzmöglichkeiten sind im Wege einer Anfechtungsklage zu ergreifen.

2. Klagebefugnis - Einleitung

Für pharmazeutische Unternehmen kommt eine Klagebefugnis grundsätzlich nur in Hinblick auf die Möglichkeit eine Verletzung von Grundrechten in Betracht. Eine Verletzung von originären Rechten aus dem SGB V können sie nicht geltend machen, da das SGB V den Unternehmen für die hier maßgeblichen Klagen gegen die Richtlinien des Gemeinsamen Bundesausschusses keine Rechte einräumt.

Auch auf eine mögliche Verletzung von Grundrechten können sich die Unternehmen allerdings nur dann berufen, wenn das Grundrecht seinem Wesen nach auch auf sie anwendbar ist, Art. 19 Absatz 3 GG.

So können sich die Unternehmen nicht auf eine Verletzung des Grundrechts aus Art. 2 Absatz 1 GG in Verbindung mit dem Sozialstaatsprinzip oder des Grundrechts aus Art. 2 Absatz 2 GG berufen, da diese Grundrechte dem Wesen nach gerade nicht auf juristische Personen anwendbar sind[600]. Auch kommt eine Geltendmachung von Verletzungen dieser Grundrechte für Dritte, bspw. der Versicherten, nicht in Betracht[601]. Hierzu sind die Unternehmen nicht berechtigt[602].

---

598 BSG, Urteil vom 14. Juni 1995 – 3 RK 21/94 – Rn. 41; BSG, Urteil vom 14. Juni 1995 – 3 RK 23/94 – Rn. 38; BSG, Urteil vom 31. August 2000, B 3 KR 11/98 R – Rn. 18.

599 BSG, Urteil vom 14. Juni 1995 – 3 RK 21/94 – Rn. 47; BSG, Beschluss vom 14. Juni 1995 – 3 RK 20/94 – in NZS 1995, 502,507; BSG, Urteil vom 31. August 2000, B 3 KR 11/98 R – Rn. 18.

600 LSG Berlin-Brandenburg, Beschluss vom 27. Februar 2008 – L 7 112/07 KA ER – Rn. 14.

601 LSG Berlin-Brandenburg, Beschluss vom 27. Februar 2008 – L 7 112/07 KA ER – Rn. 14.

602 LSG Berlin-Brandenburg, Beschluss vom 27. Februar 2008 – L 7 112/07 KA ER – Rn. 14.

II. Klagebefugnis gegen Festbetragsfestsetzungen

1. Grundlegendes zu den Festbeträgen

Der Festbetrag ist in der gesetzlichen Krankenversicherung der Betrag, für den ein Arznei- oder Hilfsmittel erstattungsfähig ist, wobei es sich um den Höchstbetrag handelt[603]. Allein die verordneten Mittel, deren Betrag den Festbetrag nicht überschreitet, sind für den Versicherten noch kostenfrei, sollte ein verschriebenes Mittel teurer sein – die Verordnung teurerer Mittel ist weiterhin möglich –, müssen die Versicherten den Differenzbetrag selbst zahlen[604].

Nach § 35 Absatz 1 Satz 1 SGB V hat der Gemeinsame Bundesausschuss in seinen Richtlinien nach § 92 Absatz 1 Satz 2 Nr. 6 SGB V verbindlich festzulegen, für welche Gruppen von Arzneimitteln Festbeträge festgesetzt werden können. Durch die Spitzenverbände der Krankenkasse nach Vorentscheidung durch den Gemeinsamen Bundesausschuss im Arzneimittelbereich, sowie durch die Landesverbände der Krankenkassen und die Verbände der Ersatzkassen gemeinsam im Bereich der Hilfsmittel, werden dann die Geldbeträge festgesetzt, mit denen eine ausreichende medizinische Versorgung nach dem jeweiligen Stand der medizinischen Erkenntnis oder dem Stand der Technik gewährleistet und der Preiswettbewerb unter den Herstellern ermöglicht wird[605].

Durch die Festbetragsfestsetzung werden die Versicherten im Wesentlichen gleich behandelt, da typische Fälle in den Festbetragsgruppen zusammengefasst werden[606]. Das Handeln der Krankenkassen wird durch die aufgrund der Festbetragsfestsetzungen erfolgte Konkretisierung des Wirtschaftlichkeitsgebots effektiver und vorhersehbarer[607].

2. Die Festbetragsentscheidung des Bundesverfassungsgerichts

Das Bundessozialgericht hatte im Juni 1995 über die Rechtmäßigkeit einer Festbetragsfestsetzung zu entscheiden[608]. Im Rahmen dieses Rechtsstreits bejahte der 3. Senat des Bundessozialgerichts wegen der seiner Ansicht nach gegebenen Betroffenheit des Grundrechts aus Art. 12 Absatz 1 GG die Klagebefugnis der

---

603 Ruland, JuS 2003, 622.
604 BSG, Urteil vom 14. Juni 1995 – 3 RK 20/94 – in NZS 1995, 502; BSG, Urteil vom 31. August 2000 – B 3 KR 11/98 R – Rn. 16.
605 BSG, Urteil vom 3. Juli 2012 – B 1 KR 22/11 R – Rn. 15; Ruland, Jus 2003, 622.
606 BSG, Urteil vom 3. Juli 2012 – B 1 KR 22/11 R – Rn. 15.
607 BSG, Urteil vom 3. Juli 2012 – B 1 KR 22/11 R – Rn. 15.
608 BSG, Entscheidungen vom 14. Juni 1995 – 3 RK 21 und 23/94 –.

Arzneimittelhersteller[609] (in Parallelverfahren der klagenden Hörgeräteakustiker und Optiker)[610]. Zur Vorlage kam die Frage der Rechtmäßigkeit der Festbetragsfestsetzungen als Verwaltungsakt in Form der Allgemeinverfügung.

Das Bundesverfassungsgericht hält die Festsetzung der Festbeträge durch Verwaltungsakt in Form der Allgemeinverfügung für rechtens und verneint im Gegensatz zum Bundessozialgericht eine Klagebefugnis der Arzneimittelhersteller aus Art. 12 Absatz 1 GG. Die Festbetragsfestsetzung sei nicht am Grundrecht der Berufsfreiheit der Pharmaunternehmen zu messen[611].

Vorab ist festzustellen, dass die Berufsfreiheit das Recht der am Markt Tätigen umfasst, die Bedingungen ihrer Marktteilhabe, Art, Qualität und Preis der angebotenen Güter, selbst festzusetzen[612]. Eine Beschränkung in der Marktteilnahme durch gesetzliche Regelungen ist stets am Grundrecht des Marktteilnehmers selbst zu messen und nicht an den Grundrechten der anderen Marktteilnehmer[613].

Das Bundesverfassungsgericht stellt klar, dass zwar der Schutzbereich der Grundrechte der Versicherten und Ärzte betroffen sei, jedoch berühre die Regelung den Schutzbereich des Grundrechts aus Art. 12 Absatz 1 GG der Hersteller gerade nicht, wenn die Kostenübernahme gegenüber den Versicherten im Rahmen der gesetzlichen Krankenversicherung geregelt sei[614]. Daran ändere auch nichts, dass Marktchancen betroffen seien[615].

Das Bundesverfassungsgericht verneint eine berufsregelnde Tendenz der §§ 35, 36 SGB V, die allein gegebenen faktisch mittelbaren Folgen für die Berufsausübung der Hersteller von Arzneimitteln durch die auf das System der gesetzlichen Krankenversicherung bezogenen Regelung stellten lediglich einen bloßen Reflex dar[616].

Die Regelungen führten auch nicht dazu, dass den Verbänden eine Regelungsmacht zu wirtschaftslenkenden Maßnahmen eingeräumt werde[617]. Das Bundesverfassungsgericht sieht in den Aufgabenzuweisungen der §§ 35 und 36 SGB V keine eigenständige – von den Primärzwecken losgelöste –

---

609 BSG, Vorlagebeschluss vom 14. Juni 1995 – 3 RK 20/94 – in NZS 1995, 502, 504.
610 BSG, Entscheidungen vom 14. Juni 1995 – 3 RK 21 und 23/94 –.
611 BVerfG, Urteil vom 17. Dezember 2002 – 1 BvL 28/95 – in BVerfGE 106, 275, 298.
612 BVerfG, Urteil vom 17. Dezember 2002 – 1 BvL 28/95 – in BVerfGE 106, 275, 299.
613 BVerfG, Urteil vom 17. Dezember 2002 – 1 BvL 28/95 – in BVerfGE 106, 275, 299.
614 BVerfG, Urteil vom 17. Dezember 2002 – 1 BvL 28/95 – in BVerfGE 106, 275, 299.
615 BVerfG, Urteil vom 17. Dezember 2002 – 1 BvL 28/95 – in BVerfGE 106, 275, 299.
616 BVerfG, Urteil vom 17. Dezember 2002 – 1 BvL 28/95 – in BVerfGE 106, 275, 299.
617 BVerfG, Urteil vom 17. Dezember 2002 – 1 BvL 28/95 – in BVerfGE 106, 275, 300.

Möglichkeit der Spitzenverbände den Preiswettbewerb zu gestalten[618]. Durch die Festbetragsfestsetzung nach § 35 Absatz 5 Satz 1 SGB V werde das bereits in § 12 Absatz 1 SGB V statuierte Grundprinzip der gesetzlichen Krankenversicherung zum Leistungsumfang, nämlich eine ausreichende, zweckmäßige und wirtschaftliche sowie in der Qualität gesicherte Versorgung zu gewährleisten, aufgegriffen und durch das vorgeschriebene Verfahren wirksam gemacht[619]. Dass dabei Wirtschaftlichkeitsreserven auszuschöpfen seien, finde bereits in § 4 Absatz 4 SGB V seinen Niederschlag[620]. Der Gesetzgeber habe in § 35 Absatz 5 Satz 2 SGB V lediglich klargestellt, dass das Wirtschaftlichkeitsgebot mit Hilfe von Preiswettbewerb verwirklicht werden könne und insbesondere auch solle[621]. Die Festbetragsfestsetzungsbefugnis der Verbände liege damit innerhalb des Rahmens des Verwaltungshandelns, der von § 12 Absatz 1 und § 4 Absatz 4 SGB V als Normierungen des Wirtschaftlichkeitsgebotes umschriebe werde, eine eigenständige Möglichkeit zur Gestaltung des Preiswettbewerbs hätten die Verbände nicht[622].

Durch die Festbetragsregelungen erfolge lediglich eine Umgestaltung des Leistungsrechts, infolge derer sich die Leistungsansprüche der Versicherten ändern könnten, so dass das sich dadurch dann auch der Umfang der Teilhabe der Leistungserbringer an dem Leistungssystem ändere[623]. Dies sei jedoch nur notwendiger und unvermeidbarer Reflex[624]. Es hätten die Unternehmer selbst in der Hand und stelle eine typische Wettbewerbsentscheidung dar, ob sie ihre Preisgestaltung an den Festbeträgen orientierten, oder ob sie sich auf den Markt außerhalb der gesetzlichen Krankenversicherung konzentrierten[625]. Ein eigenständiges Ziel sei die Erstreckung des Preiswettbewerbs auf den Arzneimittelmarkt jedoch nicht[626].

Das Bundesverfassungsgericht sieht zudem keine Berührung des Schutzbereichs des Art. 12 Absatz 1 GG durch die Veröffentlichung der Festbeträge[627]. Eine Beeinträchtigung könne nicht darin gesehen werden, dass den Marktteilnehmer durch die Veröffentlichung der Festbeträge Informationen über

---

618 BVerfG, Urteil vom 17. Dezember 2002 – 1 BvL 28/95 – in BVerfGE 106, 275, 301.
619 BVerfG, Urteil vom 17. Dezember 2002 – 1 BvL 28/95 – in BVerfGE 106, 275, 301.
620 BVerfG, Urteil vom 17. Dezember 2002 – 1 BvL 28/95 – in BVerfGE 106, 275, 301.
621 BVerfG, Urteil vom 17. Dezember 2002 – 1 BvL 28/95 – in BVerfGE 106, 275, 300.
622 Fahlbusch, SGb 2003, 464, 465.
623 BVerfG, Urteil vom 17. Dezember 2002 – 1 BvL 28/95 – in BVerfGE 106, 275, 301.
624 BVerfG, Urteil vom 17. Dezember 2002 – 1 BvL 28/95 – in BVerfGE 106, 275 301.
625 BVerfG, Urteil vom 17. Dezember 2002 – 1 BvL 28/95 – in BVerfGE 106, 275, 302.
626 BVerfG, Urteil vom 17. Dezember 2002 – 1 BvL 28/95 – in BVerfGE 106, 275, 302.
627 BVerfG, Urteil vom 17. Dezember 2002 – 1 BvL 28/95 – in BVerfGE 106, 275, 302.

marktrelevante Faktoren offen gelegt werden, auch wenn Anbieter bis dahin aus der fehlenden Transparenz einen Vorteil gezogen haben[628]. Einen Anspruch auf Beibehaltung von Rahmenbedingungen, die zwar Verkaufserfolge gewährleisten jedoch auf der Intransparenz des Marktes beruhen gewähre Art. 12 Absatz 1 GG nicht, auch sei das ggf. vorhandene Vertrauen auf die Intransparenz nicht schutzwürdig[629]. Die durch die Veröffentlichung der Festbeträge gegebenen Entscheidungshilfen für die Nachfrager könnten zwar den Markt beeinflussen, jedoch ohne dabei grundrechtliche Positionen zu betreffen[630]. Eine gesetzliche Regelung wie die Festbetragsregeln, die zur Befolgung und Einhaltung gesetzlich vorgeschriebener Grundsätze führt, könne jedoch keinen Grundrechtseingriff darstellen, wenn auch mittelbar faktische Nachteile für bestimmte Gruppen (hier Arzneimittelhersteller) entstehen mögen[631].

Zusammenfassend steht damit durch das Urteil des Bundesverfassungsgerichts für alle Verfassungsorgane, Gerichte und Behörden fest, dass eine Berührung des Schutzbereichs des Grundrechts aus Art. 12 Absatz 1 GG der Arzneimittelhersteller durch die Ermächtigung der Spitzenverbände der Krankenkassen zur Festbetragsfestsetzung in Form der Allgemeinverfügung als solche nicht vorliegt und eine Klagebefugnis damit nicht gegeben ist.

3. Ansichten in der Literatur

In der Literatur werden unterschiedliche Meinungen zu der Ansicht des Bundesverfassungsgerichts vertreten. So finden sich sowohl Stimmen, die sich dem Bundesverfassungsgericht anschließen, als auch solche, die in den Festbetragsregelungen sehr wohl einen Eingriff in die Berufsfreiheit sehen.

a) Annahme der Schutzbereichseröffnung und eines Eingriffs in Art. 12 Absatz 1 GG

So wird in der Literatur zum einen der Schutzbereich des Art. 12 Absatz 1 GG als eröffnet angesehen und zum anderen ein Grundrechtseingriff angenommen[632].

Die Ablehnung bereits der Eröffnung des Schutzbereichs des Art. 12 Absatz 1 GG stehe mit der Bestimmung des § 35 Absatz 7 SGB V a.F. nicht in Einklang[633].

---

628 BVerfG, Urteil vom 17. Dezember 2002 – 1 BvL 28/95 – in BVerfGE 106, 275, 302.
629 BVerfG, Urteil vom 17. Dezember 2002 – 1 BvL 28/95 – in BVerfGE 106, 275, 304.
630 BVerfG, Urteil vom 17. Dezember 2002 – 1 BvL 28/95 – in BVerfGE 106, 275, 303.
631 BVerfG, Urteil vom 17. Dezember 2002 – 1 BvL 28/95 – in BVerfGE 106, 275, 304.
632 Bspw.: Fahlbusch, SGb 2003, 464, 467; Sodan, VSSR 2005, 163, 169.
633 Fahlbusch, SGb 2003, 464, 467.

Wenn den Arzneimittelherstellern die Rechtsposition und damit die Klagebefugnis in Abrede gestellt wird, lasse sich der Sinn des § 35 Absatz 7 SGB V a.F. nicht erklären[634]. Die Krankenkassen kämen als Kläger nicht in Betracht und für die Versicherten bestünde keine Notwendigkeit, gegen die Festbetragsfestsetzung isoliert vorzugehen, denn sie könnten eine Anfechtungs- und Leistungsklage gegründet auf ihren Krankenbehandlungsanspruch erheben[635]. Somit habe der Gesetzgeber mit § 35 Absatz 7 SGB V a.F. den Arzneimittelherstellern eine Klagebefugnis einräumen wollen[636], was sich auch bereits aus den Gesetzgebungsmaterialien ergebe. So habe der Ausschuss für Gesundheit und Soziale Sicherung mit Blick auf die Rechtsschutzregelungen in § 35 Absatz 7 und § 35 a Absatz 7 SGB V a.F. eine Antrags- und Klagebefugnis der Arzneimittelhersteller bejaht[637]. Für diese Sicht spreche auch das Argument des effektiven Rechtsschutzes[638]. Einen gerichtsfreien Entscheidungsspielraum dürfe es da nicht geben, wo eine gerichtliche Kontrolle nicht in dem erforderlichen Umfang erreicht werden könne[639]. Das Bundesverfassungsgericht geht auf dieses Argument nach dieser Ansicht deshalb nicht ein, wahrscheinlich weil der, der kein Recht habe, auch keinen effektiven Rechtsschutz brauche[640].

Die Verneinung der Eröffnung des Schutzbereichs sei zudem auch wegen des Gleichlaufs von Leistungs- und Leistungserbringungsrecht nicht verständlich[641]. Die vom Bundesverfassungsgericht zur Begründung neu aufgestellte These, dass „die Reichweite des Freiheitsschutzes durch die rechtlichen Regeln mitbestimmt werde, die den Wettbewerb ermöglichen und begrenzen"[642], habe dann zur Konsequenz, dass das einfache Recht über den Schutzbereich desjenigen

---

634 Fahlbusch, SGb 2003, 464, 467.
635 Fahlbusch, SGb 2003, 464, 467.
636 Fahlbusch, SGb 2003, 464, 467.
637 Posser/Müller, NZS 2004, 178, 186 mit Verweis auf BT-Drs. 11/3480 S. 34 und BT-Drs. 15/1600 vom 25. September 2003, S. 16; danach war in § 35 a Absatz 7 SGB V eine Rechtsschutzmöglichkeit für jede natürlichen oder juristischen Personen geregelt, die geltend machen konnte, durch die Rechtsvorschrift (die Verordnung nach § 35 a Absatz 1 SGB V) oder deren Anwendung in ihren Rechten verletzt zu sein. In der aktuellen Fassung regelt allein § 35 Absatz 7 SGB V den Rechtsschutz allgemein in Zusammenhang mit Festbeträgen, § 35 a SGB V regelt die Bewertung von Nutzen von Arzneimitteln mit neueren Wirkstoffen.
638 Fahlbusch, SGb 2003, 464, 467.
639 Fahlbusch, SGb 2003, 464, 467.
640 Fahlbusch, SGb 2003, 464, 467.
641 Kingreen, MedR 2007, 457, 459.
642 BVerfG, Urteil vom 17. Dezember 2002 – 1 BvL 28/95 – in BVerfGE 106, 275, 298.

Grundrechts mitbestimmt, dem gegenüber es sich eigentlich für Freiheitsver-
kürzungen rechtfertigen muss, und das Schutzgut unter dem Vorbehalt des einfachen Rechts steht[643]. Das möge zwar noch möglich sein für die sogenannten
normgeprägten Schutzgüter, jedoch nicht für Schutzgüter, die als solche auch
ohne Rechtsordnung existieren und dem Gesetzgeber insoweit vorausgehen[644].

Darüber hinaus wird vertreten, dass die Regelungen zu den Festbetragsfestsetzungen sehr wohl einen Eingriff in das Grundrecht aus Art. 12 Absatz 1 GG
darstellten[645]. Zwar griffen diese Regelungen selbst nicht in die Grundrechte
der Hersteller ein, allerdings finde durch das veränderte Verordnungsverhalten der Ärzte – diese würden die Arzneimittel, die den Festbetrag übersteigen
nicht mehr verschreiben – ein Eingriff statt[646]. Die dadurch hervorgerufenen
Gewinneinbußen und der Preissenkungsdruck durch die Nachfragemacht der
Krankenkassen und Versicherten seien zwar nur mittelbare Folgen, jedoch nicht
nur bloße Begleiterscheinungen, sondern gerade notwendige Folge des mit den
Regelungen bezweckten Zweckes der Kosteneindämmung und stellten damit
einen berufsbezogenen Eingriff im Sinne der Rechtsprechung dar[647].

Die Verkürzung des Schutzbereichs durch das Bundesverfassungsgericht,
indem es annimmt, dass eine Berührung des Schutzbereichs des Grundrechts
der Berufsfreiheit der Arznei- und Hilfsmittelhersteller dann nicht gegeben ist,
wenn die Kostenübernahme gegenüber den Versicherten im Rahmen der gesetzlichen Krankenversicherung geregelt wird, unabhängig davon, ob Marktchancen
betroffen sind, wird für falsch gehalten[648]. Systematisch führe das Bundesverfassungsgericht Argumente hierfür an, die auf die Rechtfertigungsebene
gehörten[649]. Das mit den Regelungen verbundene gesetzgeberische Ziel – die
Aufrechterhaltung der Funktionsfähigkeit des Leistungssystems der gesetzlichen Krankenversicherung –, der gewonnene Nutzen der Arzneimittelhersteller,
sowie die Prüfung der Entscheidungen des staatlichen Monopolisten über sein
Nachfrageverhalten müssten auf Rechtfertigungsebene beachtet werden[650]. So

---

643 Kingreen, MedR 2007, 457, 459 m. w. N; Kingreen, NJW 2006, 877, 880.
644 Kingreen, NJW 2006, 877, 880.
645 Bspw.: Sodan, VSSR 2005, 163, 169; Hänlein, S. 296.
646 Sodan, VSSR 2005, 163, 169.
647 Sodan, VSSR 2005, 163, 169; Hänlein, S. 296.
648 Sodan, VSSR 2005, 163, 169; Fahlbusch, SGb 2003, 464, 466; Hänlein, SGb 2003,
     301, 302, der meint, dass eine Rechtfertigung gut zu begründen sei und es deshalb
     der Verneinung des Schutzbereichs nicht bedurft hatte.
649 Sodan, VSSR 2005, 163, 173, 181.
650 Sodan, VSSR 2005, 163, 173; Hänlein, S. 297.

sei das Bundesverfassungsgericht in anderen Entscheidungen[651] ebenfalls vor-
gegangen und auf diesem Weg zur Rechtfertigung der Eingriffe gekommen[652].

Auch wird in der Literatur vertreten, dass allein schon der Nutzung von primär
wirtschaftslenkenden Mitteln berufsregelnde Tendenz zukäme[653]. Das Bundesverfassungsgericht verwische die Unterscheidung zwischen berufsregelnder
Maßnahme und unmittelbarem Grundrechtseingriff, wenn es die wirtschafts-
lenkende Zielsetzung der Festbeträge und den Preiswettbewerb als eigenständigen Zweck ablehne und die Ausgestaltung des Wirtschaftlichkeitsgebots als
Primärziel ansehe[654]. Das Primärziel einer Maßnahme sei für die Einstufung
einer Maßnahme als berufsregelnd oder nicht berufsregelnd nicht entscheidend,
denn dann läge ggf. bereits ein unmittelbarer Eingriff vor[655].

---

651 z.B. in der Entscheidung zur Rechtfertigung einer Altersgrenze für den Zugang zur
     privatärztlichen Tätigkeit oder zu der Wiedereinführung der Zulassungsbeschrän-
     kungen für Vertragsärzte wegen vermeintlicher Überversorgung. Zudem habe es
     einen Eingriff bereits dann angenommen, wenn eine mittelbare Betroffenheit der
     Berufstätigkeit dahingehend vorliege, dass die Rahmenbedingungen durch eine
     Maßnahme verändert werden, wobei ein enger Zusammenhang mit der Ausübung
     des Berufs gegeben und objektiv eine berufsregelnde Tendenz zu erkennen sein
     muss, was der Fall sei, wenn eine Regelung mit einem staatlich errichteten Nach-
     fragemonopol zusammenhängt, BVerfG, Beschluss vom 12. Oktober 1977 – 1 BvR
     216/75 u.a. – in BVerfGE 46, 120, 137.
652 Sodan, VSSR 2005, 163, 173 mit Verweis auf BVerfGE 103, 172, 184 ff. und BVerfG,
     DVBl. 2002, 400, 401; Hänlein, SGb 2003, 301, 302; Fahlbusch, SGb 2003, 464,
     467, der meint, das Gericht habe sich zum einen mit Preisregulierungen für zahn-
     technische Leistungen (Verweis auf BVerfG, Beschluss vom 31. Oktober 1984 – 1
     BvR 35/82 u.a. – in BVerfGE 68, 193 ff.) befasst, zum anderen mit Höchstpreisen
     für Heil- und Hilfsmittel (Verweis auf BVerfG, Beschluss vom 14. Mai 1985 – 1
     BvR 449/82 u.a. – in BVerfGE 70, 1 ff.) und hier die Eröffnung des Schutzbereichs
     des Art. 12 Absatz 1 GG wie selbstverständlich bejaht (BVerfGE 68, 193, 216 und
     BVerfGE 70, 1, 27). Warum der Fall der Festbetragsfestsetzungen eine andere
     rechtliche Beurteilung erfährt, werde nicht erläutert. Darüberhinaus heißt es in
     der Entscheidung des Ersten Senats vom 20. März 2001 zur Altersbegrenzung
     approbierter Ärzte in der vertragsärztlichen Versorgung ausdrücklich, das mit
     den Festbeträgen auf das Preisgefüge Einfluss genommen und mit der Festbe-
     tragsregelung auf die Preisgestaltung der Pharmaindustrie eingewirkt werden
     soll (BVerfG, Urteil vom 20. März 2001 – 1 BvR 491/96 – in BVerfGE 103, 172,
     176 und 188.).
653 Schickert, PharmR 2004, 10, 14.
654 Schickert, PharmR 2004, 10, 14.
655 Schickert, PharmR 2004, 10, 14.

Teilweise wird auch das Vorliegen eines imperativen Eingriffs angenommen, da das Festbetragssystem der gesetzgeberischen Intention folge, finale Konsequenzen für die Preisbildung der Arzneimittelhersteller zu schaffen, um beträchtliche Einsparungen zu erreichen[656]. Ein selbständiger unabhängiger Markt außerhalb der gesetzlichen Krankenversicherung existiere nicht, so dass mit den Festbetragsregelungen, die für rund 90 % der Arzneimittel gelten, eine faktische Preisobergrenze geschaffen würde und damit ein Preisanpassungszwang[657].

b) Ablehnung der Berührung des Schutzbereichs des Art. 12 Absatz 1 GG

Überzeugender ist die Ansicht, die dem Bundesverfassungsgericht zustimmt und eine Berührung des Schutzbereichs der Berufsfreiheit ablehnt. Die Arzneimittelhersteller stehen außerhalb des Systems der gesetzlichen Krankenversicherung und sind dadurch als unbeteiligte Dritte und eben gerade nicht als Betroffene anzusehen[658]. Das Grundrecht aus Art. 12 Absatz 1 GG hat einen normgeprägten Schutzbereich[659]. Marktbezogene Regelungen bedeuten gerade keinen Eingriff, sondern beinhalten vielmehr eine Definition des Schutzbereiches der Berufsfreiheit[660]. Wegen der Normgeprägtheit berühren leistungsrechtliche Regelungen damit grundsätzlich nicht die Berufsfreiheit der Leistungserbringer[661].

Zudem bestimmt das Bundesverfassungsgericht die Abgrenzung von Eingriff und Reflex neu[662]. Solange sich getroffene Regelungen im Rahmen des Verwaltungshandeln der gesetzlichen Krankenversicherung halten, seien jegliche Änderungen des Leistungsrechts, sogar die Herausnahme von Krankheiten, unabhängig von den möglichen Auswirkungen nicht als Eingriff anzusehen, sondern als bloßer Reflex[663]. Das bedeutet, dass weder nachteilige marktkonforme Einwirkungen noch zulässige systembezogene Einwirkungen Eingriffe in die Berufsfreiheit der Leistungserbringer darstellten[664]. Diese aufgrund der Normprägung des Grundrechts aus Art. 12 Absatz 1 GG möglichen Ausgestaltungen des Schutzbereichs können gleichwohl in Eingriffe umschlagen, wann

---

656 Posser/Müller, NZS 2004, 178, 182 mit Verweis auf BT-Drs. 15/1525 S. 87.
657 Posser/Müller, NZS 2004, 178, 182.
658 Schelp, NZS 1997, 155, 157.
659 Neumann in Festschrift 50 Jahre Bundessozialgericht, S. 245, 260.
660 Neumann in Festschrift 50 Jahre Bundessozialgericht, S. 245, 260.
661 Neumann in Festschrift 50 Jahre Bundessozialgericht, S. 245, 261.
662 Neumann in Festschrift 50 Jahre Bundessozialgericht, S. 245, 261.
663 Neumann in Festschrift 50 Jahre Bundessozialgericht, S. 245, 261.
664 Neumann in Festschrift 50 Jahre Bundessozialgericht, S. 245, 261.

aber ein Eingriff und keine Ausgestaltung vorliegt, ist schwer zu bestimmen[665]. Die Festbetragsfestsetzungen stellen keine solchen Eingriffe dar.

Dass dieses Ergebnis und die Argumentation des Bundesverfassungsgerichts nicht – wie von Teilen der Literatur angeführt – in Widerspruch zu früheren Entscheidungen steht, lässt sich mit einem Blick auf andere frühere Entscheidungen erkennen. So hat das Bundesverfassungsgericht 1997 in Hinblick auf die Regelung des § 31 Absatz 3 SGB V in der Fassung des Gesundheitsstrukturgesetzes vom 21. Dezember 1992 entschieden, dass von dieser und vergleichbaren Regelungen lediglich Reflexwirkungen auf die Grundrechte externer Leistungserbringer ausgingen[666]. Diese Regelung – vergleichbar der heutigen – regelt die Zuzahlung von Versicherten zu verordneten Arznei- und Verbandsmitteln[667]. Die Schmälerung des Gewinns aufgrund eines geänderten Verordnungs– bzw. Einkaufverhaltens der Vertragsärzte bzw. Versicherten seien Reflexwirkungen, die nicht zu einer unmittelbaren, gegenwärtigen Betroffenheit der Arzneimittelhersteller selbst führen[668].

Diese Entscheidung bestätigte eine sechs Jahre zuvor ergangene Entscheidung des Bundesverfassungsgerichts, mit der es ebenfalls eine Verfassungsbeschwerde von Arzneimittelhersteller bereits als unzulässig abwies[669]. In dieser Entscheidung ging es um § 34 Absatz 1 SGB V. In dieser Fassung wurden Arzneimittel gegen die dort aufgezählten Erkrankungen ausgeschlossen. Die Wirkungen eines solchen Ausschlusses stellten sich als Reflexwirkungen dar, die nicht ausreichen würden, den davon Berührten als rechtlich selbst betroffen zu qualifizieren[670]. Ohne dass es eine Eingriffsqualität in die Rechte der Hersteller besäße, könne der Gesetzgeber bestimmte Leistungsbereiche aus dem System herausnehmen und dem freien Markt zuordnen. Somit läge eine objektiv berufsregelnde Tendenz, die zu einer Prüfung der Norm am Maßstab des Art. 12 Absatz 1 GG führte, nicht vor[671].

Liegt demnach eine Regelung vor, die die Herausnahme von Tätigkeiten, die lediglich im Rahmen eines umfassenden Berufes ausgeübt werden und deren Regelung die eigentliche Berufstätigkeit als Grundlage der Lebensführung

---

665 Neumann in Festschrift 50 Jahre Bundessozialgericht, S. 245, 263.
666 BVerfG, Beschluss vom 1. November 1996 – 1 BvR 580/93 – Rn. 2.
667 BVerfG, Beschluss vom 1. November 1996 – 1 BvR 580/93 – Rn. 1.
668 Daher sei die Verfassungsbeschwerde bereits unzulässig; BVerfG, Beschluss vom 1. November 1996 – 1 BvR 580/93 – Rn. 1f.
669 BVerfG, Beschluss vom 21. September 1991 – 1 BvR 1621/89 – Rn. 1.
670 BVerfG, Beschluss vom 21. September 1991 – 1 BvR 1621/89 – Rn. 3.
671 BVerfG, Beschluss vom 21. September 1991 – 1 BvR 1621/89 – Rn. 3.

unberührt lässt, auch wenn sie vermeintlich zu Umsatzeinbußen führen könnte, stellt diese weder eine Berufswahlregelung[672], noch eine Berufsausübungsregelung dar[673]. Durch die Festbetragsregelungen, die allein an innerhalb des Systems sehende adressiert sind, soll allein die Durchführung der Aufgaben der gesetzlichen Krankenversicherung geregelt werden. Den pharmazeutischen Unternehmen wird nicht vorgeschrieben, wie sie ihre Leistungen zu erbringen haben noch werden Leistungen wegen der Art der Leistungserbringung ausgeschlossen[674]. Wenn bestimmte Leistungen zu einem bestimmten Preis nicht von der gesetzlichen Krankenversicherung übernommen werden, so stellt dies allein ein Abnahmeproblem, mithin das unternehmerische Risiko, dar und keine Frage der Berufsausübung[675]. Ein Anspruch auf Abnahme von Leistungen besteht nicht[676].

4. Klagebefugnis wegen fehlerhafter Gruppenbildung / Falschbewertung von Arzneimitteln

Die Ausführungen des Bundesverfassungsgerichts zu dem – nicht vorliegenden – Grundrechtseingriff durch das Verfahren der Festbetragsfestsetzung als solche schließen einen Grundrechtseingriff aus anderen Gründen nicht aus[677]. Der Geltendmachung einer Verletzung von Grundrechten steht das Urteil des Bundesverfassungsgerichts dann nicht entgegen, wenn eine Wettbewerbsbenachteiligung durch eine fehlerhafte Einstufung bzw. durch die Nichtberücksichtigung von Besonderheiten eines Arzneimittels vorliegt[678]. Dann ist eine

---

672 BVerfGE 68, 272.
673 Vgl. BSG, Urteil vom 1. Oktober 1990 – 6 RKa 22/88 – in BSGE 67, 251 Rn. 20.
674 Vgl. BSG, Urteil vom 1. Oktober 1990 – 6 RKa 22/88 – in BSGE 67, 251 Rn. 20.
675 Vgl. BSG, Urteil vom 1. Oktober 1990 – 6 RKa 22/88 – in BSGE 67, 251 Rn. 20.
676 BSG, Urteil vom 1. Oktober 1990 – 6 RKa 22/88 – in BSGE 67, 251, Rn. 20.
677 BSG, Urteil vom 24. November 2004 – B 3 KR 23/04 R – in BSGE 94, 1, 5 f.; BSG, Urteil vom 24. November 2004 – B 3 KR 10/04 R – in BSGE 93, 296, 299.
678 BSG, Urteil vom 24. November 2004 – B 3 KR 23/04 R – in BSGE 94, 1, 5; BSG, Urteil vom 24. November 2004 – B 3 KR 10/04 R – in BSGE 93, 296, 299. Ob sich in diesen Fällen eine Klagebefugnis bereits aus dem SGB V selbst – insbesondere aus § 35 Absatz 7 SGB V – ergibt, hat das Bundessozialgericht in diesen Entscheidungen offen gelassen. Die Regelung des § 35 Absatz 7 SGB V könnte als eine Regelung gesehen werden, die einfach-gesetzlich ohne weitere Voraussetzungen den Arzneimittelherstellern die Klagebefugnis einräumt. Andererseits erscheint es auch möglich, dass ein Eingriff in eine geschützte Rechtsposition vorausgesetzt wird. Das Bundessozialgericht führt zunächst an, dass in § 35 a Absatz 7 SGB V in der Fassung aus den Jahren 2002 und 2003 juristische Personen gegen die Anpassung der Festbeträge für Arzneimittel in Form der Rechtsverordnung durch das Bundesministerium für

Klagebefugnis der Arzneimittelhersteller nach der Ansicht des Bundessozialgerichts gegeben, obwohl die Arzneimittelhersteller nicht Adressaten der Festbetragsfestsetzung sind und die fehlerhafte Festbetragsfestsetzung nicht absichtlich oder zielgerichtet erfolgt ist[679].

a) Klagebefugnis aus Art. 12 Absatz 1 GG

Der dritte und sechste Senat[680] des Bundessozialgerichts leitet die Klagebefugnis aus Art. 12 Absatz 1 GG i. V. m. Art. 3 GG her.

Da die Krankenkassen und ihre Verbände Teil der mittelbaren Staatsverwaltung seien, stellten sich die von Ihnen getroffenen Maßnahmen als „staatliche Maßnahmen" dar[681]. Wenn diese Maßnahmen auf die Veränderung des Verhaltens von Unternehmen im Wettbewerb zielen oder den Wettbewerb zu verfälschen drohen, kommt eine Beeinträchtigung der Berufsfreiheit in Betracht; Art. 12 Absatz 1 GG schütze dann auch vor ungerechtfertigter staatlicher Begünstigung von Konkurrenten, solange sich die Änderungen oder Folgen, nicht als bloßer Reflex darstellten[682]. Die Regelungen zur Festbetragsfestsetzung in § 35 SGB V gehe von einem solchen Recht auf fairen Wettbewerb aus[683]. Dies solle zum einen dadurch erreicht werden, dass die für bestimmte Indikatoren zur Verfügung stehenden Arzneimittel in einer Gruppe zusammengefasst – was für den Arzt und dadurch auch für die Versicherten Transparenz erzeugt – und bezüglich ihrer Wirksamkeit und Wirtschaftlichkeit bewertet werden[684]. Die Einordnung von verschiedenen Arzneimitteln in einer Gruppe besage, dass diese allesamt dieselben Wirkstoffe, ähnliche Wirkstoffe mit vergleibarer Wirkung

---

Gesundheit klagebefugt waren. Wenn dies auch die Arzneimittelhersteller betraf, hätte dies auch für § 35 SGB V gelten müssen. Es ist ersichtlich, dass der Gesetzgeber durchaus an die Arzneimittelhersteller gedacht habe, da er in § 35 SGB V eine Reihe von Ausnahmevorschriften für patentgeschützte Arzneimittel erlassen hat, die ersichtlich den Interessen der Arzneimittelhersteller entgegenkommen sollten. Allerdings hätte der Gesetzgeber durchaus die Möglichkeit gehabt eine umfassende Klagemöglichkeit für Arzneimittelhersteller zu regeln. Dieser vermutliche Streit bräuchte jedoch aufgrund der durch Art. 19 Absatz 4 GG gegebenen Rechtsschutzgarantie nicht entschieden zu werden.

679 BSG, Urteil vom 24. November 2004 – B 3 KR 23/04 R – in BSGE 94, 1, 9; BSG, Urteil vom 24. November 2004 – B 3 KR 10/04 R – in BSGE 93, 296, 301.

680 Vgl. Urteil vom 31. Mai 2006 – B 6 KA 13/05 R – in BSGE 96, 261, 266 f, Rn. 34 f.

681 BSG, Urteil vom 24. November 2004 – B 3 KR 23/04 R – in BSGE 94, 1, 6.

682 BSG, Urteil vom 24. November 2004 – B 3 KR 23/04 R – in BSGE 94, 1, 5 f.

683 BSG, Urteil vom 24. November 2004 – B 3 KR 23/04 R – in BSGE 94, 1, 6.

684 BSG, Urteil vom 24. November 2004 – B 3 KR 23/04 R – in BSGE 94, 1, 7.

oder auch andere Stoffe dann mit therapeutisch vergleichbarer Wirkung enthalten[685]. Zum anderen solle durch die Festsetzung des Festbetrages verdeutlicht werden, dass die so zusammengestellten gleichwertigen Arzneimittel für einen Festbetrag zu erhalten sind[686]. Allerdings dürfe eine Gruppenbildung oder eine Gleichbewertung innerhalb einer Gruppe dann nicht erfolgen, wenn medizinisch notwendige Versorgungsalternativen bestünden, um so sicherzustellen, dass der Versicherte ein Medikament in jedem Fall ohne Zuzahlung erhalten kann[687].

Dieser faire Wettbewerb bzw. das Grundrecht auf Wettbewerbsgleichheit (Art. 12 Absatz 1 GG i. V. m. Art. 3 Absatz 1 GG) könnte daher dann verletzt sein, wenn ein Arzneimittel infolge falscher pharmakologisch - therapeutischer Bewertung als mit anderen Arzneimitteln gleichwertig eingestuft wird, damit in eine falsche Arzneimittelgruppe eingeordnet worden ist und ersetzbar durch andere Konkurrenzprodukte erscheint, obwohl diese Ersetzbarkeit gerade nicht vorliege[688]. Auch sei eine solche ungerechtfertigte Gleichbehandlung möglich, wenn fälschlicherweise ein teureres Arzneimittel aufgrund einer unzutreffenden Bewertung seiner Wirkungsweise als mit einem billigeren Präparat als gleichwertig beurteilt werde[689].

In beiden Fällen würden die Grundsätze der Gruppenbildung verletzt werden. Dies führe nicht nur zu einer Fehlinformation des Arztes und einer Benachteiligung des Versicherten, sondern eben auch zu einer Benachteiligung des

---

685 BSG, Urteil vom 24. November 2004 – B 3 KR 23/04 R – in BSGE 94, 1, 7.
686 BSG, Urteil vom 24. November 2004 – B 3 KR 23/04 R – in BSGE 94, 1, 7.
687 BSG, Urteil vom 24. November 2004 – B 3 KR 23/04 R – in BSGE 94, 1, 7.
688 BSG, Urteil vom 24. November 2004 – B 3 KR 23/04 R – in BSGE 94, 1, 9.
689 BSG, Urteil vom 24. November 2004 – B 3 KR 10/04 R – in BSGE 93, 296, 300:
     Wenn in einer Festbetragsgruppe neben der Gruppenbildung für Arzneimittel mit vergleichbaren Wirkstoffen auch eine Differenzierung nach der Wirkstärke eines Arzneimittels stattfindet und ein Wirkstoff fälschlicherweise unterbewertet werde, führe dies dazu, dass die Dosis des Arzneimittels mit dem unterbewerteten Wirkstoff von dem Arzt höher als in Wahrheit erforderlich angesetzt werden müsste, da die Arzneimittel in der Gruppe als gleich wirksam behandelt werden. Muss ein Arzneimittelhersteller eines wirksameren Arzneimittels aber den gleichen Preis bei gleicher Packungsgröße eines Referenzarzneimittels festlegen, müsste der Versicherte Zuzahlungen leisten und würde sich gegen dieses Arzneimittel entscheiden. Bei gleicher Wirksamkeit eines Arzneimittels aber nur einem Verkaufspreis in Höhe der Festbeträge bedeutete dies erhebliche Umsatzeinbußen, die nicht hingenommen werden müssen.

betroffenen Arzneimittelherstellers im Wettbewerb[690]. Die Folge sei nämlich, dass der Hersteller für sein „besseres" Arzneimittel keinen höheren Preis verlangen könnte, da aufgrund der Hinweispflicht der Ärzte über die dann ausgelöste Zuzahlungspflicht des Versicherten ein solcher nicht erreicht werden könnte[691].

b) Klagebefugnis aus Art. 3 Absatz 1 GG

Anderer Ansicht ist in einem jüngeren Urteil der erste Senat des Bundessozialgerichts[692].

Eine Klagebefugnis aus Art. 12 Absatz 1 GG lehnt er ab[693]. Es nimmt die Argumentation des Bundesverfassungsgerichts auf und führt zunächst aus, dass die durch Art. 12 Absatz 1 GG gewährten Freiheiten sich stets im Rahmen der gesetzlichen Vorschriften halten müssten und damit der Freiheitsschutz auch nur soweit bestehe, wie ihn die rechtlichen Regeln ausgestalten[694]. Die Teilhabe am Wettbewerb sichere Art. 12 Absatz 1 GG daher nur im Rahmen seiner Funktionsbedingungen[695]. Festbetragsentscheidungen seien Vorstufen von Vergabeentscheidungen, die – im Fall von Vergabeentscheidungen öffentlicher Stellen – den Schutzbereich des Art. 12 Absatz 1 GG nicht tangierten[696]. Die staatliche Stelle werde selbst auf Nachfrageseite wettbewerblich tätig, und es sei auch der Nachfrager, der bestimme, nach welchen Kriterien und Verfahren er das günstigste Angebot auswähle[697]. Die Festbetragsfestsetzungen stellten solche Auswahlkriterien dar[698]. Die Unternehmen werden sich bei der Preisgestaltung für ihre Medikamente an den Festbetragsfestsetzungen orientieren und versuchen, die Preise für ihre Medikamente nicht oberhalb der festgesetzten Festbeträge anzusiedeln – dieses Verhalten sei jedoch bloßer Reflex und wird gerade nicht bezweckt[699].

Es kommt aber dennoch nach Ansicht des 1. Senats eine mögliche Grundrechtsbetroffenheit und damit eine Klagebefugnis in Betracht, und zwar wegen

---

690 BSG, Urteil vom 24. November 2004 – B 3 KR 23/04 R – in BSGE 94, 1,9.

691 BSG; Urteil vom 24. November 2004 – B 3 KR 23/04 R – in BSGE 94, 1, 9.

692 BSG, Urteil vom 1. März 2011 – B 1 KR 7/10 R – in BSGE 107, 261.

693 BSG, Urteil vom 1. März 2011 – B 1 KR 7/10 R – in BSGE 107, 261, 264 Rn. 15.

694 BVerfG, Beschluss vom 26. Juni 2002 – 1 BvR 558/91 u.a. – in BVerfGE 105, 252, 265; BSG, Urteil vom 1. März 2011 – B 1 KR 7/10 R- in BSGE 107, 261, 264 Rn. 15.

695 BVerfG, Beschluss vom 26. Juni 2002 – 1 BvR 558/91 u.a. – in BVerfGE 105, 252, 265; BSG, Urteil vom 1. März 2011 – B 1 KR 7/10 R- in BSGE 107, 261, 264 Rn. 15.

696 BSG, Urteil vom 1. März 2011 – B 1 KR 7/10 R – in BSGE 107, 261, 264 Rn. 15.

697 BSG, Urteil vom 1. März 2011 – B 1 KR 7/10 R – in BSGE 107, 261, 264 Rn. 15.

698 BSG, Urteil vom 1. März 2011 – B 1 KR 7/10 R – in BSGE 107, 261, 264 Rn. 15.

699 BSG, Urteil vom 1. März 2011 – B 1 KR 7/10 R – in BSGE 107, 261, 264 Rn. 16.

der Möglichkeit einer Verletzung des allgemeinen Gleichheitssatzes und damit des Grundrechts aus Art. 3 Absatz 1 GG[700].

Nach Art. 3 Absatz 1 GG dürfen staatliche Stellen, die öffentliche Aufträge vergeben, das Verfahren oder die Kriterien der Vergabe nicht willkürlich bestimmen[701]. Verfälschen daher staatliche Maßnahmen willkürlich den Wettbewerb der Unternehmer, so kann eine Grundrechtsverletzung vorliegen[702]. Wurde ein Arzneimittel willkürlich zu Unrecht unterbewertet und mit anderen Mitteln als gleichwertig und ersetzbar eingestuft und damit die besondere therapeutische Qualität eines Arzneimittels ohne sachlichen Grund verneint, ist der allgemeine Gleichheitssatz verletzt, denn dieser schützt auch vor der Gleichbehandlung von sachlich Ungleichem anhand offensichtlich sachwidriger Kriterien[703]. Werden praktisch unersetzbare Arzneimittel, weil sie große Unterschiede zu anderen Arzneimitteln aufweisen, mit anderen Arzneimitteln ohne Rechtfertigung in einer Gruppe zusammengefasst, so liegt eine verfassungswidrige Gleichbehandlung vor[704]. Führt die Gleichbehandlung dazu, dass die Ausübung grundrechtlich geschützter Freiheiten nachteilig beeinträchtigt wird, ist nach Ansicht des 1. Senats dann eine strengere Gleichheitskontrolle vorzunehmen[705].

c) Ansicht(en) des LSG Berlin – Brandenburg

Nachdem das LSG Berlin – Brandenburg zunächst die Ansicht vertreten hatte, dass mittelbare Folgen keine berufsregelnde Tendenz hätten[706], entschied im Jahre 2006 der erste Senat des LSG Berlin – Brandenburg im Sinne des dritten Senats des Bundessozialgerichts[707]. Die Behauptung eines Wettbewerbsnachteil führe zu einer Klagebefugnis aus Art. 12 Absatz 1 GG i. V. m. Art. 3 Absatz 1 GG[708]. In einem Urteil knapp ein Jahr später führt er noch weiter aus, dass es

---

700 BSG, Urteil vom 1. März 2011 – B 1 KR 7/10 R – in BSGE 107, 261, 265 Rn. 17.

701 BVerfG, Beschluss vom 13. Juni 2006 – 1 BvR 1160/03 – in BVerfGE 116, 135, 153.

702 BSG, Urteil vom 1. März 2011 – B 1 KR 7/10 R – in BSGE 107, 261, 265 Rn. 17 f.

703 BSG, Urteil vom 1. März 2011 – B 1 KR 7/10 R – in BSGE 107, 261, 265 Rn. 17 f.

704 BSG, Urteil vom 1. März 2011 – B 1 KR 7/10 R – in BSGE 107, 261, 265 Rn. 17 f.

705 BSG, Urteil vom 1. März 2011 – B 1 KR 7/10 R - in BSGE 107, 261, 265 Rn. 18.

706 LSG Berlin, Urteil vom 17. September 2003 – L 9 KR 2/03 NV – Rn. 22, aufgehoben durch BSG, Urteil vom 24. November 2004 – B 3 KR 10/04 R – in BSGE 93, 296.

707 LSG Berlin-Brandenburg, Beschluss vom 20. Dezember 2006 – L 1 B 236/06 KR ER – Rn. 42.

708 LSG Berlin-Brandenburg, Beschluss vom 20. Dezember 2006 – L 1 B 236/06 KR ER – Rn 42, wobei es im Rahmen der Begründetheit anmerkt, dass nicht jede rechtswidrige Gruppeneinteilung bzw. Festbetragsfestsetzung zu einer Verletzung

zwar keinen Verstoß gegen die Verfassung darstellt, wenn der Staat als Nachfrager agiere und eine Art Preiskartell gesetzlich festlege, jedoch die Verfälschung des Wettbewerbs durch staatliche Maßnahmen eben der Regelung des Verhaltens der Unternehmer durch den Staat entspreche und daher gerichtlicher Rechtsschutz wegen einer Beeinträchtigung des Art. 12 Absatz 1 GG von den Unternehmern in Anspruch genommen werden könne[709].

Seit 2011 verneint der erste Senat des LSG Berlin – Brandenburg mit Berufung auf die Begründung des ersten Senats des Bundessozialgerichts eine Verletzung des Art. 12 Absatz 1 GG[710]. Es will jedoch den Verstoß gegen Art. 3 Absatz 1 GG nicht im Rahmen einer einfachen Willkürkontrolle überprüfen[711]. Es widerspricht dem 1. Senat des Bundessozialgerichts dahingehend, dass dieser die Festbetragsregelungen als Auswahlkriterien für die Einbeziehung von Arzneimitteln in den GKV-Leistungskatalog ansieht und Parallelen zu Vergabevorgängen zieht[712]. Die Festbetragsfestsetzung bedeute vielmehr eine abstrakt-generelle Regelung, mit der die Arzneimittelpreise für die gesamte Nachfrage aller Krankenkassen reguliert werden[713]. Da für den gesamten Bereich der gesetzlichen Krankenversicherung die Preise mit allgemeiner Wirkung festgesetzt werden, gingen ihre Wirkung über die bloßer Auswahlkriterien hinaus[714]. Bei Arzneimittelherstellern, die nicht nur Arzneimittel herstellen, sondern auch entwickeln,

---

eigener Rechte führen muss, da ein kausaler Umsatzrückgang nicht immer gegeben sein wird; der Wettbewerb der Arzneimittelhersteller hinge auch von anderen Faktoren ab.

709 LSG Berlin-Brandenburg, Beschluss vom 17. Dezember 2007 – L 1 B 435/07 KR ER – Rn. 111.

710 LSG Berlin- Brandenburg, Urteil vom 6. Dezember 2011 – L 1 KR 184/11 ER – in PharmR 2012, 100, 105 und Urteil vom 22. Juni 2012 – L 1 KR 296/09 KL – in NZS 2012, 940, 942.

711 LSG Berlin- Brandenburg, Urteil vom 6. Dezember 2011 – L 1 KR 184/11 ER – in PharmR 2012, 100, 105 und Urteil vom 22. Juni 2012 – L 1 KR 296/09 KL – in NZS 2012, 940, 942.

712 LSG Berlin- Brandenburg, Urteil vom 6. Dezember 2011 – L 1 KR 184/11 ER – in PharmR 2012, 100, 105 und Urteil vom 22. Juni 2012 – L 1 KR 296/09 KL – in NZS 2012, 940, 942.

713 LSG Berlin- Brandenburg, Urteil vom 6. Dezember 2011 – L 1 KR 184/11 ER – in PharmR 2012, 100, 105 und Urteil vom 22. Juni 2012 – L 1 KR 296/09 KL – in NZS 2012, 940, 942.

714 LSG Berlin- Brandenburg, Urteil vom 6. Dezember 2011 – L 1 KR 184/11 ER – in PharmR 2012, 100, 105 und Urteil vom 22. Juni 2012 – L 1 KR 296/09 KL – in NZS 2012, 940, 942.

könne der Fall eintreten, dass sich die Forschung wegen der zu geringen Gewinne, die mit Patentgeschützten Arzneimitteln noch erzielt werden können, nicht mehr lohne[715]. In diesem Fall sei die gesamte Berufsausübung betroffen[716]. Die Kontrolle der Einhaltung des allgemeinen Gleichheitssatzes müsse demnach anhand der sog. Neuen Formel erfolgen[717]. Nach Ansicht des LSG Berlin – Brandenburg ist eine relevante Wettbewerbsverzerrung dann gegeben, wenn eine Verzerrung des Marktes durch widersprüchliches Verhalten des Staates in der Weise stattfindet, dass er die Nachfrage konträr zu seinen eigenen gesetzlichen Zielvorstellungen beeinflusst, das heißt, ein Handeln in Einklang mit den gesetzgeberischen Zielvorstellungen sogar bestraft[718]. Dies müsse ein Wettbewerber nicht hinnehmen[719].

5. Mögliche weitere Verletzungen

Eine mögliche weitere Verletzung von Rechten kann nach der Rechtsprechung aber nicht angenommen werden. Auch für den Fall, dass das pharmazeutische Unternehmen ein Patent für das Mittel habe, liege insbesondere keine Verletzung

---

715 LSG Berlin- Brandenburg, Urteil vom 6. Dezember 2011 – L 1 KR 184/11 ER – in PharmR 2012, 100, 105 und Urteil vom 22. Juni 2012 – L 1 KR 296/09 KL – in NZS 2012, 940, 942.

716 LSG Berlin- Brandenburg, Urteil vom 6. Dezember 2011 – L 1 KR 184/11 ER – in PharmR 2012, 100, 105 und Urteil vom 22. Juni 2012 – L 1 KR 296/09 KL – in NZS 2012, 940, 942.

717 Worauf aber der 1. Senat im Ergebnis auch abstellt: LSG Berlin- Brandenburg, Urteil vom 6. Dezember 2011 – L 1 KR 184/11 ER – in PharmR 2012, 100, 105 und Urteil vom 22. Juni 2012 – L 1 KR 296/09 KL – in NZS 2012, 940, 942.

718 LSG Berlin- Brandenburg, Urteil vom 6. Dezember 2011 – L 1 KR 184/11 ER – in PharmR 2012, 100, 105 und Urteil vom 22. Juni 2012 – L 1 KR 296/09 KL – in NZS 2012, 940, 942.

719 LSG Berlin- Brandenburg, Urteil vom 6. Dezember 2011 – L 1 KR 184/11 ER – in PharmR 2012, 100, 105 und Urteil vom 22. Juni 2012 – L 1 KR 296/09 KL – in NZS 2012, 940, 942 und bereits schon LSG Berlin-Brandenburg, Urteil vom 20. Dezember 2006 – L 1 B 236/06 KR ER – Rn 85. Das LSG Berlin – Brandenburg führt allerdings im Rahmen eines Eilrechtsbeschlusses aus, dass die erforderliche kausale Verletzung subjektiver Rechte durch die rechtswidrige Festbetragsfestsetzung nicht immer gegeben sein muss. Denn nicht jeder relevante Eingriff in den Wettbewerb führe auch zu Umsatz- und Gewinnrückgängen, da gerade der Wettbewerb unter Arzneimittelherstellern auch noch von anderen Faktoren (Therapiehinweise, Bekanntheit des Medikaments bei Ärzten, Werbeaufwand) abhängig sei. Das Nachfrageverhalten sei trotz der Preisfestsetzung offen

des Grundrechts aus Art. 14 GG vor, da durch die Festbetragsfestsetzungen die Nutzung und Verwertung des Patents nicht berührt werden würde[720].

Ebenfalls könne eine fehlende Begründung der Festbetragsfestsetzungen eine Klagebefugnis nicht begründen[721]. Die Festsetzungen seien Allgemeinverfügungen, die nach § 35 Absatz 2 Nr. 5 SGB X nicht der Begründung bedürfen. Eine Begründungspflicht könne auch nicht aus dem Europarecht – der Transparenzrichtlinie – abgeleitet werden[722]. Diese sei ordnungsgemäß mit § 35 Absatz 2 Nr. 5 SGB X umgesetzt, § 35 Absatz 2 Nr. 5 SGB X sei europarechtskonform[723].

Schließlich hätten die Festbetragsregelungen keinen drittschützenden Charakter[724]. Dies ergebe sich aus dem Wortlaut, der Entstehungsgeschichte, dem Regelungszweck und zudem nicht zuletzt aus der Gesetzesentwicklung nach der oben dargestellten Entscheidung des Bundesverfassungsgerichts[725]. Allein ein Stellungnahmerecht vor Entscheidungen des Gemeinsamen Bundesausschusses gewährt § 35 SGB V[726].

6. Zusammenfassung

Die nicht-ärztlichen Leistungserbringer werden nicht durch die den in §§ 35 und 36 SGB V genannten Verbänden eingeräumte Ermächtigung, Festbeträge festzusetzen in ihrem Grundrecht aus Art. 12 Absatz 1 GG berührt, so dass eine Klagebefugnis gegen die Festbetragsfestsetzung insoweit nicht in Betracht kommt.

Eine Klagebefugnis kann nach Ansicht des Bundessozialgerichts ebenfalls nicht wegen der Verletzung einfach-rechtlicher Vorschriften bestehen, da diese keine drittschützende Wirkung gegenüber den pharmazeutischen Unternehmen hätten[727]. Den Festbetragsregelungen könne kein drittschützender Charakter zugunsten der Arzneimittelhersteller darüber hinaus

---

720 BSG, Urteil vom 24. November 2004 – B 3 KR 23/04 R – in BSGE 94, 1, 10; Eine mögliche Verletzung des Art. 12 Absatz 1 GG scheidet nach dem Urteil des Bundesverfassungsgerichts ebenfalls aus; das dem Patentrecht innewohnende Verwertungsrecht beinhalte keinen Anspruch auf Abnahme des Arzneimittels und Zahlung des festgesetzten Preises, so dass eine Berufsausübungsregelung in der Festsetzung der Festbeträge seitens der Spitzenverbände und der Krankenkasse nicht zu sehen sei.
721 BSG; Urteil vom 24. November 2004 – B 3 KR 23/04 R – in BSGE 94, 1, 11.
722 BSG; Urteil vom 24. November 2004 – B 3 KR 23/04 R – in BSGE 94, 1, 11.
723 BSG; Urteil vom 24. November 2004 – B 3 KR 23/04 R – in BSGE 94, 1, 10 f.
724 BSG, Urteil vom 1. März 2011 – B 1 KR 7/10 R – in BSGE 107, 261, 263 Rn. 14.
725 BSG, Urteil vom 1. März 2011 – B 1 KR 7/10 R – in BSGE 107, 261, 263 Rn. 14.
726 BSG, Urteil vom 1. März 2011 – B 1 KR 13/10 R – Rn. 17.
727 BSG, Urteil vom 1. März 2011 – B 1 KR 13/10 R – Rn. 18.

entnommen werden, dass Arzneimittelherstellern allein im Zusammenhang mit Verordnungseinschränkungen oder – ausschlüssen durch den Gemeinsamen Bundesausschuss[728] subjektive Rechte aus § 35 SGB V herleiten können[729].

Allerdings kommt eine Klagebefugnis dann in Betracht, wenn die Grundsätze der Gruppenbildung im Rahmen der Festbetragsfestsetzung verletzt werden und die besonderen Qualitäten eines Arzneimittels durch Gleichbewertung mit anderen Produkten verneint und als gleichwertig ersetzbar eingestuft wird. Hierin sind sich die mit der Materie befassten Senate des Bundessozialgerichts und die Instanzgerichte einig. Betroffene pharmazeutische Unternehmen – obwohl sie nicht die Adressaten der Regelung sind[730] – können eine Aufhebung der Festbetragsfestsetzung verlangen[731].

Zwar sind sich die Senate des Bundessozialgerichts im Ergebnis einig sind, jedoch leitet der erste Senat die Klagebefugnis aus willkürlicher Handhabung des § 35 SGB V und damit einer möglichen Verletzung des allgemeinen Gleichheitssatzes (Art. 3 Absatz 1 GG) her, der dritte Senat hingegen aus einer möglichen Verletzung des Grundrechts auf Wettbewerbsgleichheit aus Art. 12 Absatz 1 GG i. V. m. Art. 3 Absatz 1 GG. Die mögliche Gleichbehandlung von wesentlich Ungleichem in wettbewerbsnachteiliger Weise ohne rechtfertigenden Grund ist dann darzulegen[732].

Ferner können die pharmazeutischen Unternehmen bei einer Verletzung ihrer Anhörungsrechte Klage erheben[733].

Bezüglich der Überprüfbarkeit ist anzumerken, dass der Gemeinsame Bundessausschuss nach Ansicht des Bundessozialgerichts in Hinblick auf die Regelungselemente des § 35 SGB V keinen Gestaltungs- und Beurteilungsspielraum hat[734]. Das heißt, das Gericht hat in Hinblick auf die Verwendung ihrer Art nach rechtmäßiger Prüfkriterien, die Ermittlung des Inhalts der Arzneimittelzulassungen, die Qualifizierung von Arzneimitteln als solche mit pharmakologisch

---

728 Die dieser nur dann regeln darf, wenn nicht auf andere Weise, wie bspw. durch Festlegung eines Festbetrages nach § 35 SGB oder durch die Vereinbarung eines Erstattungsbetrages nach § 130 b SGB V, die Wirtschaftlichkeit eines Arzneimittels hergestellt werden kann.

729 BSG, Urteil vom 1. März 2011 – B 1 KR 7/10 R – in BSGE 107, 261, 263 Rn. 14.

730 Nach der Gesetzeskonzeption seien das die Versicherten und Vertragsärzte, BSG, Urteil vom 1. März 2011 – B 1 KR 7/10 R – BSGE 107, 261, 263 Rn. 17.

731 BSG, Urteil vom 1. März 2011 – B 1 KR 13/10 R – Rn 16.

732 BSG; Urteil vom 24. November 2004 – B 3 KR 23/04 R – in BSGE 94, 1, 9.

733 BSG, Urteil vom 1. März 2011 – B 1 KR 7/10 R – in BSGE 107, 261, 263 Rn. 13.

734 BSG, Urteil vom 1. März 2011 – B 1 KR 10/10 R – in BSGE 107, 287, Rn. 37.

therapeutisch vergleichbaren Wirkstoffen oder aber auch die Vollständigkeit der vom Gemeinsamen Bundesausschuss zu berücksichtigenden Studienlage[735], sowie die Gewährleistung einer ausreichenden, zweckmäßigen, wirtschaftlichen und in der Qualität gesicherten Versorgung ein engmaschiges, rechtlich voll überprüfbares Programm[736].

In Hinblick auf die Entscheidung über den Zeitpunkt, Zuschnitt und Auswahl der Gruppe sowie bei der Bewertung des zutreffend ermittelten Standes der Studienlage im Hinblick auf ihre Eignung, für die Gruppenbildung relevante Therapiehinweise, Verordnungseinschränkungen oder –ausschlüsse entscheidet der Gemeinsame Bundesausschuss allerdings als Normgeber, so dass sich hier die gerichtliche Überprüfung auf die Einhaltung der Zuständigkeits- und Verfahrensbestimmungen beschränkt, sowie darauf, ob die gesetzlichen Vorgaben nachvollziehbar und widerspruchsfrei bei Anwendung des Gestaltungsspielraums Beachtung gefunden haben[737].

Eine rechtswidrige Überschreitung der Ermächtigung liegt beispielweise schon dann vor, wenn Formulierungen – bspw. „Bruttopreis", „Mehrpreis", „Stückpreis", „Paarpreis" – in der Festbetragsfestsetzung objektiv geeignet sind, die Festsetzung nicht als Festbetragsfestsetzung zu verstehen, sondern im Sinne einer Preisfestsetzung[738]. In diesem Fall könnte objektiv der Eindruck entstehen, dass über die gesetzlich übertragene Aufgabe hinaus statt Festbeträgen allgemeine Abgabehöchstpreise festgesetzt werden[739]. Solche Klauseln sind rechtswidrig[740].

7. Klagebefugnis der Innungen gegen Festbetragsfestsetzungen

In Hinblick auf die Innungen, die sich gegen möglicherweise rechtswidrige Festbetragsfestsetzungen zur Wehr setzen wollen, ist zu sehen, dass auch hier eine Verletzung von Art. 12 Absatz 1 GG nicht in Betracht kommt[741], jedoch kommt – bei Überschreitung der Ermächtigung durch den Gemeinsamen Bundesausschuss – die Geltendmachung der Verletzung eigener Rechte der Innungen aber auch die Geltendmachung der möglichen Verletzung der Rechte der

---

735 LSG Berlin-Brandenburg, Urteil vom 22. Juni 2012 – L1 KR 296/09 KL – in NZS 2012, 940, 943.
736 BSG, Urteil vom 1. März 2011 – B 1 KR 13/10 – Rn. 79.
737 BSG, Urteil vom 1. März 2011 – B 1 KR 7/10 R – in BSGE 107, 261, 275 Rn. 27.
738 BSG, Urteil vom 22. November 2012 – B 3 KR 19/11 R – Rn.49 f.
739 BSG, Urteil vom 22. November 2012 – B 3 KR 19/11 R – Rn. 50.
740 BSG, Urteil vom 22. November 2012 – B 3 KR 19/11 R – Rn. 50.
741 BSG, Urteil vom 22. November 2012 – B 3 KR 19/11 R – Rn. 38.

von ihnen vertretenen Leistungserbringer in gesetzlicher Prozessstandschaft in Betracht[742]. Die Innungen können in einem solchen Fall in ihrer Vertragsabschlusskompetenz nach § 127 SGB V verletzt sein, die Mitglieder wiederum als Leistungserbringer in ihrem Grundrecht aus Art. 12 Absatz 1 GG in Form der Berufsausübungsfreiheit, speziell der Preisbildungsfreiheit[743]. Dies gilt sowohl für Bundesinnungen als auch regionale Handwerksinnungen[744].

Da das Bundessozialgericht in dem von ihm zu entscheidenden Fall bereits die Verletzung der Vertragsabschlusskompetenz bejaht hat, hat es die Frage, ob die Innungen auch eine Verletzung der Berufsfreiheit bei Vorliegen einer möglichen Überschreitung der Ermächtigung durch den Gemeinsamen Bundesausschuss geltend machen könnten, offen gelassen[745].

III. Klagebefugnis gegen Therapiehinweise des Gemeinsamen Bundesausschusses

Therapiehinweise gibt der Gemeinsame Bundesausschuss u.a. im Rahmen seiner Arzneimittelrichtlinie nach § 92 Absatz 1 Satz 2 Nr. 6 SGB V ab[746]. Die Therapiehinweise sollen über den wirtschaftlichen Umgang mit einem bestimmten Arzneimittel informieren und sind daher ausdrücklich an die Vertragsärzte gerichtet[747]. Die Pharmaunternehmen sind damit nicht die Adressaten der Therapiehinweise[748]. Das Bundesverfassungsgericht hat aber bereits in mehreren Entscheidungen Klagen gegen Hoheitsakte von Dritten zugelassen, erforderlich war allerdings, dass zwischen dem Kläger und der streitgegenständlichen Maßnahme eine hinreichend enge Beziehung bestand[749].

Das Bundessozialgericht bejaht die für die Klagebefugnis schlüssige Darlegung einer Betroffenheit des Grundrechts aus Art. 12 Absatz 1 GG durch die Therapiehinweise[750]. Diese hätten eine berufsregelnde Tendenz[751]. Auch wenn

---

742 BSG, Urteil vom 22. November 2012 – B 3 KR 19/11 R – Rn. 39.
743 BSG, Urteil vom 22. November 2012 – B 3 KR 19/11 R – Rn. 40.
744 BSG, Urteil vom 22. November 2012 – B 3 KR 19/11 R – Rn. 41
745 BSG, Urteil vom 22. November 2012 – B 3 KR 19/11 R – Rn. 42.
746 BSG, Urteil vom 31. Mai 2006 – B 6 KA 13/05 R – in BSGE 96, 261, 264 Rn. 27 f.
747 BSG, Urteil vom 31. Mai 2006 – B 6 KA 13/05 R – in BSGE 96, 261, 265 Rn. 29.
748 BSG, Urteil vom 31. Mai 2006 – B 6 KA 13/05 R – in BSGE 96, 261, 265 Rn. 29.
749 BVerfG, Beschluss vom 7. Oktober 2003 – 1 BvR 1712/01 – in BVerfGE 108, 370, 384; BVerfG, Urteil vom 29. November 1961 – 1 BvR 148/57 – in BVerfGE 13, 230, 232 f; BVerfG, Urteil vom 6. Mai 1964 – 1 BvR 320/57 – in 18, 1, 12, 17.
750 BSG, Urteil vom 31. Mai 2006 – B 6 KA 13/05 R – in BSGE 96, 261, 265 Rn. 30.
751 BSG, Urteil vom 31. Mai 2006 – B 6 KA 13/05 R – in BSGE 96, 261, 265 Rn. 31.

nicht die grundsätzliche Verordnungsfähigkeit von Medikamenten streitig sein sollte bzw. durch den Therapiehinweis in Frage stehen sollte – was dann die Verwehrung des Zugangs zu dem Markt der gesetzlich Versicherten bedeuten könnte –, so liegt auch dann eine Berührung des Schutzbereichs und ein Eingriff in die durch Art. 12 Abs. 1 GG gewährte Berufsausübungsfreiheit vor, wenn durch den Therapiehinweis beabsichtigt wird, die Verschreibung eines – wirtschaftlicheren – Arzneimittels einem anderen Arzneimittel aus Kostenersparnisgründen vorzuziehen[752]. Die so angeordnete nur nachrangige Verschreibung eines Arzneimittels führt zu Umsatzrückgängen und –defiziten des Herstellers dieses Arzneimittels und weist daher eine objektiv berufsregelnde Tendenz auf[753].

Die Klagebefugnis der Unternehmen wird auch nicht dadurch ausgeschlossen, dass die Ärzte an die Therapiehinweise nicht strikt gebunden sind[754]. Soweit die Hinweise als „Soll" – Regelungen ausgestaltet sind, gewähren sie zwar den Ärzten einen gewissen Spielraum bei ihren Verschreibungen, so dass die tatsächliche Beeinträchtigung der Pharmaunternehmen von der Reaktion der Ärzte auf die Therapiehinweise abhängt[755]. Diese Formulierungen führten aber nicht dazu, dass lediglich von einer mittelbaren Betroffenheit der Pharmaunternehmen auszugehen sei oder anzunehmen sei, dass eine mögliche Betroffenheit allein von der Verordnungspraxis der Ärzte abhängig sei[756]. Der Gemeinsame Bundesausschuss beabsichtigt durch die Abgabe solcher Hinweise eine Lenkung des Verordnungsverhalten der Ärzte in Hinblick auf ein Arzneimittel; eine Bindung werde allein bereits durch die Vorgabe eines Regel-Ausnahme-Verhältnisses erzeugt, dass nicht als unverbindlich angesehen werden könne, denn der Gemeinsame Bundesausschuss gibt solche Hinweise mit dem Vorhaben ab, diese dann durch Maßnahmen der Wirtschaftlichkeitsprüfung nach § 106 SGB V umzusetzen[757].

Bei einem Therapiehinweis, durch den eine wirtschaftliche Verordnungspraxis hervorgerufen werden soll, ist die Rechtssphäre der Unternehmen betroffen, auch wenn diese eben gerade keine Rechtsposition aus Art. 12 Absatz 1 GG herleiten können, durch die sie eine gerichtliche Überprüfung des Leistungsumfanges gesetzlichen Krankenversicherung auf seine Rechtmäßigkeit hin anstrengen

---

752 BSG, Urteil vom 31. Mai 2006 – B 6 KA 13/05 R – in BSGE 96, 261, 265 Rn. 31.
753 BSG, Urteil vom 31. Mai 2006 – B 6 KA 13/05 R – in BSGE 96, 261, 265 f. Rn. 31.
754 BSG, Urteil vom 31. Mai 2006 – B 6 KA 13/05 R – in BSGE 96, 261, 266 Rn. 32.
755 BSG, Urteil vom 31. Mai 2006 – B 6 KA 13/05 R – in BSGE 96, 261, 266 Rn. 32.
756 BSG, Urteil vom 31. Mai 2006 – B 6 KA 13/05 R – in BSGE 96, 261, 266 Rn. 32.
757 BSG, Urteil vom 31. Mai 2006 – B 6 KA 13/05 R – in BSGE 96, 261, 266 Rn. 32.

können[758]. Regelungen, durch die die Behandlung von bestimmten geringfügigen Gesundheitsstörungen grundsätzlich zu Lasten der gesetzlichen Krankenversicherung ausgeschlossen wird, oder der nach § 34 Absatz 2 SGB V vorgesehene Ausschluss der Verordnungsfähigkeit von Arzneimitteln, die zur Behandlung von geringfügigen Gesundheitsstörungen angewandt werden, betreffen ebenfalls nicht die Unternehmen[759]. In diesen Fällen ist allein die Rechtssphäre der Versicherten, der Vertragsärzte und der Kostenträger betroffen[760].

Therapiehinweise solcher Art betreffen aber die wettbewerbliche Situation eines grundsätzlich verordnungsfähigen Arzneimittels[761]. Das Bundesverfassungsgericht bejaht eine Klagebefugnis wegen einer möglichen Verletzung der Berufsausübungsfreiheit immer dann, wenn marktrelevante Informationen durch einen Hoheitsträger verbreitet werden, die sich als falsch herausstellen, jedoch nicht korrigiert werden[762]. Beruht ein Therapiehinweis daher auf überprüfbaren Bewertungen, bspw. medizinisch-pharmakologischer Art, so kann die Zulässigkeit der Klage nicht aufgrund mangelnder Klagebefugnis verneint werden[763]. Wird die besondere therapeutische Qualität eines Arzneimittels nicht erkannt und erfolgt infolge dieser Falschbewertung eine Gleichstellung mit andersartigen Konkurrenzprodukten und die Feststellung, dass dieses Arzneimittel als gleichwertig ersetzbar erscheint, dann ist eine Betroffenheit der Arzneimittelhersteller gegeben[764].

Vergleichbar mit der Falschbewertung der Wirksamkeit eines Arzneimittels, sind auch die Fälle, in denen ein teureres Arzneimittel als unwirtschaftlich eingestuft und seine Verordnung weitgehend eingeschränkt wird, weil es mit einem anderen Konkurrenzprodukt fälschlicherweise als gleichwertig in seiner Wirkungsweise bewertet wurde[765]. Auch hier ist die Klagebefugnis zu bejahen[766].

Kann eine solche Falschbewertung und die Nichtbeachtung der gesetzlichen Vorgaben im Rahmen solcher Bewertungen plausibel vorgetragen werden,

---

758 BSG, Urteil vom 31. Mai 2006 – B 6 KA 13/05 R – in BSGE 96, 261, 266 Rn. 33, s.u.

759 BSG, Urteil vom 31. Mai 2006 – B 6 KA 13/05 R – in BSGE 96, 261, 266 Rn. 33, s.u.

760 BSG, Urteil vom 31. Mai 2006 – B 6 KA 13/05 R – in BSGE 96, 261, 266 Rn. 33, s.u.

761 BSG, Urteil vom 31. Mai 2006 – B 6 KA 13/05 R – in BSGE 96, 261, 266 Rn. 34.

762 BVerfG, Beschluss vom 26. Juni 2002 – 1 BvR 558/91 und 1428/91 – in BVerfGE 105, 252, 273.

763 BSG, Urteil vom 31. Mai 2006 – B 6 KA 13/05 R – in BSGE 96, 261, 267 Rn. 34.

764 BSG, Urteil vom 31. Mai 2006 – B 6 KA 13/05 R – in BSGE 96, 261, 267 Rn. 35.

765 BSG, Urteil vom 31. Mai 2006 – B 6 KA 13/05 R – in BSGE 96, 261, 267 Rn. 35.

766 BSG, Urteil vom 31. Mai 2006 – B 6 KA 13/05 R – in BSGE 96, 261, 267 Rn. 35.

kommt eine Betroffenheit des Art. 12 Absatz 1 GG in Betracht und die Klagebefugnis muss bejaht werden[767].

IV. Klagebefugnis gegen Verordnungsausschlüsse und -beschränkungen und gegen die Verweigerung einer Empfehlung nach § 135 Absatz 1 SGB V

Nach § 34 Absatz 1 Satz 1 SGB V sind nicht verschreibungspflichtige Arzneimittel von der Versorgung ausgeschlossen. Der Gemeinsame Bundesausschuss legt in seinen Richtlinien fest, welche nicht verschreibungspflichtigen Arzneimittel, die bei der Behandlung schwerwiegender Erkrankungen als Therapiestandard gelten, zur Anwendung bei diesen Erkrankungen mit Begründung vom Vertragsarzt ausnahmsweise verordnet werden können.

Das Bundesverfassungsgericht hat 2012 entschieden, dass dieser grundsätzliche Ausschluss nicht verschreibungspflichtiger Arzneimittel aus dem Leistungskatalog der gesetzlichen Krankenversicherung verfassungsmäßig ist[768] und damit die Ansicht des Bundessozialgerichts[769] bestätigt. Das Bundesverfassungsgericht stellt am Ende seiner Entscheidung fest, dass die Normsetzungsbefugnis des Gemeinsamen Bundesausschusses in § 34 Absatz 1 Satz 2 SGB V – unabhängig von deren Rechtmäßigkeit, zu der es sich nicht abschließend geäußert hat – nicht die Position der Versicherten betreffe, da der Ausschluss der nicht verschreibungspflichtigen Arzneimittel auf einer gesetzgeberischen Entscheidung beruhe[770]. Dies müsste dann erst Recht für die nicht-ärztlichen Leistungserbringer gelten.

Durch § 34 Absatz 3 SGB V werden unwirtschaftliche Arzneimittel von der Versorgung ausgeschlossen. § 34 Absatz 3 SGB V stellt die Anlage zu der

---

767 BSG, Urteil vom 31. Mai 2006 – B 6 KA 13/05 R – in BSGE 96, 261, 267 Rn. 35.
768 BVerfG, Beschluss vom 12. Dezember 2012 – 1 BvR 69/09 – in PharmR 2013, 119, 120 (Verfassungsbeschwerde eines Versicherten); in Bezug auf die alte Fassung des § 34 Absatz 1 SGB V, durch die Arzneimittel gegen bestimme Krankheiten von der Leistungspflicht der gesetzlichen Krankenversicherung ausgeschlossen wurden, hatte das Bundesverfassungsgericht die Berührung des Schutzbereiches des Art. 12 Absatz 1 GG verneint (BVerfG, Beschluss vom 21. September 1991 – 1 BvR 1621/89 – Rn. 3.): Ebenso wenig wie Art. 12 Absatz 1 GG sei die Chancengleichheit nach Art. 12 Absatz 1 GG i. V. m. Art. 3 Absatz 1 GG sowie das Eigentumsgrundrecht aus Art. 14 GG berührt.
769 BSG, Urteil vom 6. November 2008 – B 1 KR 6/08 R –.
770 BVerfG, Beschluss vom 12. Dezember 2012 – 1 BvR 69/09 – in PharmR 2013, 119, 123.

Verordnung über unwirtschaftliche Arzneimittel, in der die unwirtschaftlichen Arzneimittel aufgeführt sind, den Richtlinien des Gemeinsamen Bundesausschusses gleich.

Das Bundesverfassungsgericht hat auch diese Vorschrift für verfassungsgemäß erklärt[771]. Zwar habe die Regelung eine objektiv berufsregelnde Tendenz, da durch den Ausschluss unwirtschaftlicher Arzneimittel von der Verordnungsfähigkeit diese Arzneimittel weniger verschrieben und abgegeben würden, was zu einem erhebliche Umsatzrückgang führe[772]. Die Vorschrift habe aber gerade nicht die Berufsregelung im Fokus, sondern die Absicherung der finanziellen Stabilität der gesetzlichen Krankenversicherung, so dass ein weiter Gestaltungsspielraum des Gesetzgebers angenommen werden muss[773]. Die verwendeten typisierenden Tatbestandsmerkmale seien bei der Regelung von Massenerscheinungen notwendig und verfassungsrechtlich unbedenklich[774]. Bei solch typisierenden Tatbestandsmerkmalen jedoch sei notwendige Folge, dass einzelne stärker oder schwächer betroffen werden[775]. Solange nachvollziehbare Gründe hierfür vorliegen, sei eine gesetzliche Differenzierung zwischen Arzneimittelgruppen, die ganz von der Versorgung ausgeschlossen werden und solchen, deren Verordnung eingeschränkt oder nicht eingeschränkt werde, möglich[776].

Das Bundesverfassungsgericht entschied Jahre später konsequent, dass auch die Präparats-Übersicht (sog. Negativ-Liste), die die nach § 34 Absatz 3 SGB V unwirtschaftlichen und damit nicht verordnungsfähigen Arzneimittel beinhaltet, den Schutzbereich von Art. 12 Absatz 1 GG berühre, der Eingriff jedoch ebenfalls gerechtfertigt sei[777].

---

771 Zur alten Fassung, die den Ausschluss unwirksamer Arzneimittel durch Rechtsverordnung des Bundesgesundheitsministeriums vorsah: BVerfG, Beschluss vom 20. September 1991 – 1 BvR 879/90 – in NJW 1992, 735, 736; BSG, Urteil vom 16. Juli 1996 – 1 RS 1 /94 – in NZS 1997, 173, 176. Da sich allein die Regelungstechnik, jedoch nicht der Inhalt der Norm geändert hat, müssen diese Ansichten auf die aktuelle Fassung übertragbar sein.

772 BVerfG, Beschluss vom 20. September 1991 – 1 BvR 879/90 – in NJW 1992, 735, 736; BSG, Urteil vom 16. Juli 1996 – 1 RS 1 /94 – in NZS 1997, 173, 176.

773 BVerfG, Beschluss vom 12. Oktober 1977 – 1 BvR 217/75 – in BVerfGE, 46, 120, 145 und BVerfG, Beschluss vom 15. Dezember 1987 – 1 BvR 563/85 – in BVerfGE 77, 308, 332.

774 BVerfG, Beschluss vom 24. Juli 1963 – 1 BvL 30/57 – in BVerfGE 17, 1,23.

775 BVerfG, Beschluss vom 20. September 1991 – 1 BvR 879/90 – in NJW 1992, 735, 736.

776 BVerfG, Beschluss vom 2. Juli 1987 – 1 BvL 18/81 u.a. – in BVerfGE 74, 182, 200.

777 BVerfG, Beschluss vom 25. Februar 1999 – 1 BvR 1472/91 und 1510/91 – Rn. 18 ff.

Bezüglich des Regelungsgehalt des § 135 Absatz 1 SGB V kann nach oben verwiesen werden.

Gemein ist diesen Vorschriften, dass sie den Leistungsumfang der gesetzlichen Krankenversicherung betreffen, ebenso wie die bereits oben behandelten Festbetragsfestsetzungen. Die Ansichten des Bundessozialgerichts zur Klagebefugnis von nicht-ärztlichen Leistungserbringern gegen Verordnungsausschlüsse bzw. -beschränkungen von Arzneimitteln, als auch gegen die Verweigerung der Aufnahme einer neuen Behandlungsmethode in den Leistungsumfang der gesetzlichen Krankenversicherung nach § 135 SGB V haben sich zwar im Laufe der Jahre immer mal wieder geändert, man darf jedoch davon ausgehen, dass mit Ergehen des Festbetragsurteils nun die Grundlage für eine beständige Rechtsprechung gelegt worden ist, zumal die nun vertretene Ansicht des Bundessozialgerichts nicht neu ist. Ein nicht-ärztlicher Leistungserbringer kann nur dann zulässig seine Rechte geltend machen, wenn seine Leistungen grundsätzlich erbringbar sind, also von dem Leistungsumfang der gesetzlichen Krankenversicherung umfasst sind, dann aber von der vertragsärztlichen Abrechenbarkeit bzw. Verordnungsfähigkeit ausgeschlossen werden[778].

Das Bundessozialgericht verneint als Konsequenz der Festbetragsentscheidung in seiner neueren Entscheidung eine Klagebefugnis von nicht ärztlichen Leistungserbringern aus Art. 12 Absatz 1 GG sowohl gegen Verordnungsausschlüsse, -beschränkungen von Arzneimitteln, als auch gegen die Verweigerung der Aufnahme einer neuen Behandlungsmethode in den Leistungsumfang der gesetzlichen Krankenversicherung nach § 135 SGB V[779]. Hiermit folgt es nun ausdrücklich der Ansicht des Bundesverfassungsgerichts, nachdem es in seiner „Diätassistenten" –Entscheidung noch anderer Auffassung war[780].

In dieser sog. „Diätassistenten" - Entscheidung hatte das Bundessozialgericht eine Berührung des Schutzbereichs des Art. 12 Absatz 1 GG angenommen und ausdrücklich seine bisherige Rechtsprechung[781] in Bezug auf die Rechte der Leistungserbringer aufgegeben[782]. Leistungserbringer könnten entweder unmittelbar, dann wegen ihrer Stellung als Adressaten betroffen sein, oder kraft gesetzlicher Regelungen im Leistungs- und Leistungserbringungsrecht des

---

778 BSG, Urteil vom 14. Dezember 2011 – B 6 KA 29/10 R – Rn. 26.

779 Vgl. BSG, Urteil vom 21. März 2012 – – B 6 KA 16/11 R – Rn. 33; so angekündigt: Neumann in Festschrift 50 Jahre Bundessozialgericht, 245, 262.

780 BSG, Urteil vom 28. Juni 2000 – B 6 KA 26/99 R – in BSGE 86, 223, 227.

781 BSG, Urteil vom 1. Oktober 1990 – 6 RKa 22/88 – und – 6 RKa 3/90 –.

782 Neumann, in Festschrift 50 Jahre Bundessozialgericht, S. 245, 250; BSG, Urteil vom 28. Juni 2000 – B 6 KA 26/99 R – in BSGE 86, 223, 227.

SGB V, die objektiv berufsregelnde Tendenz entfalten könnten und in einem engen Zusammenhang mit der Ausübung des Berufes stünden[783]. Eine unmittelbare Betroffenheit sei für die Annahme eines Eingriffs nicht erforderlich[784]. Werden die Rahmenbedingungen geändert, so liege eine Berührung des Schutzbereichs vor. Wird der Leistungserbringer von dem System der gesetzlichen Krankenversicherung ausgeschlossen und so an der Behandlung eines sehr großen Patientenkreises, der ihn sonst in Anspruch nehmen würde, gehindert wird, so liege eine objektiv berufsregelnde Tendenz vor[785]. Ist der Anbieter berufsrechtlich qualifiziert und weist die Leistung selbst bestimmte Qualifikationen auf, ist sie insbesondere für die Therapie von Krankheiten im Grundsatz geeignet, liegt in der Versagung des Antragsrechts eine Beeinträchtigung des Art. 12 Absatz 1 GG[786]. Der Gemeinsame Bundesausschuss sei dann verpflichtet, sich mit einem Begehren über die Aufnahme einer Therapie in einem förmlichen Verfahren zu befassen[787].

Nach dem Ergehen der Festbetragsentscheidung, die in Widerspruch zu dieser Entscheidung[788] stand, ist das Bundessozialgericht nun zu seiner ursprünglichen Ansicht zurückgekehrt[789]. Die rechtliche Argumentation des Bundessozialgerichts stimmt mit seiner alten Argumentation bezüglich eines Anspruchs auf Änderung einer Richtlinie nach Verordnungsausschlüssen von Arzneimitteln oder Hilfsmitteln[790] in weiten Teilen unter starker Bezugnahme auf die

---

783 BSG, Urteil vom 28. Juni 2000 – B 6 KA 26/99 R -, in BSGE 86, 223, 229.

784 BSG, Urteil vom 28. Juni 2000 – B 6 KA 26/99 R -, in BSGE 86, 223, 229 mit Zitat von BVerfGE 11, 30; 52.

785 BSG, Urteil vom 28. Juni 2000 – B 6 KA 26/99 R -, in BSGE 86, 223, 229.

786 BSG, Urteil vom 28. Juni 2000 – B 6 KA 26/99 R -, in BSGE 86, 223, 229.

787 BSG, Urteil vom 28. Juni 2000 – B 6 KA 26/99 R -, in BSGE 86, 223, 229.

788 Und auch zu früheren Entscheidungen: wie bereits oben ausgeführt, BVerfG, Beschluss vom 1. November 1996 – 1 BvR 580/93 –.

789 BSG, Urteil vom 21. März 2012 – B 6 KA 16/11 Rn. 38.

790 Schon 1990 hatte das Bundessozialgericht wegen des Fehlens eines besonderen Rechtsverhältnisses und mangels einer Grundrechtsverletzung einen Anspruch auf (Wieder-)Aufnahme eines Arzneimittels oder Heil-oder Hilfsmittels verneint (BSG, Urteil vom 1. Oktober 1990 – 6 RKa 3/90 – und vom gleichen Tage – 6 RKa 22/88 –). Die Richtlinien des Gemeinsamen Bundesausschusses beinhalten Handlungsanweisungen an ihre Adressaten. Dies sind insbesondere die Ärzte. An andere Leistungsanbieter wie eben Heilmittelanbieter oder pharmazeutische Unternehmen richten sich die Richtlinien nicht primär. Diese stünden gerade außerhalb des Systems der gesetzlichen Krankenversicherung. Die Richtlinien entfalten nur mittelbare tatsächliche Wirkung. Die Auswirkungen der Richtlinien auf Nichtadressaten

Festbetragsentscheidung überein. Zudem erstreckt das Bundessozialgericht sie auf die Klagebefugnis aller am Markt teilnehmenden Leistungserbringer[791]. Es zieht aus dem Festbetragsurteil den Schluss, dass das Verfassungsgericht hierdurch klar den Kreis der Rechtsschutzberechtigten in Hinblick auf die Überprüfung der Rechtmäßigkeit des Leistungsumfangs der gesetzlichen Krankenversicherung beschränken wollte[792]. Klagebefugt hinsichtlich der Überprüfung des Leistungsumfangs der gesetzlichen Krankenkassen seien allein Ärzte, Krankenkassen bzw. ihre Verbände und – im Rechtsstreit mit ihrer Krankenkasse – die Versicherten[793].

Das Grundrecht aus Art. 12 Absatz 1 GG sei durch die Ausgestaltung des Leistungsumfangs der gesetzlichen Krankenversicherung nicht in der Weise betroffen, dass die Kläger als Anbieter solcher Leistungen, die bisher gerade noch nicht zu dem Leistungskatalog gehören, diese nicht dennoch erbringen könnten[794].

Das Bundessozialgericht erkennt zwar, dass eine Berührung des Schutzbereichs des Art. 12 Absatz 1 GG auch durch solche Regelungen erfolgen kann, die sich nicht an die Leistungserbringer als Adressaten richten, jedoch würde in den Fällen, in denen die Aufnahme einer Behandlungsmethode in den Leistungskatalog der gesetzlichen Krankenversicherung begehrt wird, Art. 12 Absatz 1 GG den Leistungsanbietern gerade keine Rechtsposition gewähren, mit der eine Überprüfung der Rechtmäßigkeit der Ausgestaltung des Leistungsumfangs der gesetzlichen Krankenversicherung erreicht werden könnte[795]. Dies ergebe sich aus der Rechtsprechung zu den Festbeträgen, die auf solche Fälle übertragbar sei[796].

Andere Leistungsanbieter könnten allein entweder durch staatliche Maßnahmen, die den Wettbewerb verfälschen oder auf eine Veränderung des Verhaltens von Unternehmen zielen oder aber Konkurrenten ungerechtfertigt begünstigen,

---

der Richtlinien wie Heilmittelerbringer sind vielleicht wirtschaftlicher Art, wenn durch einen Verordnungsausschluss der Umsatz dieser Leistungsanbieter zurückgeht. Rechtspositionen entstehen dadurch aber nicht und würden auch nicht beseitigt werden. Art. 12 Absatz 1 GG werde nicht berührt, zur weiteren Begründung siehe unten.

791 wie den Herstellern und Vertreibern von Arzneimitteln, Medizinprodukten und Hilfs- und Heilmitteln: Vgl. BSG, Urteil vom 21. März 2012 – B 6 KA 16/11 R – Rn. 32; BSG, Urteil vom 1. Oktober 1990 – 6 RKa 22/88 – in BSGE 67, 251; BSG, Urteil vom 1. Oktober 1990 – 6 RKa 3/90.

792 BSG, Urteil vom 21. März 2012 – B 6 KA 16/11 R – Rn. 37.

793 BSG, Urteil vom 21. März 2012 – B 6 KA 16/11 R – Rn. 39.

794 BSG, Urteil vom 21. März 2012 – B 6 KA 16/11 R – Rn. 33.

795 BSG, Urteil vom 21. März 2012 – B 6 KA 16/11 R – Rn. 35.

796 BSG, Urteil vom 21. März 2012 – B 6 KA 16/11 R – Rn. 35.

in ihrem Grundrecht aus Art. 12 Absatz 1 GG verletzt sein[797], wobei Eingriffe in den Wettbewerb auch nur dann Rechtspositionen betreffen können, wenn es nicht um Regelungen geht, die den Leistungsumfang der gesetzlichen Krankenversicherung betreffen[798]. § 135 Absatz 1 SGB V und die darauf beruhende Nichtabgabe einer positiven Empfehlung für eine neue Behandlungsmethode stellten jedoch keine den Wettbewerb betreffende Regelung dar[799]. Da eine Erweiterung des Leistungsumfangs begehrt werde, werde der Status-Quo durch eine negative Entscheidung des Gemeinsamen Bundesausschusses nicht verändert, die wettbewerbliche Situation bleibe dieselbe, so dass keine Beschwer gegeben sei[800].

Das LSG Berlin-Brandenburg hat im Jahre 2008 die Klagebefugnis eines Herstellers im Ergebnis offen gelassen, jedoch sich zweifelnd zu einer solchen geäußert und dabei ähnlich wie das Bundessozialgericht 1990 argumentiert[801]. Es hat zunächst eine Klagebefugnis aus Art. 2 Absatz 1 GG i. V. m. dem Sozialstaatsprinzip und aus Art. 2 Absatz 2 GG wegen Art. 19 Absatz 3 GG verneint[802]. Auf die Verletzung von Grundrechten Dritter könnten sich die Arzneimittelhersteller ebenfalls nicht berufen[803]. Darüberhinaus seien sie gerade nicht Adressaten der Regelung, so dass eine Berührung des Schutzbereichs des Art. 12 Absatz 1 GG nicht vorliege[804], denn Eingriffe in bloße Reflexrechte reichten nicht aus[805]. Zudem handele es sich bei Regelungen, die die Klassifizierung von Arzneimitteln betreffen (bspw. § 34 Absatz 1 SGB V) ebenfalls um Kostenübernahmevorschriften[806]. In diesem Punkt sind sie mit den Festbetragsfestsetzungen vergleichbar, die u.a. auch die Kostenübernahme gegenüber den Versicherten im Rahmen der gesetzlichen Krankenversicherung regeln[807].

---

797 BSG, Urteil vom 21. März 2012 – B 6 KA 16/11 R – Rn. 40 mit Verweis auf das Urteil vom 31. Mai 2006 – B 6 KA 13/05 – in BSGE 96, 261 s.o.

798 BSG, Urteil vom 21. März 2012 – B 6 KA 16/11 R – Rn. 42.

799 BSG, Urteil vom 21. März 2012 – B 6 KA 16/11 R – Rn. 41.

800 BSG, Urteil vom 21. März 2012 – B 6 KA 16/11 R – Rn. 41.

801 LSG Berlin-Brandenburg, Beschluss vom 27. Februar 2008 – L 7 112/07 KA ER – Rn. 14 ff.

802 LSG Berlin-Brandenburg, Beschluss vom 27. Februar 2008 – L 7 112/07 KA ER – Rn. 14.

803 LSG Berlin-Brandenburg, Beschluss vom 27. Februar 2008 – L 7 112/07 KA ER – Rn. 14.

804 LSG Berlin-Brandenburg, Beschluss vom 27. Februar 2008 – L 7 112/07 KA ER – Rn. 16.

805 LSG Berlin-Brandenburg, Beschluss vom 27. Februar 2008 – L 7 112/07 KA ER – Rn. 15.

806 LSG Berlin-Brandenburg, Beschluss vom 27. Februar 2008 – L 7 112/07 KA ER – Rn. 15.

807 LSG Berlin-Brandenburg, Beschluss vom 27. Februar 2008 – L 7 112/07 KA ER – Rn. 15.

In einer neueren Entscheidung hat das LSG Berlin-Brandenburg jedoch die Klagebefugnis eines Arzneimittelherstellers gegen die Ablehnung des Antrags auf Aufnahme eines Arzneimittels in die Anlage I der Arzneimittel-Richtlinie mit einem Satz im Rahmen der Zulässigkeit bejaht[808]. Der geltende Leistungsausschluss berühre das Grundrecht aus Art. 12 Absatz 1 GG[809]. Im Übrigen geht es aber dann von der Verfassungsmäßigkeit des § 34 Absatz 1 SGB V aus[810].

In einem weiteren jüngeren Urteil musste das LSG Berlin-Brandenburg über den umgekehrten Fall entscheiden. Die Anbieter von Behandlungsleistungen begehrten die Nichtaufnahme einer Konkurrenzleistung in die Richtlinien[811]. Auch hier ging das LSG Berlin-Brandenburg im Rahmen der Zulässigkeit von einer Klagebefugnis aus und setzte sich damit augenscheinlich in Widerspruch zu der Entscheidung des Bundessozialgerichts[812]. In dieser Konstellation hat das LSG Berlin-Brandenburg die Möglichkeit der Verletzung der Grundrechte aus Art. 12 Absatz 1 oder Art. 3 Absatz 1 GG in Bezug auf einen geltend gemachten Eingriff in den fairen Wettbewerb bzw. in Hinblick auf die Willkürlichkeit der Zulassungen der konkurrierenden Verfahren bejaht[813]. Da diese Konstellation den Konkurrentenfällen ähnele, komme es streitentscheidend darauf an, ob eine Norm drittschützenden Charakter habe[814]. Die Verlagerung dieser Prüfung in die Begründetheit erscheine sachgerecht und werde auch von der verwaltungsgerichtlichen Rechtsprechung so praktiziert[815].

Im Ergebnis verneint das LSG Berlin-Brandenburg eine Betroffenheit der Kläger mit teilweise wortlautidentischer Begründung, wie sie das Bundessozialgericht angeführt hat[816]. Sowohl eine Beeinträchtigung des fairen Wettbewerbs (Art. 12 Absatz 1 GG) als auch eine Verstoß gegen den Gleichheitsgrundsatz lägen nicht vor. Auch wenn mehrere konkurrierende Behandlungsmethoden zugelassen würden, bleibe die wettbewerbliche Situation

---

808 LSG Berlin-Brandenburg, Urteil vom 27. März 2013 – L 7 KA 44/10 KL – Rn. 30;
     LSG Berlin-Brandenburg, Urteil vom 24. Oktober 2012 – L 7 KA 1/10 KL – Rn. 29.

809 LSG Berlin-Brandenburg, Urteil vom 27. März 2013 – L 7 KA 44/10 KL – Rn. 30.

810 LSG Berlin-Brandenburg, Urteil vom 27. März 2013 – L 7 KA 44/10 KL – Rn. 34;
     LSG Berlin-Brandenburg, Urteil vom 24. Oktober 2012 – L 7 KA 1/10 KL – Rn. 34.

811 LSG Berlin-Brandenburg, Urteil vom 19. Dezember 2012 – L 7 KA 74/09 KL –.

812 LSG Berlin-Brandenburg, Urteil vom 19. Dezember 2012 – L 7 KA 74/09 KL –
     Rn. 32 entgegen BSG, Urteil vom 21. März 2012 – B 6 KA 16/11 R –.

813 LSG Berlin-Brandenburg, Urteil vom 19. Dezember 2012 – L 7 KA 74/09 KL – Rn. 32.

814 LSG Berlin-Brandenburg, Urteil vom 19. Dezember 2012 – L 7 KA 74/09 KL – Rn. 32.

815 BVerwG, Urteil vom 17. Juni 1993 – 3 C 3.89 – in BVerwGE 92, 313, 316 f; BVerwG,
     Urteil vom 19. September 2000 – 1 C 17/99 – in BVerwGE 112, 51, 54 f.

816 LSG Berlin-Brandenburg, Urteil vom 19. Dezember 2012 – L 7 KA 74/09 KL – Rn. 44.

eines Anbieters unverändert[817]. Eine positive Entscheidung des Gemeinsamen Bundesausschusses bewirke lediglich die Aufhebung des Anwendungsverbots mit der Folge, dass die Leistungen jetzt uneingeschränkt auch für Versicherte der gesetzlichen Krankenversicherung angeboten werden könnten[818]. Eine Reglementierung des Marktes sei damit nicht einhergegangen[819]. Es sei vielmehr die Situation eingetreten, die bestünde, wenn es die Regelung des § 135 Absatz 1 SGB V nicht gäbe und nur „reine" Marktbedingungen vorherrschten. Darin könne jedoch keine Wettbewerbsverfälschung liegen[820]. Einen Anspruch darauf, dass Konkurrenten vom Markt ferngehalten werden, gewähre Art. 12 Absatz 1 GG ebenso wenig wie darauf, dass Wettbewerbsbedingungen gleich blieben[821].

§ 135 SGB V sei darüber hinaus keine drittschützende Norm, die ein gesetzliches Vorrang-/Nachrangverhältnis zwischen den hinzutretenden oder gleichzeitig zugelassenen Konkurrenten und den Neubewerbern schaffe[822]. § 135 SGB V bezwecke die Qualitätssicherung und nicht die Begründung eines gesetzlichen Vorrangs einer anderen, konkurrierenden Methode einer ärztlichen Behandlung[823]. Bleibe die Rechtsposition eines Anbieters bei der Zulassung eines Neu- oder Mitbewerbers unberührt, führe dies zu einer Gleichstellung beider Anbieter, wodurch sich allein der systemimmanente Wettbewerbsdruck erhöhe, aber nicht Grundrechte betroffen würden[824].

Auch Art. 3 Absatz 1 GG werde bei einem fehlenden Vorrang- Nachrangverhältnisses nicht verletzt, eine drittschützende Wirkung gebe es in diesen Fällen dann nicht und damit auch keine Berechtigung, eine inhaltliche Überprüfung zu verlangen[825]. Allein das Vorliegen eines behaupteten Verstoßes gegen das sog. Willkürverbot mit der Folge von schweren Beeinträchtigungen reiche nicht aus[826].

---

817 LSG Berlin-Brandenburg, Urteil vom 19. Dezember 2012 – L 7 KA 74/09 KL – Rn. 44.
818 LSG Berlin-Brandenburg, Urteil vom 19. Dezember 2012 – L 7 KA 74/09 KL – Rn. 44.
819 LSG Berlin-Brandenburg, Urteil vom 19. Dezember 2012 – L 7 KA 74/09 KL – Rn. 44.
820 LSG Berlin-Brandenburg, Urteil vom 19. Dezember 2012 – L 7 KA 74/09 KL – Rn. 44.
821 LSG Berlin-Brandenburg, Urteil vom 19. Dezember 2012 – L 7 KA 74/09 KL – Rn. 45.
822 LSG Berlin-Brandenburg, Urteil vom 19. Dezember 2012 – L 7 KA 74/09 KL – Rn. 46 f.
823 LSG Berlin-Brandenburg, Urteil vom 19. Dezember 2012 – L 7 KA 74/09 KL – Rn. 47.
824 LSG Berlin-Brandenburg, Urteil vom 19. Dezember 2012 – L 7 KA 74/09 KL – Rn. 47.
825 BSG, Urteil vom 7. Februar 2007 – B 6 KA 8/06 R – in BSGE 98, 98, Rn. 25 ff., 31.
826 BSG, Urteil vom 7. Februar 2007 – B 6 KA 8/06 R – in BSGE 98, 98, Rn. 31, anders BSG, Urteil vom 28. Oktober 2009 – B 6 KA 42/08 R – Rn. 42, der in Fällen einer konkret versorgungsbezogenen Genehmigung eine Willkürkontrolle zugelassen hat.

V. Anspruch auf Aufnahme eines Medizinprodukts in die Arzneimittelrichtlinie

Der Vollständigkeit halber soll hier noch der Anspruch von nicht-ärztlichen Leistungserbringern auf Aufnahme eines Medizinprodukts in die Arzneimittelrichtlinie des Gemeinsamen Bundesausschusses angesprochen werden.

Ein Antragsrecht auf Aufnahme eines Medizinprodukts findet sich einfachgesetzlich in den § 31 Absatz 1 Satz 2 i. V. m. § 34 Absatz 6 Satz 1 SGB V[827]. Dieser Anspruch wird durch die Verfahrensordnung des Gemeinsamen Bundesausschusses konkretisiert und besteht danach nur dann, wenn das Medizinprodukt alle materiellen Voraussetzungen erfüllt und ein formal vollständiger Antrag eingereicht wird[828].

Dies bedeutet, dass allein die Möglichkeit des Bestehens eines Anspruchs für die Bejahung der Klagebefugnis nicht ausreichend ist[829]. Für die Bejahung der Klagebefugnis muss darüber hinaus auch ein formell ordnungsgemäßer Antrag vorliegen. Diese sich zum einen aus der Verfahrensordnung des Gemeinsamen Bundesausschuss und zum anderen aus § 31 Absatz 1 Satz 2 HS. 2 SGB V i. V. m. § 34 Absatz 6 Satz 2 SGB V ergebenden formellen Anforderungen für den Antrag verstoßen nicht gegen (höherrangige) subjektive Verfassungsrechte[830]. Insbesondere liegt in dem Ausschluss der Amtsermittlung keine Rechtsverletzung, da diese ohnehin bereits durch einzelne Vorschriften des SGB V eingeschränkt werde[831]. Auch Grundrechte werden nicht verletzt. Das Grundrecht auf Berufsfreiheit wird nicht verletzt, da ein Unternehmer grundsätzlich keinen Anspruch gegen den Staat auf Abnahme seiner Produkte hat[832]. Die oben beschriebene Rechtsprechung zu der Klagebefugnis von Pharmazeutischen Unternehmen gegen Therapiehinweise ist hier nicht anwendbar, da in dem vorliegenden Fall erst die Aufnahme in die Richtlinie begehrt wird und es nicht um Fragen in Zusammenhang mit der Verordnungsfähigkeit geht. Diese können den Wettbewerb unzulässig beeinflussen, jedoch erst dann, wenn ein Medizinprodukt bereits zugelassen ist[833]. Auch Art. 3 Absatz 1 GG wird nicht verletzt, da die Begründungspflicht alle Unternehmen gleich trifft[834].

---

827 LSG Berlin-Brandenburg, Urteil vom 25. Januar 2013 – L 24 KA 43/10 KL – Rn. 47.
828 LSG Berlin-Brandenburg, Urteil vom 25. Januar 2013 – L 24 KA 43/10 KL – Rn. 58.
829 LSG Berlin-Brandenburg, Urteil vom 25. Januar 2013 – L 24 KA 43/10 KL – Rn. 57.
830 LSG Berlin-Brandenburg, Urteil vom 25. Januar 2013 – L 24 KA 43/10 KL – Rn. 59, 70.
831 LSG Berlin-Brandenburg, Urteil vom 25. Januar 2013 – L 24 KA 43/10 KL – Rn. 68.
832 LSG Berlin-Brandenburg, Urteil vom 25. Januar 2013 – L 24 KA 43/10 KL – Rn. 72.
833 LSG Berlin-Brandenburg, Urteil vom 25. Januar 2013 – L 24 KA 43/10 KL – Rn. 78.
834 LSG Berlin-Brandenburg, Urteil vom 25. Januar 2013 – L 24 KA 43/10 KL – Rn. 83.

Dies führt dazu, dass ein nicht-ärztlicher Leistungserbringer erst dann die Aufnahme eines Medizinprodukts in die Arzneimittel-Richtlinie des Gemeinsamen Bundesausschusses zulässigerweise verlangen kann, wenn sowohl die materiellen Voraussetzungen für das Medizinprodukt als auch die formellen Antragsvoraussetzungen erfüllt sind.

VI. Klagebefugnis gegen die Ablehnung der Aufnahme eines Hilfsmittels in das Hilfsmittelverzeichnis

Über die Aufnahme eines Hilfsmittels in das Hilfsmittelverzeichnis entscheiden die Spitzenverbände der Krankenkassen[835]. Der Gemeinsame Bundesausschuss wirkt hieran nicht unmittelbar mit[836]. Die Rechtsgrundlage für die Aufnahme findet sich in § 139 Absatz 1 Satz 2 und Absatz 3 SGB V. Ein Hilfsmittel ist auf Antrag aufzunehmen, sofern es den gesetzlichen Anforderungen entspricht[837]. Die Entscheidungen der Spitzenverbände haben eine objektiv berufsregelnde Tendenz und müssen sich an Art. 12 Absatz 1 GG messen lassen[838].

Die Erstellung und Fortentwicklung des Hilfsmittelverzeichnisses kann jedoch nicht unabhängig von der Bewertung von Untersuchungs- und Behandlungsmethoden durch den Gemeinsamen Bundessausschuss stattfinden[839]. Dies gilt in jedem Fall dann, wenn ein Hilfsmittel untrennbar mit einer entsprechenden Behandlungsmethode verbunden ist[840]. Darf eine Behandlungsmethode mangels Anerkennung in den Richtlinien durch den Gemeinsamen Bundesausschuss nicht zu Lasten der gesetzlichen Krankenversicherung erbracht werden, so darf auch das für diese Behandlung benötigte Hilfsmittel nicht in das Hilfsmittelverzeichnis aufgenommen werden, da es dann den gesetzlichen Anforderungen nicht entspricht[841]. Auch hier greifen aber die Ausnahmetatbestände, wann eine Behandlungsmethode – und in der Folge auch ein Hilfsmittel – ohne Empfehlung des Gemeinsamen Bundesausschusses angewandt werden darf[842].

---

835 BSG, Urteil vom 31. August 2000 – B 3 KR 21/99 R – in BSGE 87, 105, 106.
836 BSG, Urteil vom 31. August 2000 – B 3 KR 21/99 R – in BSGE 87, 105, 108.
837 BSG, Urteil vom 12. August 2009 – B 3 KR 10/07 R – in Rn. 15.
838 BSG, Urteil vom 31. August 2000 – B 3 KR 21/99 R – in BSGE 87, 105, 107.
839 BSG, Urteil vom 31. August 2000 – B 3 KR 21/99 R – in BSGE 87, 105, 110.
840 BSG, Urteil vom 31. August 2000 – B 3 KR 21/99 R – in BSGE 87, 105, 110.
841 BSG, Urteil vom 31. August 2000 – B 3 KR 21/99 R – in BSGE 87, 105, 110 f.; BSG, Urteil vom 12. August 2009 – B 3 KR 10/07 R – Rn. 15.
842 BSG, Urteil vom 12. August 2009 – B 3 KR 10/07 R – Rn. 16.

Erst wenn der Gemeinsame Bundesausschuss also verpflichtet wäre, seine Richtlinien zu ändern, kann auch ein Anspruch auf Aufnahme des Hilfsmittels in das Hilfsmittelverzeichnis bestehen[843], der im Wege der Leistungsklage gegen die Spitzenverbände geltend gemacht werden kann. Insoweit hat § 135 SGB V auch hier eine Sperrwirkung[844].

Bei Nichtvorliegen einer positiven Entscheidung des Gemeinsamen Bundesausschuss haben die Gerichte dann zu prüfen, ob die Spitzenverbände der Krankenkassen dazu verpflichtet sind, auf die Abgabe einer positiven Empfehlung des Gemeinsamen Bundesausschuss hinzuwirken und so die Rechtmäßigkeit der Beschlüsse des Gemeinsamen Bundesausschusses zu prüfen[845].

Ein solcher Anspruch auf Einleitung eines Verfahrens beim Gemeinsamen Bundesausschuss zur Einbeziehung einer neuen Methode ergibt sich aus Art. 12 Absatz 1 GG i. V. m. § 135 Absatz 1 Satz 1 SGB V[846]. Aus Art. 12 Absatz 1 GG ergibt sich ein Anspruch auf eine der beruflichen Betroffenheit Rechnung tragende Gestaltung des Verwaltungsverfahrens, das auf den Antrag auf Aufnahme eines Hilfsmittels in das Hilfsmittelverzeichnis durchzuführen ist[847]. Der Gemeinsame Bundesausschuss muss auch die Belange der Hilfsmittelhersteller beachten[848].

Aus Art. 12 Absatz 1 GG ergeben sich verfahrensrechtliche Garantien, die bei dem Verfahren nach § 135 Absatz 1 GG zu berücksichtigen sind[849]. Dieser Anspruch besteht allerdings erst dann – Art. 12 Absatz 1 GG ist erst dann verletzt – und wird zu einer Antragspflicht der antragsberechtigten Stellen, wenn die medizinischen Erkenntnisse eine positive Abschätzung des diagnostischen und therapeutischen Nutzens der neuen Methode vermuten lassen und der Gemeinsame Bundesausschuss auch aus anderen Gründen – bspw. fehlende Wirtschaftlichkeit – nicht an einem positiven Votum gehindert ist[850]. Hierfür

---

843 BSG, Urteil vom 31. August 2000 – B 3 KR 21/99 R – in BSGE 87, 105, 110.

844 BSG, Urteil vom 12. August 2009 – B 3 KR 10/07 R – Rn. 22.

845 BSG, Urteil vom 31. August 2000 – B 3 KR 21/99 R – in BSGE 87, 105, 111; BSG, Urteil vom 12. August 2009 – B 3 KR 10/07 R – 24.

846 BSG, Urteil vom 31. August 2000 – B 3 KR 21/99 R – in BSGE 87, 105, 111; BSG, Urteil vom 12. August 2009 – B 3 KR 10/07 R – 24.

847 BSG, Urteil vom 31. August 2000 – B 3 KR 21/99 R – in BSGE 87, 105, 111; BSG, Urteil vom 12. August 2009 – B 3 KR 10/07 R – Rn. 24.

848 BSG, Urteil vom 31. August 2000 – B 3 KR 21/99 R – in BSGE 87, 105, 111; BSG, Urteil vom 12. August 2009 – B 3 KR 10/07 R – Rn. 24.

849 BSG, Urteil vom 31. August 2000 – B 3 KR 21/99 R – in BSGE 87, 105, 111; BSG, Urteil vom 12. August 2009 – B 3 KR 10/07 R – Rn. 24.

850 BSG, Urteil vom 12. August 2009 – B 3 KR 10/07 R – Rn. 25.

müssen zumindest ausreichende Anhaltspunkte für die Wirksamkeit der Methode vorliegen[851].

Hilfsmittelhersteller und auch andere nicht-ärztliche Leistungserbringer sind aufgrund dieser besonderen Verfahrensgestaltung von Einwirkungsmöglichkeiten auf den Gemeinsamen Bundesausschuss ausgeschlossen, was allerdings sachlich gerechtfertigt ist und durch die aufgezeigten Ansprüche auf Einleitung eines Prüfverfahrens durch die Spitzenverbände der Krankenkassen ausgeglichen wird[852]. Unmittelbar gegen den Gemeinsamen Bundesausschuss selbst, kann ein Hersteller in diesem Fall nicht vorgehen.

VII. Zusammenfassung

Die pharmazeutischen Unternehmen haben u.a. Rechtsschutzmöglichkeiten betreffend die Bewertung der von ihnen hergestellten Arzneimittel, Therapiehinweisen. Diese aufgezeigten Rechtsschutzmöglichkeiten sind jedoch nicht auf andere Richtliniengegenstände übertragbar[853].

Nach nunmehr erneut geänderter Rechtsprechung und expliziter Aufgabe der noch im Diätassistenten-Urteil vertretenen Ansicht verneint das Bundessozialgericht nun die Klagebefugnis der Arzneimittelhersteller und anderer Leistungserbringer bezüglich weiterer Streitgegenstände im Rahmen einer Feststellungsklage mit Verweis auf die Rechtsprechung des Bundesverfassungsgerichts zur Festsetzung von Festbeträgen[854]. Es sieht keine konkrete Betroffenheit der Kläger und damit kein Rechtsverhältnis i.S.v. § 55 Absatz 1 Satz 1 SGG, das sich aus einer Berührung des Schutzbereichs des Art. 12 GG ergeben könnte[855]. Entscheidungen des Gemeinsamen Bundesausschusses, die den Leistungsumfang der gesetzlichen Krankenversicherung betreffen, berührten außerhalb dieses Systems stehende Leistungserbringer nicht in ihren Rechten. Solange die erlassene Richtlinie selbst die nicht-ärztlichen Leistungserbringer nicht als Adressaten in ihren Regelungskreis mit einbeziehe, seien sie nicht gleichfalls kraft Gesetzes wie die Versicherten und „Leistungserbringer" nach § 91 Absatz 6 SGB V in den Wirkungskreis mit einbezogen.

---

851 BSG, Urteil vom 12. August 2009 – B 3 KR 10/07 R – Rn. 26.
852 BSG, Urteil vom 12. August 2009 – B 3 KR 10/07 R – Rn 31 f.
853 BSG, Urteil vom 31. Mai 2006 – B 6 KA 13/05 R – in BSGE 96, 261, 263 Rn. 26
854 BSG, Urteil vom 21. März 2012 – B 6 KA 16/11 R – Rn. 30, 32, 33.
855 BSG, Urteil vom 21. März 2012 – B 6 KA 16/11 R – Rn. 30, 32, 33.

Eine Ausweitung der Verbindlichkeit auf alle nicht-ärztlichen Leistungserbringer ist nach den Gesetzmaterialien nicht gewollt[856].

Sowohl die Weigerung der Abgabe einer positiven Empfehlung des Gemeinsamen Bundesausschusses für eine neue Behandlungsmethode nach § 135 Absatz 1 SGB V als auch die in den Richtlinien getroffenen Verordnungsausschlüsse von Heil-, Hilfsmitteln, Arzneimitteln oder Methoden berühren nach dieser Rechtsprechung nicht die Rechte der Hersteller und der anderen Leistungserbringer. Das bedeutet, dass diese keinerlei Möglichkeit haben, die Rechtmäßigkeit des Leistungsumfangs der gesetzlichen Krankenversicherung gerichtlich überprüfen zu lassen, unabhängig davon, ob es ein nachträglicher Ausschluss oder eine Zugangsverweigerung geht oder ob der Schutz vor Konkurrenten begehrt wird[857]. Dies bleibt den Ärzten und Krankenkassen bzw. ihren Verbänden und den Versicherten im Rahmen eines Rechtsstreits mit den Krankenkassen vorbehalten[858].

Allein wenn es um den Ausschluss von Leistungen geht, bspw. bei Beschränkungen, die die vertragsärztliche Abrechenbarkeit bzw. Verordnungsfähigkeit betreffen, obwohl diese Leistungen grundsätzlich erbringbar sind, oder wenn Fehlsteuerungen innerhalb des Marktes der gesetzlichen Krankenversicherung auftreten, also dann, wenn eine Benachteiligung einer solchen grundsätzlich erbringbaren Leistung gegenüber einem anderen Anbieter im Raume steht, kann gerichtlicher Rechtsschutz erlangt werden[859].

Damit ist der Inhalt der einzelnen Richtlinie von entscheidender Bedeutung. Eine Regelung jedoch, die zu einem unvermeidbaren Reflex auf die Berufsausübung führt, beispielsweise indem sie für alle Marktteilnehmer in gleicher Weise Rahmenbedingungen des Wettbewerbs justieren, kann nicht zu einer Bejahung der Klagebefugnis und einer Betroffenheit in dem Grundrecht aus Art. 12 Absatz 1 GG führen, auch nicht ausreichend sind nachteilige Auswirkungen bzw. Verringerungen des Aussichten auf Gewinnmöglichkeiten im Wettbewerb[860].

Dies erscheint vor dem Hintergrund dessen, dass es sich allein um Regelungen handelt, die sich an die unmittelbar Beteiligten in dem System der gesetzlichen Krankenversicherung richten, auch sachgerecht.

Zwar wird in der Literatur teilweise angeführt wird, dass das Bundesverfassungsgericht für die Bejahung der Berührung des Schutzbereichs des

---

856 BSG, Urteil vom 31. Mai 2006 – B 6 KA 69/04 R – Rn. 21.
857 LSG Berlin – Brandenburg, Urteil vom 19. Dezember 2012 – L 7 KA 74/09 KL – Rn. 41.
858 LSG Berlin – Brandenburg, Urteil vom 19. Dezember 2012 – L 7 KA 74/09 KL – Rn. 41.
859 BSG, Urteil vom 14. Dezember 2011 – B 6 KA 29/10 R – Rn. 26; LSG Berlin-Brandenburg, Urteil vom 19. Dezember 2012 – L 7 KA 74/09 KL – Rn. 42.
860 BSG, Urteil vom 31. Mai 2006 – B 6 KA 69/04 R – Rn. 23.

Art. 12 Absatz 1 GG gerade auch eine objektiv berufsregelnde Tendenz ausreichen lasse, also nicht explizit klassische Berufsausübungsregelungen vorliegen müssten, deren subjektive Zielrichtung die Berufsregelung sei[861]. Die Verneinung der Berührung des Schutzbereichs des Art. 12 Absatz 1 GG durch den Ausschluss der Verordnungsfähigkeit von Arzneimitteln oder Heil- und Hilfsmitteln durch das Bundessozialgericht wird daher teilweise mit Blick auf die Judikatur des Bundesverfassungsgerichts abgelehnt[862]. Denn wenn auch der Hauptzweck – das unmittelbare Ziel – die Durchführung der Aufgaben der gesetzlichen Krankenversicherung sei, so werde objektiv die Entfaltungsmöglichkeit der betroffenen Leistungsanbieter im Wettbewerb beschränkt, das Verhalten der Unternehmer im Wettbewerb werde aber nach wiederholter Rechtsprechung des Bundesverfassungsgerichts gerade auch von Art. 12 Absatz 1 GG geschützt[863]. Ein enger Zusammenhang der Richtlinien über den Ausschluss von Arzneimitteln oder Heil- und Hilfsmitteln von der Verordnungsfähigkeit mit Art. 12 Absatz 1 GG sei daher gegeben[864]. Darüberhinaus habe das Bundesverwaltungsgericht entschieden, dass Art. 12 Absatz 1 GG auch gegen solche Maßnahmen schütze, die als nicht bezweckte, aber voraussehbare und in Kauf genommene Nebenfolge eine schwerwiegende Beeinträchtigung der beruflichen Betätigungsfreiheit bewirke[865]. Die mit Leistungsausschlüssen verbundenen Umsatzeinbußen seien solche Nebenfolgen[866]. Das Bundessozialgericht verkenne, dass es nicht um einen Rechtsanspruch auf Abnahme von Leistungen gehe – den es verneint –, sondern um die nachteilige mittelbare Beeinflussung von Erwerbsmöglichkeiten durch staatliche Maßnahmen, die die Rahmenbedingungen des Wettbewerbs verändern, vor denen Art. 12 Absatz 1 GG auch schützt[867].

Sodan ist dahingehend zuzustimmen, dass in Bezug auf Verordnungsausschlüsse von Arzneimitteln die damalige Differenzierung[868] nicht gänzlich überzeugend

---

861 Sodan, SGb 1992, 200, 202. Sodan kritisiert hier die unterschiedliche Behandlung der § 34 Absatz 1 SGB V a.F. und § 34 Absatz 3 SGB V a.F. durch das BSG und sieht hierin einen Widerspruch zu dem Urteil des Bundesverfassungsgericht zu § 34 Absatz 3 SGB V, in dem eine berufsregelnde Tendenz bejaht wurde (BVerfG, Beschluss vom 20. September 1991 – 1 BvR 879/90 –).

862 Sodan, SGb 1992, 200, 202.

863 Sodan, SGb 1992, 200, 202.

864 Sodan, SGb 1992, 200, 202.

865 Sodan, SGb 1992, 200, 205.

866 Sodan, SGb 1992, 200, 205.

867 Sodan, SGb 1992, 200, 205.

868 Nach § 34 Absatz 1 SGB V a.F. wurden Krankheiten aus dem Versicherungsschutz ausgenommen, nach § 34 Absatz 3 SGB V wurden bestimmte Arzneimittel von der Verordnungsfähigkeit ausgeschlossen.

war, da nach § 34 Absatz 1 SGB V a.F. eben gerade nicht Krankheiten von dem Versicherungsschutz ausgeschlossen wurden, sondern auch hier Arzneimittel zur Behandlung solcher Krankheiten schlicht nicht mehr verordnet werden durften[869]. Zudem passte diese Differenzierung nicht zu dem typischen Konflikt, der in der Aufnahme einer neuen Behandlungsmethode liegt[870].

Dennoch führte der Weg des Bundessozialgerichts in seiner Diätassistenten-Entscheidung, in der es, so wie Sodan wünscht, die Berührung des Schutzbereichs und einen Eingriff in die Berufsfreiheit bejahte[871], zu weitaus größeren dogmatischen Problemen, die so nicht aufrechterhalten werden konnten und nach Ergehen der Festbetragsentscheidung auch durch die Verneinung der Berührung der Berufsfreiheit beseitigt wurden. Der in diesem Urteil gegangene Weg führte dazu, dass das Gericht im Rahmen der Rechtfertigung des Eingriffs einen Teilhabeanspruch, der vom Kläger geltend gemacht wurde, hätte prüfen müssen, wenn es denn einen solchen aus Art. 12 Absatz 1 GG i.V.m. Art. 3 Absatz 1 GG bejaht hätte[872]. Da es diesen jedoch verneinte, löste es diese Problematik im Rahmen des Verfahrens und erkannte dem Kläger ein aus Art. 12 Absatz 1 GG folgendes Antragsrecht zu[873].

Nach der Festbetragsentscheidung war dies nicht mehr haltbar. Fest steht nunmehr, dass leistungsrechtliche Regelungen grundsätzlich nicht in das Grundrecht der Berufsfreiheit der außerhalb des Systems stehenden nicht ärztlichen Leistungserbringer eingreifen[874]. Darüberhinaus stellen sich aufgrund der Normgeprägtheit des Grundrechts systemkonforme Regelungen lediglich als Ausgestaltungen und nicht als Eingriffe dar[875].

Ein stärkerer bzw. effektiver Rechtsschutz wird aufgrund der Reichweite des Ausschlusses des Rechtsschutzes dennoch gefordert. So wäre es denkbar, die nicht – ärztlichen Leistungserbringer entweder in verfahrensrechtlicher Hinsicht stärker zu beteiligen oder die Kontrolldichte der Gerichte zu erhöhen[876]. Daneben wird auch vorgeschlagen, für die untergesetzliche Normsetzung des

---

869   Neumann in Festschrift 50 Jahre Bundessozialgericht, S. 245, 250.
870   Neumann in Festschrift 50 Jahre Bundessozialgericht, S. 245, 250.
871   Mit dem Argument, dass ein solcher bereits vorliege, wenn Rahmenbedingungen verändert würden, BSGE 86, 223, 227.
872   Neumann in Festschrift 50 Jahre Bundessozialgericht, S. 245, 251.
873   BSG, Urteil vom 28. Juni 2000 – B 6 KA 26/99 R – in BSGE 86, 223, 240 f.; Neumann in Festschrift 50 Jahre Bundessozialgericht, S. 245, 251.
874   Neumann in Festschrift 50 Jahre Bundessozialgericht, S. 245, 262.
875   Neumann in Festschrift 50 Jahre Bundessozialgericht, S. 245, 263.
876   Kingreen, MedR 2007, 457, 463; Wigge, MPE 2013, 1, 7.

Gemeinsamen Bundesausschusses wegen des besonderen rechtlichen Inhalts Verfahrensanforderungen zu schaffen, die denen ähneln, die das Verwaltungsverfahrensgesetz für das Handeln der Verwaltung durch Verwaltungsakt bestimmt[877].

Bezüglich des Prüfungsmaßstabs und der Kontrolldichte der Gerichte kann auf obige Ausführungen verwiesen werden. Das Vorliegen einer ausreichenden Ermächtigungsgrundlage, die Einhaltung der spezifischen Verfahrens- und Formvorschriften und die Erfüllung der Tatbestandsvoraussetzungen sowie die Einhaltung der Grenzen eines gegebenenfalls bestehenden und zu respektierenden Gestaltungsspielraums in Bezug auf höherrangiges Recht sind zu überprüfen[878].

Es ist aber anzumerken, dass das LSG Berlin-Brandenburg in einer neueren Entscheidung den gerichtlich begrenzt zugänglichen Gestaltungsspielraum des Gemeinsamen Bundesausschusses angezweifelt[879]. In Bezug auf § 34 Absatz 1 SGB V hat es entschieden, dass bei Vorliegen der einer vollständigen Überprüfung zugänglichen Tatbestandsvoraussetzungen der Gemeinsame Bundesausschuss das fragliche Arzneimittel in die Richtlinie aufnehmen müsse[880]. § 34 Absatz 1 SGB V sei eine gebundene Vorschrift ohne Entscheidungsspielraum und ohne gerichtsfreie Einschätzungsprorogative[881]. Dies ergebe sich neben dem Wortlaut auch aus einem Vergleich mit § 137 Absatz 3 Satz 1 Nr. 2 SGB V, der bei Vorliegen der voll überprüfbaren Tatbestandsvoraussetzungen eben einen Spielraum für die nur begrenzt überprüfbare höhenmäßige Festlegung von Mindestmengen einräume[882].

---

877 Stelkens, Rechtsetzungen der europäischen und nationalen Verwaltungen, in VVD-StRL 71 (2012), 371, 387, aufgegriffen von Wigge in MPE 2013, 1, 8.

878 LSG Berlin-Brandenburg, Urteil vom 24. Oktober 2012 – L 7 KA 1/10 KL – Rn. 32, LSG, Urteil vom 27. März 2013 – L 7 KA 44/10 KL – Rn. 33.

879 LSG Berlin-Brandenburg, Urteil vom 24. Oktober 2012 – L 7 KA 1/10 KL – Rn. 105.

880 LSG Berlin-Brandenburg, Urteil vom 15. Mai 2013 – L 7 KA 3/10 – Rn. 36; LSG Berlin-Brandenburg, Urteil vom 27. März 2013 – L 7 KA 44/10 – Rn. 38; LSG Berlin-Brandenburg, Urteil vom 24. Oktober 2012 – L 7 KA 1/10 KL – Rn. 105.

881 LSG Berlin-Brandenburg, Urteil vom 27. März 2013 – L 7 KA 44/10 – Rn. 42; LSG Berlin-Brandenburg, Urteil vom 24. Oktober 2012 – L 7 KA 1/10 KL – Rn. 105.

882 LSG Berlin-Brandenburg, Urteil vom 24. Oktober 2012 – L 7 KA 1/10 KL – Rn. 105.

E. Weitere potenzielle Kläger[883]

I. Die gesetzliche Krankenkasse

Eine einzelne Krankenkasse ist nicht klagebefugt. Den Krankenkassen als Körperschaften des öffentlichen Rechts (§ 4 Absatz 1 SGB V) stehen im sozialgerichtlichen Verfahren keine materiell-rechtlichen subjektiven öffentlichen Rechte zu (Art. 19 Absatz 3 GG). Die Krankenkassen nehmen als juristische Personen öffentliche Aufgaben wahr. Die Hauptaufgabe besteht in dem Vollzug einer detaillierten Sozialgesetzgebung[884]. Die Krankenkassen trifft ein öffentlich-rechtlicher Versorgungsauftrag, der darin besteht, den Versicherten die im Dritten Kapitel des SGB V geregelten Leistungen zur Verfügung zu stellen[885]. Diese Aufgabe nehmen sie in mittelbarer Staatsverwaltung wahr[886].

II. Trägerorganisationen des Gemeinsamen Bundesausschusses als Kläger

Die Trägerorganisationen[887] können gegen die Richtlinien des Gemeinsamen Bundesausschusses vorgehen, wenn sie in ihren eigenen rechtlich geschützten Belangen betroffen sind[888]. Ein generelles Nachprüfungsrecht kraft ihrer gesetzlichen Stellung haben die Trägerorganisationen nicht, da sie nicht durch alle Entscheidungen in dem gesetzlich zugewiesenen Aufgabenbereich und in ihrer Verantwortung für die Sicherstellung der vertragsärztlichen Versorgung betroffen sind[889]. Eine eigene Rechtsbetroffenheit der Trägerorganisationen

---

883 orientiert an der Aufzählung von Laurisch.
884 BVerfG, Urteil vom 9. April 1974 – 2 BvR 879/73 – in BVerfGE 39, 302, 312.
885 BGH, Urteil vom 23. Februar 2006 – I ZR 164/03 – in NJW-RR 2006, 1046, 1047.
886 BVerfG, Urteil vom 9. April 1974 – 2 BvR 879/73 – in BVerfGE 39, 302, 312.
887 Nach § 91 Absatz 1 Satz 1 SGBV die Kassenärztliche Bundesvereinigung (KÄBV), die kassenzahnärztliche Bundesvereinigung, die Deutsche Krankenhausgesellschaft und der Spitzenverband Bund der Krankenkassen.
888 BSG, Urteil vom 3. Februar 2010 – B 6 KA 31/09 R – in BSGE 105, 243, 249 Rn. 25; anderer Ansicht war das LSG Berlin-Brandenburg in der Vorinstanz, Urteil vom 15. Juli 2009 – L 7 KA 30/08 KL – Rn. 35 ff., das eine Klagebefugnis mangels der Verletzung eigener rechtlich geschützter Belange ablehnt. Die Trägerorganisationen seien Behörden und damit keine Grundrechtsträger, die eine Grundrechtsverletzung geltend machen könnten. Insbesondere aus § 75 Absatz 2 SGB V ließen sich keine subjektiven Rechte ableiten, ebenfalls könne keine Parallele zur Anfechtbarkeit von Entscheidungen des Erweiterten Bewertungsausschusses gezogen werden und „Fraktionsrechte" kenne das Gesetz nicht.
889 BSG, Urteil vom 3. Februar 2010 – B 6 KA 31/09 R – in BSGE 105, 243, 249 Rn. 25.

ist erforderlich und ist in Hinblick auf ihre unterschiedlichen Funktionen zu überprüfen. So ist die Verletzung eigener rechtlicher Belange bezüglich ihrer Funktion als Mitträger des Gemeinsamen Bundesausschusses, in Bezug auf ihre Funktion als zur Mitgliederbenennung für das Beschlussgremium des Gemeinsamen Bundesausschuss berechtigte Körperschaft und in Hinblick auf den ihr obliegenden Sicherstellungsauftrag in Betracht zu ziehen[890].

Rechte in Bezug auf die Stellung als Trägerorganisation können bei der Errichtung des Gemeinsamen Bundesausschuss, bei der Festlegung der von der Trägerorganisatione zu tragenden Kosten oder auch bei der Übernahme der Verantwortung für Verpflichtungen des Gemeinsamen Bundesausschusses im Bereich der fiskalischen Hilfsgeschäfte betroffen sein[891].

Das eigene Benennungsrecht kann wegen formaler Fehler, bspw. inkorrekte Beteiligung der Mitglieder der Trägerorganisationen an der Beschlussfassung, verletzt werden[892]. Ein pauschales Überprüfungsrecht des Handelns auf die Vereinbarkeit mit höherrangigem Recht gibt es nicht[893]. Das Bundessozialgericht zieht dann die Grundsätze der verwaltungsgerichtlichen Organstreitverfahren und des Kommunalverfassungsstreit heran und überträgt sie auf diese Konstellation[894]. Gefordert wird eine Beeinträchtigung von gesetzlich oder satzungsrechtlich eingeräumten Kompetenzen, geschützt seien konkrete verfahrensbezogene Mitwirkungsrechte[895].

Daneben können sich auch aus – nicht notwendig ausdrücklich gesetzlich geregelten – Kompetenzzuweisungen klagefähige Rechtspositionen ergeben[896]. So etwa aus dem Sicherstellungsauftrag oder der Verpflichtung zur Wahrnehmung der Rechte der Vertragsärzte gegenüber den Krankenkassen[897]. Diese Rechtspositionen können durch die Richtlinien beeinträchtigt und im Wege einer Klage gesichert werden[898]. Eine solche Beeinträchtigung ist beispielsweise dann anzunehmen, wenn der Gemeinsame Bundesausschuss zu Gegenständen Richtlinien erlassen hat, deren Regelung gesetzlich anderen Institutionen zugewiesen ist, eine Verletzung der Normsetzungskompetenzen wäre der Fall[899].

---

890 BSG, Urteil vom 3. Februar 2010 – B 6 KA 31/09 R – in BSGE 105, 243, 252 Rn. 31.
891 BSG, Urteil vom 3. Februar 2010 – B 6 KA 31/09 R – in BSGE 105, 243, 252 Rn. 32.
892 BSG, Urteil vom 3. Februar 2010 – B 6 KA 31/09 R – in BSGE 105, 243, 252 Rn. 32.
893 BSG, Urteil vom 3. Februar 2010 – B 6 KA 31/09 R – in BSGE 105, 243, 252 Rn. 33.
894 BSG, Urteil vom 3. Februar 2010 – B 6 KA 31/09 R – in BSGE 105, 243, 252 Rn. 33.
895 BSG, Urteil vom 3. Februar 2010 – B 6 KA 31/09 R – in BSGE 105, 243, 252 Rn. 33.
896 BSG, Urteil vom 3. Februar 2010 – B 6 KA 31/09 R – in BSGE 105, 243, 253 Rn. 36.
897 BSG, Urteil vom 3. Februar 2010 – B 6 KA 31/09 R – in BSGE 105, 243, 253 Rn. 36.
898 BSG, Urteil vom 3. Februar 2010 – B 6 KA 31/09 R – in BSGE 105, 243, 253 Rn. 37.
899 BSG, Urteil vom 3. Februar 2010 – B 6 KA 31/09 R – in BSGE 105, 243, 253 Rn. 37.

Offen gelassen hat das Bundessozialgericht die Klagebefugnis in den Fällen, in denen zwar eine offensichtliche Überschreitung des Regelungsauftrages durch den Gemeinsamen Bundesausschuss stattgefunden hat, die darüberhinaus eine Bindung an diese Entscheidung unzumutbar macht, jedoch eine unmittelbare Beeinträchtigung der Kompetenzwahrnehmung gerade nicht gegeben ist[900]. Das Bundessozialgericht nimmt hier Bezug auf die Figur des „ausbrechenden Rechtsaktes", die greifbare Kompetenzüberschreitungen auf europäischer Ebene beschreibt, und die Möglichkeit der ultra-vires-Kontrolle durch das Bundesverfassungsgericht[901]. Eine Übertragung auf die untergesetzliche Normsetzung im Vertragsarztrecht und eine dann daraus abzuleitende Klagebefugnis hat es aber wegen fehlender offensichtlicher Überschreitung der Kompetenzen in dem zu entscheidenden Fall offengelassen[902].

III. Spitzenorganisationen als Kläger

Die Spitzenorganisationen sind als Organisationen in privater Trägerschaft bzw. als freigemeinnützige Träger in die Mitverantwortung zur Gewährleistung einer wirtschaftlichen Versorgung mit Krankenpflegeleistungen von dem Gesetzgeber eingebunden[903]. Die verschiedenen Spitzenorganisationen nehmen auf Bundes- oder Landesebene die Interessen ihrer jeweiligen Mitglieder wahr. So gibt es beispielsweise die Spitzenorganisation von Heilmittelverbänden, welche in § 92 Absatz 6 Satz 2 i.V.m. § 125 Absatz 1 Satz 1 SGB V erwähnt ist und die Interessen der Ergotherapeuten, Logopäden, Masseure und Psychotherapeuten wahrnimmt[904].

Im SGB V sind an verschiedenen Stellen Vorschriften zu finden, in denen ein sog. „Partnerschaftsmodell" für die Abgabe von Rahmenempfehlungen normiert ist[905]. Die Spitzenorganisationen haben danach an der Vereinbarung von Rahmenempfehlungen über eine einheitliche Versorgung der Versicherten

---

900 BSG, Urteil vom 3. Februar 2010 – B 6 KA 31/09 R – in BSGE 105, 243, 255 Rn. 41.

901 BSG, Urteil vom 3. Februar 2010 – B 6 KA 31/09 R – in BSGE 105, 243, 255 Rn. 41.

902 BSG, Urteil vom 3. Februar 2010 – B 6 KA 31/09 R – in BSGE 105, 243, 255 Rn. 42.

903 Vgl. Beschlussempfehlung und Bericht des Ausschusses für Gesundheit, BT-Drs. 13/7264, S. 52 – unter 1. – sowie S. 68, Zu Artikel 1 Nr. 32 d – neu – 132 a SGB V; BSG, Urteil vom 31. Mai 2006 – B 6 KA 69/04 R – Rn. 17.

904 BSG, Urteil vom 29. November 2006 – B 6 KA 7/06 R – Rn. 2.

905 BSG, Urteil vom 31. Mai 2006 – B 6 KA 69/04 R – Rn. 16, mit Verweis auf die Übertragbarkeit der Ansichten des vorgenannten Urteils auf andere: BSG, Urteil vom 29. November 2006 – B 6 KA 7/06 R – Rn. 11.

in verschiedenen Gesundheitsbereichen[906] mitzuwirken[907]. Hierbei werden sie nicht lediglich als Teil mittelbarer Staatsverwaltung tätig, sondern nehmen originär ihre Funktion als private Zusammenschlüsse zur Interessenvertretung ihrer Mitglieder wahr (vgl. Art 9 Absatz 3 Satz 1 GG)[908].

Die Spitzenorganisationen können daher zum einen durch Regelungen in den Richtlinien selbst unmittelbar in eigenen rechtlichen Belangen betroffen sein[909]. Bei der Vereinbarung von Rahmenempfehlungen sind die Richtlinien des Gemeinsamen Bundesausschusses zu berücksichtigen[910]. Dies führt dazu, dass durch die Richtlinien allein aufgrund ihrer rechtlichen Existenz der Spielraum der Spitzenorganisationen bei der Vereinbarung von Rahmenempfehlungen beeinflusst wird[911]. Eines gesonderten Vollzugsakts bedarf es nicht[912].

Zum anderen können die Spitzenverbände in ihrem gesetzlichen eigenständigen Gestaltungsauftrag und originärem Verantwortungsbereich rechtswidrig durch andere Institutionen innerhalb des öffentlich-rechtlichen Systems der Leistungserbringung nach dem SGB V beeinträchtigt sein[913]. In diesem Zusammenhang nehmen sie im Rahmen ihrer Verantwortung insbesondere bei der Teilnahme an den Vereinbarungen über Rahmenempfehlungen eigene Belange wahr, die von der Rechtsordnung geschützt werden[914]. Daher können sie auch Rechtsschutz gegen rechtswidrige Beeinträchtigungen dieses Auftrags erlangen[915].

Das Feststellungsinteresse der Spitzenverbände ergibt sich daraus, dass es von der verbindlichen Klärung, ob eine Richtlinie des Gemeinsamen Bundesausschusses wirksam ist oder nicht, abhängt, über welche Inhalte und in welcher Weise die Rahmenempfehlungen in den Verhandlungen mit den Spitzenverbänden der Krankenkassen vereinbart werden können[916].

---

906 Bspw. häusliche Krankenpflege oder Heilmittel.
907 BSG, Urteil vom 31. Mai 2006 – B 6 KA 69/04 R – Rn. 16.
908 BSG, Urteil vom 31. Mai 2006 – B 6 KA 69/04 R – Rn. 17.
909 BSG, Urteil vom 31. Mai 2006 – B 6 KA 69/04 R – Rn. 16.
910 BSG, Urteil vom 31. Mai 2006 – B 6 KA 69/04 R – Rn. 16; BSG, Urteil vom 29. November 2006 – B 6 KA 7/06 R – Rn. 16; LSG Berlin-Brandenburg, Urteil vom 15. Juli 2009 – L 7 KA 30/08 KL –, Rn. 33.
911 BSG, Urteil vom 31. Mai 2006 – B 6 KA 69/04 R – Rn 16.
912 BSG, Urteil vom 31. Mai 2006 – B 6 KA 69/04 R – Rn. 16.
913 BSG, Urteil vom 31. Mai 2006 – B 6 KA 69/04 R – Rn. 17.
914 LSG Berlin-Brandenburg, Urteil vom 15. Juli 2009 – L 7 KA 30/08 KL – Rn. 33.
915 BSG, Urteil vom 31. Mai 2006 – B 6 KA 69/04 R – Rn. 17.
916 BSG, Urteil vom 31. Mai 2006 – B 6 KA 69/04 R – Rn. 18.

Auch gibt es keinen einfacheren, schnelleren oder effektiveren Weg für die Spitzenverbände, Rechtsschutz zu erlangen. Insbesondere kommt eine Inzidentprüfung der Richtlinie in einem Rechtsstreit der Spitzenverbände mit den Spitzenverbänden der Krankenkassen als ihren Vertragspartnern nicht in Betracht[917]. Ein gerichtliches Verfahren, etwa auf Erlangung der Zustimmung zu einer Rahmenempfehlung steht nicht zur Verfügung[918]; die Rahmenempfehlungen kommen allein bei Konsens aller Beteiligten zustande, fehlt dieser, liegt lediglich eine sog. „Regelungsstreitigkeit" vor[919], für die es keinen gerichtlichen Rechtsschutz gibt[920].

IV. Mitglieder des Gemeinsamen Bundesausschusses als Kläger

Mitglieder des Gemeinsamen Bundesausschusses können unter bestimmten Umständen die Verletzung von Verfahrensrechten geltend machen[921]. Es steht ihnen jedoch keine generelle Befugnis zu, die Entscheidungen des Gemeinsamen Bundesausschusses auf ihre Rechtmäßigkeit hin zu überprüfen. Das LSG Berlin – Brandenburg führt aus, dass es unter Beachtung der eigenen Entscheidungen[922] und die des Bundessozialgerichts in Bezug auf die Klagebefugnis der Trägerorganisationen[923] Rechtsschutzmöglichkeiten geben kann. Maßgebend für den zu gewährenden Rechtsschutz müsste damit sein, ob eine Beeinträchtigung der gesetzlich oder satzungsrechtlich eingeräumten Kompetenzen gegeben ist[924].

---

917 BSG, Urteil vom 31. Mai 2006 – B 6 KA 69/04 R – Rn. 19.
918 BSG, Urteil vom 31. Mai 2006 – B 6 KA 69/04 R – Rn. 19.
919 BSG, Beschluss vom 17. November 2000 – B 4 RA 97/00 B – Rn 7.
920 BSG, Urteil vom 31. Mai 2006 – B 6 KA 69/04 R –, Rn. 19.
921 LSG Berlin-Brandenburg, Beschluss vom 17. März 2010 – L 7 KA 5/10 ER – Rn. 6.
922 LSG Berlin-Brandenburg, Urteile vom 15. Juli 2009 – L 7 KA 30/08 KL – und 50/08.
923 BSG, Urteil vom 3. Februar 2010 – B 6 KA 31/09 R – und – B 6 KA 30/09 R –.
924 LSG Berlin-Brandenburg, Beschluss vom 17. März 2010 – L 7 KA 5/10 ER – Rn. 6:
    Laurisch erwägt, dass die Klagebefugnis von einzelnen Personen möglicherweise
    ausgeschlossen sein könnte, da die Mitgliedschaftsrechte nach §§ 91 Absatz 2 und
    140 f Absatz 2 SGB V den Körperschaften und nicht den sie vertretenden Personen
    zustehen,

Kapitel 4: Zusammenfassung

Der Gemeinsame Bundesausschuss bestimmt durch seine Richtlinien den Umfang der Leistungen, die die gesetzliche Krankenversicherung seinen Mitgliedern zu gewähren hat. Hierbei hat er stets die in den §§ 2 und 12 SGB V Einschränkungen zu beachten. Unmittelbar Betroffene dieser, als untergesetzliche Normen zu qualifizierende, Regelungen sind daher zuallererst die Versicherten, in zweiter Linie die ärztlichen Leistungserbringer. Als außerhalb des Systems stehend sind die nicht-ärztlichen Leistungserbringer anzusehen. Hier sind wohl die größte Gruppe die Arzneimittelhersteller bzw. die pharmazeutischen Unternehmen.

A. Statthafte Klageart gegen Richtlinien als untergesetzliche Normen

Gegen die Richtlinien des Gemeinsamen Bundesausschuss als untergesetzliche Normen ist die Feststellungsklage die richtige KlageArt. Mit der Erhebung einer solchen Feststellungsklage kann nicht nur die Unwirksamkeit einer untergesetzlichen Norm festgestellt werden, sondern auch deren fehlerhafte Auslegung oder Anwendung, sowie ein Anspruch auf Änderung der Norm (vgl. Kap. 1 B II.).

B. Rechtsschutz der Versicherten

I. Den Versicherten wird bis heute kein vollwertiger Anspruch i.S.d. § 194 BGB auf Krankenbehandlung von der Rechtsprechung zuerkannt. Nach Ansicht des Bundessozialgerichts gewährt das SGB V in § 27 den Versicherten lediglich ein sog. „Rahmenrecht", dass allein den „Rahmen" eines Leistungsanspruchs bestimmt, jedoch keine konkrete Leistungen bewilligt. Im Wege der Rechtskonkretisierung muss dieser dem Grunde nach gewährte Anspruch durch die ärztlichen Leistungserbringer ausgestaltet werden. Diese haben die Entscheidungsmacht über den konkreten Inhalt des Anspruchs (vgl. Kap. 3 A I. 1.).

II. Folge für den Rechtsschutz war, dass kein gerichtlich durchsetzbarer Anspruch besteht, sondern allein ein aus Teilelementen bestehender Anspruchsrahmen, dem die Klagbarkeit fehlt. Allein inzident im Rahmen einer Klage auf Kostenerstattung kann die Rechtmäßigkeit von Richtlinien überprüft werden.

Dies führte allerdings nicht zu einer umfassenden Inhaltskontrolle, sondern, aufgrund des dem Gemeinsamen Bundesausschuss zu erkannten Gestaltungs- und Beurteilungsspielraum, lediglich zu einer Verfahrens- und Willkürkontrolle. Ein Rechtsschutz war damit nicht gegeben.

III. Diese Ansicht wird von der Literatur stark kritisiert. Kritikpunkt ist vor allem die dem Grundrecht auf effektiven Rechtsschutz aus Art. 19 Absatz 4 GG widersprechende Ausgestaltung des Rechtsschutzes gegen und der Überprüfbarkeit der Richtlinien. Darüberhinaus wird die Gleichstellung des parlamentsgesetzlichen Leistungsrechts aus dem SGB V mit dem untergesetzlichen Leistungserbringungsrecht des Gemeinsamen Bundesausschusses kritisiert. Der verfassungsrechtliche Vorrang des Gesetzes werde durch die Entwicklung des Rahmenrechts und des Rechtskonkretisierungskonzepts missachtet.

IV. Infolge des Nikolaus-Beschlusses des Bundesverfassungsgerichts ist zu erkennen, dass sich das Bundessozialgericht bezüglich der – inhaltlichen – Überprüfbarkeit der Richtlinien öffnet. So überprüft das Bundessozialgericht nunmehr Richtlinien formell und materiell auf ihre Rechts- und Verfassungsmäßigkeit, so als ob der Bundesgesetzgeber selbst die streitgegenständlichen Normen erlassen hätte, sofern das hinreichend substantiierte Vorbringen eines Beteiligten hierzu Anlass gibt. Allerdings betont es auch weiterhin den Gestaltungsspielraum des Gemeinsamen Bundesausschusses, den es zu respektieren gelte.

V. Es bleibt abzuwarten, ob sich das Bundesverfassungsgericht zu der den Gerichten durch das Bundessozialgericht zugebilligten Kontrolldichte äußern wird. Ebenso steht eine klare Positionierung zu der demokratischen Legitimation des Gemeinsamen Bundesausschusses, aber auch zu der Verfassungsmäßigkeit des Verfahrens nach § 135 SGB V aus. Hierzu vertritt das Bundessozialgericht, entgegen aufkommender Meinungen der Untergerichte, dass eine neue Untersuchungs- und Behandlungsmethode nur dann von der Leistungspflicht der gesetzlichen Krankenversicherung zu erbringen ist (und damit im Zweifelsfall auch einen einklagbaren Kostenerstattungsanspruch des Versicherten auslöst), wenn der Gemeinsamen Bundesausschuss die begehrte Behandlung vorher in seinen Richtlinien anerkannt hat (oder dies pflichtwidrig unterlassen hat). Aber auch in Bezug auf die rechtliche Einordnung des § 135 SGB V ist der Nikolaus-Beschluss des Bundesverfassungsgerichts zu beachten. Da das Bundesverfassungsgericht gerade nicht auf § 135 SGB V eingegangen ist und weder einen Fall des Systemversagens noch die Verfassungswidrigkeit von Normen des SGB V annahm, kann § 135 SGB V für den Leistungsanspruch der Versicherten keine Einfluss nehmende Wirkung zugesprochen werden. Dies muss dann aber zwingend zu einer Änderung der Rechtsprechung des Bundessozialgerichts führen.

VI. Bereits jetzt sind in den Fällen des nunmehr in § 2 Absatz 1 a SGB V kodifizierten Anspruchs auf bestimmte Behandlungsmethoden bei Vorliegen einer lebensbedrohlichen oder wertungsmäßig vergleichbaren Krankheit, bei sog. Seltenheitsfällen und in den Fällen des sog. Systemversagens dem Rechtskonkretisierungskonzept Grenzen aufgezeigt worden und die strikte Verbindlichkeit der Richtlinien durchbrochen worden.

C. Rechtsschutz der Vertragsärzte

I. Die Ärzte können eine Verletzung ihres Grundrechts aus Art. 12 Absatz 1 GG geltend machen. Hierbei steht vor allem die Verletzung der Therapiefreiheit im Vordergrund, die insbesondere auch durch die Festbetragsfestsetzungen berührt wird. Die Richtlinien, die die Ausgestaltung des Leistungsumfangs der gesetzlichen Krankenversicherung betreffen, stellen Berufsausübungsregelungen dar, die den Schutzbereich des Art. 12 Absatz 1 GG berühren und damit eine Klagebefugnis begründen. Einen Anspruch auf Verpflichtung zur Anerkennung einer bestimmten Methode haben die Vertragsärzte nicht.

II. Entscheidungen, die auf einer für rechtswidrig gehaltenen Richtlinie des Gemeinsamen Bundesausschusses beruhen, müssen durch die Vertragsärzte im Wege der Anfechtungsklage gegen den belastenden Bescheid (Honorarkürzung, Regressbescheid, Versagung einer Abrechnungsgenehmigung etc.) inzident der gerichtlichen Kontrolle zugeführt werden.

D. Rechtsschutz der Krankenhäuser

Im Rahmen von Streitigkeiten bei denen Krankenhäuser beteiligt sind, geht es vor allem um die Rechtmäßigkeit von Mindestmengenregelungen. Diese werden von dem Bundessozialgericht ebenfalls wie Richtlinien als untergesetzliche Normen betrachtet und können im Wege der Feststellungsklage überprüft werden. Das Bundessozialgericht sieht in diesen Regelungen lediglich Berufsausübungsregelungen während Teile der Literatur Berufswahlregelungen annehmen. Die Klagebefugnis ergibt sich aus der Adressatenstellung der allgemeinverbindlichen Regelung.

E. Rechtsschutz nicht-ärztlicher Leistungserbringer

I. Die pharmazeutischen Unternehmen, wie auch die übrigen nicht-ärztlichen Leistungserbringer, stehen außerhalb des Systems der gesetzlichen Krankenversicherung. Die das Leistungs- und das Leistungserbringerrecht betreffenden Vorschriften des SGB V haben als Adressaten allein vor allem die Versicherten und die ärztlichen Leistungserbringer wie auch die Krankenkassen im Blick. Auch Regelungen, die die Kostenübernahme in der gesetzlichen Krankenversicherung betreffen, haben keine unmittelbaren Auswirkungen auf die Rechte der nicht-ärztlichen Leistungserbringer. Sähe man dies anders, würde dies zu einem unbegrenzten Klägerkreis führen. So wären, weitergedacht, auch bspw. die Vermieter von Anlagen für Druckkammerzentren als potentielle Kläger denkbar, da bei einem möglichen Ausschluss der Behandlung mit Druckkammern durch die Richtlinien des Gemeinsamen Bundesausschusses auch die Vermieter wirtschaftlich betroffen wären. Oder auch Arbeitnehmer, die infolge von Änderungen der Verhältnisse ihren Arbeitsplatz verlieren[925]. Eine Klagebefugnis kann daraus aber nicht resultieren. Die Festbetragsentscheidung des Bundesverfassungsgerichts lässt klar erkennen, dass der Kreis der Rechtsschutzberechtigten in Hinblick auf die Überprüfung der Rechtmäßigkeit des Leistungsumfangs der gesetzlichen Krankenversicherung begrenzt werden und bleiben soll.

II. Diese vom Bundessozialgericht übernommene Ansicht, stieß in der Literatur auf Kritik. Die Verneinung der Eröffnung des Schutzbereichs des Grundrechts aus Art. 12 Absatz 1 GG wurde angezweifelt, ebenfalls die Annahme, dass in dem zu erwartenden Umsatzrückgang ein bloßer Reflex zu sehen ist, wurde kritisiert.

III. Die Ansicht in der Rechtsprechung, der auch Teile der Literatur zustimmen, führt dazu, dass nicht-ärztliche Leistungserbringer Rechtsschutz gegen die Richtlinien des Gemeinsamen Bundesausschuss nur in begrenztem Rahmen erlangen können. So beispielsweise, wenn die Wirksamkeit oder Wirkungsweise von Arzneimitteln falsch beurteilt wurde und daher eine fehlerhafte Einordnung in die Festbetragsgruppen für Arzneimittel erfolgt ist. Hier sind sich die Senate des Bundessozialgericht bezüglich der grundsätzlichen gegebenen Klagebefugnis einig, wenn auch der 3. Senat des Bundessozialgerichts die Klagebefugnis aus Art. 12 Absatz 1 GG i. V. m. Art. 3 Absatz 1 GG herleitet, der 1. Senat allein eine Verletzung von Art. 3 Absatz 1 GG annimmt. Auch gegen Therapiehinweise wird eine Klagebefugnis bejaht, da in diesen Fällen die wettbewerbliche Situation eines grundsätzlich verordnungsfähigen Arzneimittels betroffen ist. Stehen jedoch Verordnungsausschlüsse, -beschränkungen oder die Verweigerung der Aufnahme einer neuen Behandlungsmethode in Streit, geht es mithin um die Überprüfung des Leistungsumfangs der gesetzlichen Krankenversicherung, können die nicht-ärztlichen Leistungserbringer keinen Rechtsschutz erlangen.

---

925   BSG, Urteil vom 1. Oktober 1990 – 6 RKa 22/88 – in BSGE 67, 251, Rn. 20.

Literaturverzeichnis

Axer, Peter: Normkontrolle und Normerlassklage in der Sozialgerichtsbarkeit in NZS 1997, 10 (zitiert: Axer, NZS 1997, 10).

Baader, Emil: Zum normlogischen Zusammenhang zwischen rechtlicher Regel und rechtlicher Ausnahme – dargestellt am Beispiel der Rechtsnatur der Kassenärztlichen Arzneimittelrichtlinie in JZ 1990, 409 (zitiert: Baader, JZ 1990, 409).

Becker, Ulrich / Kingreen, Thorsten: SGB V – Gesetzliche Krankenversicherung, 3. Auflage, München 2012, (zitiert: Autor in Becker/Kingreen).

Beck´scher Online-Kommentar Sozialrecht, (Hrsg.: Rolfs, Christian / Giesen, Richard / Kreikebohm, Ralf / Udsching, Peter)., Stand 1. September 2013, Edition 31 (zitiert: Bearbeiter in Beck´scher Online-Kommentar Sozialrecht).

Bohle, Thomas: Mindestmengen im Krankenhaus in GesR 2010, 587 (zitiert: Bohle, GesR 2010, 587).

Breitkreuz, Tilman / Fichte, Wolfgang: SGG Kommentar, 2. Auflage, 2014, (zitiert: Bearbeiter in Breitkreuz/Fichte).

Buchner, Christian / Jäkel, Reimar: Off-Labe-Use von Arzneimitteln in der gesetzlichen Krankenversicherung – neue Regelungen durch das GKV-Modernisierungskonzept in PharmR 2003, 433 (zitiert: Buchner/Jäkel, PharmR 2003, 433).

Dreier, Horst: Grundgesetz-Kommentar, Band I – Präambel, Art. 1 – 19, 3. Auflage, Tübingen 2013 (zitiert: Bearbeiter in Dreier).

Ebsen, Ingwer: Der Behandlungsanspruch des Versicherten in der gesetzlichen Krankenversicherung und das Leistungserbringungsrecht in Gitter, Wolfgang / Schulin, Bertram / Zacher, Hans F., Festschrift für Otto Ernst Krasney zum 65. Geburtstag am 16. Dezember 1997, München 1997, S. 81 -107 (zitiert: Ebsen in Festschrift für Otto Ernst Krasney).

Engelmann, Klaus: Die Kontrolle medizinischer Standards durch die Sozialgerichtsbarkeit in MedR 2006, 245 (zitiert: Engelmann, MedR 2006, 245).

Fahlbusch, Jonathan I.: Anmerkung zum Urteil des BVerfG vom 17. Dezember 2002 in SGb 2003, 464 (zitiert: Fahlbusch, SGb 2003, 464).

Francke, Robert: Begrenzung der Leistung der gesetzlichen Krankenversicherung – Grund- und Wahlleistungen, Rationierung, Priorisierung, in GesR 2003, 97 (zitiert: Francke, GesR 2003, 97).

Francke, Robert / Hart, Dieter: Die Leistungspflicht der gesetzlichen Krankenversicherung für Heilversuche in MedR 2006, 131 (zitiert: Francke/Hart, MedR 2006, 131).

Hase, Friedhelm: Verfassungsrechtliche Bewertung der Normsetzung durch den Gemeinsamen Bundesausschuss in MedR 2005, 391 (zitiert: Hase, MedR 2005, 391).

Hänlein, Andreas: Rechtsquellen im Sozialversicherungsrecht, S. 297 (zitiert: Hänlein, S.).

– Derselbe: Festlegung der Grenzen der Leistungspflicht der Krankenkassen in SGb 2003, 301 (zitiert: Hänlein, SGb 2003, 301).

Hauck, Ernst: Medizinischer Fortschritt im Dreieck IQWiG, GBA und Fachgesellschaften: Wann wird eine innovative Therapie zur notwendigen medizinischen Maßnahme? Rechtsgrundlagen und Rechtsprechung in NZS 2007, 461 (zitiert: Hauck, NZS 2007, 461).

– Derselbe: Der Gemeinsame Bundesausschuss (G-BA). – ein unbequemes Kind unserer Verfassungsordnung? In NZS 2010, 600 (zitiert: Hauck, NZS 2010, 600).

– Derselbe: Kostensensible Leitlinien als Rationierungsinstrumente in der GKV? (zitiert: Hauck, SGb 2010, 193).

Heinig, Hans Michael: Hüter der Wohltaten? in NVwZ 2006, 771 (zitiert: Heinig, NVwZ 2006, 771).

Hiddemann, Till Christian: Die Richtlinien des Bundesausschusses der Ärzte und Krankenkassen als Rechtsnormen, BKK 2001, 187 (zitiert, Hiddemann, BKK 2001, 187).

Hinz, Thomas: Verfassungsrecht und Leistungsrecht in der gesetzlichen Krankenversicherung in ZfS 2006, 141 (zitiert: Hinz, ZfS 2006, 141).

Huster, Stefan: Anmerkung zu BVerfG v. 6.12.2005 in JZ 2006, 466 (zitiert: Huster, JZ 2006, 466).

Joussen, Jacob: § 2 Absatz 1 a SGB V – Die Umsetzung des Nikolausbeschlusses des BVerfG in SGb 2012, 625 (zitiert: Joussen, SGb 2012, 625).

Jörg, Michael: Begrenzungsparameter für untergesetzliche Regelungen im Vertragsarztrecht in Wienke/Lippert/Eisenmenger, Die ärztliche Berufsausübung in den Grenzen der Qualitätssicherung 1998, S. 123 (zitiert: Jörg in Wienke, Albrecht / Lippert, Hans-Dieter / Eisenmenger, Wolfgang, S. 123).

Kasseler Kommentar zum Sozialversicherungsrecht 79. Ergänzungslieferung 2013, (zitiert: Bearbeiter in Kasseler Kommentar zum Sozialversicherungsrecht).

Kingreen, Thorsten: Verfassungsrechtliche Grenzen der Rechtsetzungsbefugnis des Gemeinsamen Bundesausschusses im Gesundheitsrecht in NJW 2006, 877 (Zitiert: Kingreen, NJW 2006, 877).

– Derselbe: Die Entwicklung des Gesundheitsrechts 2010/2011 in NJW 2011, 3615, 3618 (zitiert: Kingreen, NJW 2011, 3615).

– Derselbe: Gerichtliche Kontrolle von Kriterien und Verfahren im Gesundheitsrecht in MedR 2007, 457 (zitiert: Kingreen, MedR 2007, 457).

Krauskopf, Dieter, (Hrsg.: Wagner, Regine / Knittel, Stefan). Soziale Krankenversicherung, Pflegeversicherung, Kommentar, 82. Ergänzungslieferung, Juli 2013, München (zitiert: Bearbeiter in Krauskopf).

Kreikebohm, Ralf, (Hrsg.: Ralf Kreikebohm / Spellbrink, Wolfgang / Waltermann, Raimund)., Kommentar zum Sozialrecht, 3. Auflage, München 2013 (zitiert: Bearbeiter in Kreikebohm).

Kopp, Ferdinand / Schenke, Wolf-Rüdiger, Verwaltungsgerichtsordnung, 19. Auflage, München 2013 (zitiert: Bearbeiter in Kopp/Schenke).

Laufs, Adolf / Kern, Bernd-Rüdiger, (Hrsg.).: Laufs, Adolf / Kern, Bernd-Rüdiger). Handbuch des Arztrechts, 4. Auflage, München 2010 (zitiert: Bearbeiter in Laufs/Kern).

Laurisch, Martin: Rechtsschutz gegen Entscheidungen des Gemeinsamen Bundesausschusses aus der Sicht eines Sozialrichters (Vortrag gehalten auf der 6. Medizinrechtlichen Jahresarbeitstagung). in Begleitband zur 6. Medizinrechtlichen Jahresarbeitstagung (zitiert: Laurisch).

Lüdtke, Peter-Bernd (Hrsg)., Sozialgerichtsgesetz, Handkommentar 4. Auflage 2012, (zitiert: Bearbeiter in Lüdtke).

Marburger, Horst: Der sogenannte Nikolausbeschluss und seine Umsetzung im Gesetz zur Verbesserung der Versorgungsstrukturen in der gesetzlichen Krankenversicherung in ZfF 2012, 101 (zitiert: Marburger, ZtF 2012, 101).

Maunz, Theodor / Dürig, Günter: Grundgesetz – Kommentar, 69. Ergänzungslieferung, München 2013 (zitiert: Bearbeiter in Maunz/Dürig).

Meyer-Ladewig, Jens / Keller, Wolfgang / Leitherer, Stefan, Sozialgerichtsgesetz, 10. Auflage 2012 (zitiert: Bearbeiter in Meyer-Ladewig/Keller/Leitherer).

Neumann, Volker: Verantwortung, Sachkunde, Betroffenheit, Interesse: zur demokratischen Legitimation der Richtlinien des Gemeinsamen Bundesausschusses in NZS II/2010, 593 (zitiert: Neumann, NZS 2010, 593).

– Derselbe: Der Anspruch auf Krankenbehandlung – ein Rahmenrecht? In SGb 1998, 609(zitiert: Neumann, SGb 1998, 609).

– Derselbe: Anspruch auf Krankenbehandlung nach Maßgabe der Richtlinien des Bundesausschusses in NZS 2001, 515 (zitiert: Neumann, NZS 2001, 515).

– Derselbe in: v. Wulffen, Matthias / Krasney, Otto Ernst, Festschrift 50 Jahre Bundessozialgericht, Die Berufsfreiheit der Leistungserbringer zwischen Eingriff und Teilhabe, S. 245 (zitiert: Autor in Festschrift 50 Jahre Bundessozialgericht).

– Derselbe in: Probleme der Rechtsquellen im Sozialversicherungsrecht – Teil 2, 1999, S. 43 (Bochumer Schriften zum Sozialrecht, 2, Tagungsband zum „Fachkolloquium des Instituts für Sozialrecht am 25./26. Juni 1998 in Bochum", 6). (zitiert: Neumann, Probleme der Rechtsquellen im Sozialversicherungsrecht).

Nolte, Jakob: Rationale Rechtsfindung im Sozialrecht: Die vom Bundesverfassungsgericht aufgestellten Anforderungen an die Bestimmung des Existenzminimums im Lichte neuerer sozialgerichtlicher Rechtsprechung in Der Staat, 52. Band 2013, S. 245 (zitiert: Nolte, Der Staat, 245).

Ossenbühl, Fritz: Richtlinien im Vertragsarztrecht in NZS 1997, 497 (zitiert: Ossenbühl, NZS 1997, 497).

Padé, Christiane: Anspruch auf Leistungen der gesetzlichen Krankenversicherung bei Lebensgefahr und tödlich verlaufenden Krankheiten – Umsetzung des „Nikolaus"-Beschlusses des Bundesverfassungsgerichts durch die Rechtsprechung des Bundessozialgerichts in NZS 2007, 352 (zitiert: Padé, NZS 2007, 352).

Papier, Hans-Jürgen: Der Wesentlichkeitsgrundsatz – am Beispiel des Gesundheitsreformgesetzes in VSSR 1990, 123 (zitiert: Papier, VSSR 1990, 123).

Posser, Herbert / Müller, Rolf-Georg, Arzneimittelmarkt 2004 – Herstellerzwangsrabatt und Festbeträge für Patentarzneimittel in NZS 2004, 178 (zitiert: Posser/Müller, NZS 2004, 178).

Preis, Ulrich: Der Arzt zwischen grundrechtlicher Freiheit und staatlicher Regulierung in MedR 2010, 139 (zitiert: Preis, MedR 2010, 139).

Rolfs, Christian: in v. Wulffen, Matthias / Krasney, Otto Ernst, Festschrift 50 Jahre Bundessozialgericht, Neue Untersuchungs- und Behandlungsmethoden, S. 475 (zitiert: Autor in Festschrift 50 Jahre Bundessozialgericht).

Ruland, Franz: Verfassungsmäßigkeit des Verfahrens zur Festbetragsfestsetzung in JuS 2003, 622 (zitiert: Ruland, JuS 2003, 622).

Saalfrank, Valentin / Wesser, Sabine: Die Pflicht der gesetzlichen Krankenversicherung zur Leistung neuer Behandlungsmethoden – Zugleich eine Anmerkung zum LITT-Urteil vom 7. November 2006 – B 1 KR 24/06 – in NZS 2008, 17 (zitiert Saalfrank/Wesser, NZS 2008, 17).

Sachs, Michael: Anmerkung zum Urteil des BVerfG vom 17. Januar 2006, JuS 2006, 1012 (zitiert: Sachs, JuS 2006, 1012).

Schelp, Robert: Zur Verfassungsmäßigkeit der Festbetragsregelung für Arzneimittel (§ 35 SGB V). in NZS 1997, 155 (zitiert: Schelp, NZS 1997, 155).

Schickert, Jörg: Arzneimittelerstattung und Herstellerrechte – 1. Teil: Nationale Ebene in PharmR 2004, 10 (zitiert: Schickert, PharmR 2004, 10).

Schimmelpfeng-Schütte, Ruth: Die Entscheidungsbefugnisse des Gemeinsamen Bundesausschusses, NZS 2006, 567 (zitiert: Schimmelpfeng-Schütte, NZS 2006, 567).

– Dieselbe: Richtliniengebung durch den Bundesausschuss der Ärzte und Krankenkassen und demokratische Legitimation in NZS 1999, 530 (zitiert: Schimmelpfeng-Schütte, NZS 1999, 530).

– Dieselbe: Ansprüche gesetzlicher Krankenkassen gegen Leistungserbringer wegen Fehlverhaltens in GesR 2006, 529 (zitiert: Schimmelpfeng-Schütte, GesR 2006, 529).

Schlegel, Rainer: Gerichtliche Kontrolle von Kriterien und Verfahren in MedR 2008, 30 (zitiert: Schlegel, MedR 2008, 30).

Schlenker, Rolf-Ulrich: Das Entscheidungsmonopol des Bundesausschusses für neue medizinische Verfahren und Außenseitermethoden, in NZS 1998, 411 (zitiert: Schlenker, NZS 1998, 411).

Schmidt-De Caluwe, Reimund: Gesetzliche Krankenversicherung – Leistungsanspruch bei schwerwiegenden, schulmedizinisch nicht therapierbaren Erkrankungen (Anmerkung zu dem Beschluss des BVerfG v. 6. Dezember 2005 – 1 BvR 347/98 – in SGb 2006, 619 (zitiert: Schmidt-De Caluwe, SGb 2006, 619).

Schnapp, Friedrich E.: Rechtsquellenprobleme im Vertragsarztrecht in SGb 1999, 62 (zitiert: Schnapp, SGb 1999, 62).

Schnapp, Friedrich E. / Wigge, Peter: Handbuch des Vertragsarztrechts, 2. Auflage 2006, (zitiert: Autor in Schnapp/Wigge).

Schoch, Friedrich / Schmidt-Aßmann, Eberhard / Pietzner, Rainer Verwaltungsgerichtsordnung, Stand: 25. Ergänzungslieferung, April 2013 (zitiert: Bearbeiter in Schoch/Schmidt-Aßmann/Pietzner).

Stallberg, Christian: Die Veranlassung von Bestandsmarktbewertungen durch den Gemeinsamen Bundesausschuss gemäß § 35 a Absatz 6 SGB V als Gegenstand gerichtlicher Überprüfung in PharmR 2013, 104 (zitiert: Stallberg, PharmR 2013, 104).

Schulin, Bertram: Handbuch der Sozialversicherung, Band 1, München 1994 (Autor in Schulin).

Schwerdtfeger, Gunther: Die Leistungsansprüche der Versicherten im Rechtskonkretisierungskonzept des SGV V (Teil 1). in NZS 1998, 49 (zitiert: Schwerdtfeger, NZS 1998, 49).

– Derselbe: Die Leistungsansprüche der Versicherten im Rechtskonkretisierungskonzept des SGV V (Teil 2). in NZS 1998, 97 (zitiert: Schwerdtfeger, NZS 1998, 97).

– Derselbe: Verfassungsrechtliche Grenzen der Freiheit und Bindung bei der Leistungserbringung im Gesundheitswesen in: Freiheit und Bindung bei der Leistungserbringung im Gesundheitswesen, Schriftenreihe des Deutschen Sozialrechtsverbandes (SDSRV). 38 (1994)., S. 27- 48 (zitiert: Schwerdtfeger, SDSRV 38, 27).

Sodan, Helge: Leistungserbringer in der GKV und Grundrechte in VSSR 2005, 163 (zitiert: Sodan, VSSR 2005, 163).

– Derselbe: Leistungsausschlüsse im System der gesetzlichen Krankenversicherung und Grundrechtsschutz von Leistungsanbietern in SGb 1992, 200 (zitiert: Sodan, SGb 1992, 200).

– Derselbe: Der Anspruch auf Rechtsetzung und seine prozessuale Durchsetzbarkeit, NVwZ 2000, 601 (zitiert: Sodan, NVwZ 2000, 601).

Spickhoff, Andreas (Hrsgb.).: Medizinrecht, 1. Auflage 2011, München (Autor in Spickhoff).

Steege, Reinhard: in v. Wulffen, Matthias / Krasney, Otto Ernst, Festschrift 50 Jahre Bundessozialgericht, Die Konkretisierung des Krankenbehandlungsanspruchs im Sachleistungssystem der gesetzlichen Krankenversicherung, S. 517 ff. (zitiert: Autor in Festschrift 50 Jahre Bundessozialgericht).

Stelkens, Ulrich: Rechtsetzungen der europäischen und nationalen Verwaltungen, in VVDStRL 71 (2012)., 371.

Suhr, Dieter: Die gesetzliche Krankenversicherung im Lichte des Grundgesetzes in Fragen der Freiheit, Folge 238, 1996, S. 5 (zitiert: Suhr, Fragen der Freiheit 238, 5).

Wigge, Peter: Zum Rechtsschutz von Innungskrankenkassen gegen deren Vereinigung, NZS 1996, 504 (zitiert: Wigge, NZS 1996, 504).

– Derselbe: Neue Aspekte der Methodenbewertung nach § 135 Absatz 1 SGB V – am Beispiel der hyperbaren Sauerstofftherapie (HBO). in MPE 2013, 1 (zitiert: Wigge, MPE 2013, 1).

– Derselbe: Legitimation durch Partizipation – Zur verfahrensrechtlichen Beteiligung der Leistungserbringer im Entscheidungsprozess des Bundesausschusses (Teil 2). in NZS 2001, 623 (Zitiert: Wigge, NZS 2001, 623).

V. Wolff, Bodo: Zur Zulässigkeit von Mindestmengen am Beispiel der Versorgung von Frühgeborenen – zugleich ein Beitrag zur demokratischen Legitimation des G-BA nach seiner Umstrukturierung in NZS 2009, 184, (zitiert: v. Wolff, NZS 2009, 184).

Zimmermann, Christian: Der Gemeinsame Bundesausschuss, 2011, Heidelberg (zitiert: Zimmermann, S.).